보좌의 정치학

보좌의 정치학

우리가 몰랐던 국회 보좌관의 모든 것

이진수 지음

비서 (秘書)

이 글의 바탕은 신입 보좌진을 위한 오리엔테이션 교안이었다. 국회 보좌진의 업무에 대해 오리엔테이션을 한다는 게 막연한 노릇이다. 필자 역시 누구로부터도 '의원을 보좌하는 방법'에 대해 들어 본 적이 없다.

세 가지 정도의 이유가 있다.

첫째, 하는 일이 정해져 있지 않기 때문이다. 무엇이든 해야 하면 하는 게 보좌진이다. 필자의 첫 출근일은 1994년 2월 7일이었다. 제정구 의원은 다음 날 출국해 미국에서 영어 연설을 하게 되어 있었다. 그 연설문 절반을 영역한 게 처음 맡은 일이었다. 원고를 넘긴 후, 나트륨 가로등 불빛 아래로 하얗게 빛나던 눈을 밟으며 퇴근하던 새벽을 잊을 수 없다. 보좌진은 한 분야만 잘 하는 것보다 무엇이든 두루 할 줄 아는 팔방미인이 좋다고 한다. 그러나 팔방을 누군들 다 가 보았겠는가? 그러니 길잡이를 자처하기가 결코 쉽지 않다.

둘째, 보좌진이 하는 일이 꺼내놓고 말하기가 뭣하거나, 비밀스러운 면이 있기 때문이다. 막스 베버가 『소명으로서의 정치』에서 말한 것처럼 권력은 '악마적 힘'이고 정치는 그것과의 '거래'라는 측면이 분명 있다. 더욱이 국회의원이 그나마 양지거나 수면 위라면, 보좌진의 세계는 음지이거나 수면 아래에 해당한다. 그렇다고 해서 정치와 보좌진의 세계가 음침하다는 뜻은 아니다. 미국 드라마로 치자면 '웨스트 윙'과 '하우스 오브 카드'의 중간쯤에 현실정치가 있다. 그리고 아주 밝지도, 어둡지도 않은 정치의 뒷면에 달의 뒷면처럼 좀처럼 조명되지 않는 보좌진의 세계가 있다. 그 암묵지(暗默知)의 세계를 글로 기록하려는 순간, 무모함과 화를 자초하지 않을까 하는 두려움도 솔직히 있다.

셋째, 일에 정답이 없기 때문이다. 그나마 정책 보좌 분야에선 그런대로 답이 있지만 정무 분야는 그렇지 않다. 정무의 핵심은 관계에 있기 때문이다. 진부하지만 삼국지를 예로 들면, 관우나 장비의 무예는 기능이다. 어떤 보좌진이 정책 업무에 능통한 것도 기능이다. 그러나 후세가 관우와 장비를 기리는 건 그들의 무예가 뛰어나기도 했지만 도원결의에서부터 발원된 그들 간의 관계 때문이다. 4급 보좌관이 비서 역할밖에 하지 못 할 수도 있고, 비서가 고굉지신(股肱之臣) 대우를 받을 수도 있는 게 모두 의원과의 관계에서 규정되기 때문이다. 간주관적(間主觀的) 관계에서 한 쪽은 비서로 취급하는데 다른 한 쪽이 참모를 자처할 수는 없으며, 그 반대도 마찬가지다. 따라서 경험과 능력 이상으로 신뢰 관계가 전제되어야 하는 정무 보좌에선 정답을 찾기가 더욱 어렵다.

이처럼 보좌진의 임무에 대해 오리엔테이션을 한다는 자체가 쉽지 않은 일이다. 그런데 수년 전부터 국회 보좌진 지망생이나 신입 보좌진을 대상으로 한 교육의 수요가 생기기 시작했다. 일반 시민을 상대로 한 강좌도 생기고, 심지어 대학원에 정치경영학이란 학과도 새로 설치되었다. 국회 안에는 아예 신입 보좌진이 의무적으로 이수해야 하는 직무 교육 과정이 개설되었다. 보좌진이 하나의 어엿한 직업이 된 것이다.

이 글 역시 그 과정에서 시작된 강의의 교안이었다. 교안을 발전시키기로 마음먹은 것은 몹시 주제넘은 짓이었다. 무엇보다 필자보다 뛰어난 보좌관들에게 겸연쩍다. 그들보다 능력이 부족함에도 불구하고 글을 쓰는 것은 결코 잘 나서가 아니다. 물론 업무(예컨대 국정감사)를 다룬 지침서는 있었다. 그러나 앞서 말했듯이 업무도 업무지만 관계가 더 중요하다는 관점 때문에 글을 쓸 생각까지 하게 되었다. 보좌진의 임무가 결코 어떤 기능에만 있는 것은 아니다. 기능만큼이나 보좌진에게 중요한 것이 관계와 자세다. 기능만 강조해서는 바람직한 보좌진의 상(像)이 그려지지 않는다.

그것이 첫 번째 이유라면 두 번째는 국회 의원회관의 사무실 안에서 일어나는 일만 보좌진의 업무가 아니라는 생각 때문이다. 공간적으로 보면 지역구 사무실도 보좌진이 일하는 곳이다. 시간적으로는 4년마다 선거가 있는 4월을 기준으로 준비에 1년, 본격적으로는 3개월 정도 걸리는 선거운동도 보좌진이 일하는 시간이다. 지역구 사무실이나 선거운동이 보좌진의 고유 업무가 아니라고 생각해서는 안 된다. 수동적이거나 보조적 역할에 그쳐서도 안 된다. 오히려 의원회관 보좌진이 주도해야 할 일이다.

1, 2부 '보좌진의 임무' 외에 3부 '선거운동의 실제', 4부 '지역구 조직화 방법'을 따로 쓴 것도 이 세 가지 분야가 모두 국회 보좌진의 고유 업무라고 생각하기 때문이다.

고백컨대 이 글은 두 가지 단점을 갖는다. 하나는 특수하다는 점이다. 모든 경험은 특수하다. 게다가 국회 의원회관에 300개의 의원실이 있다면, 300개의 케이스가 있다고 할 정도로 각 방이 제각기 다르다. 여당이냐 야당이냐에 따라[1] 다르고, 의원의 성정에 따라 다르고, 지역구가 수도권이냐 지방이냐에 따라 다르고, 의원실의 주된 구성원이 국회 유경험자냐 무경험자냐에 따라 다르다. 따라서 어떤 공통적인 이야기만 찾아 서술하겠다는 생각은 애초에 할 수 없었다. 그러므로 자신이 처한 실정과 다르거나, 경험과 상이할 수 있음을 미리 밝힌다.

둘째는 당파성이다. 필자는 제정구 의원과 김부겸 의원의 보좌관이었다. 필자가 원한 바는 아니나 곳곳에서 당파성이 드러날 수 있다. 당파성을 드러내지 않기 위해 조심하며 쓸까 생각해보지 않은 것은 아니다. 그러나 쉽지 않았다. 정무적인 내용을 뺄 수 없었기 때문이다. 오히려 필자의 당파성이 반영된 대목을 읽을 때, 거꾸로 해

---

1) 이 글에서 민주당 계열 정당(열린우리당, 새정치민주연합 포함)은 '민주당'으로 통칭한다. 또 1998년부터 2008년까지 두 번에 걸쳐 집권당이 된 적이 있지만 2015년 현재를 기준으로 보아 야당으로 부른다. 자동적으로 새누리당 계열 정당은 여당으로 지칭한다. 다만 고유명사로 부를 때는 한나라당 당시는 한나라당, 새누리당 당시는 새누리당으로 각각 구별하여 표기한다.

석하면 여당 보좌진의 관점에서도 얻을 수 있는 부분이 있을 것으로 생각한다. 정무적인 부분만이 아니라, 야당과 여당은 전반적으로 다른 점이 많다. 정당 성격 자체가 야당은 자유주의 정당이고, 여당은 보수주의 정당이라 문화부터가 다르기 때문이다. 야당 의원실의 보좌진들이 비교적 자유로운 분위기라면 여당은 위계적이고 공식적인 분위기에서 일한다. 의원과 보좌진의 관계도 야당은 수평과 수직의 중간쯤이라면 여당은 수직적이다.

이 글을 쓸 때, 평소 알고 지내던 후배 보좌진에게 물려주는 일종의 시험 '족보' 쯤으로 생각했다. 남기고 가는 선물 개념도 약간 있었다. 그런데 어찌어찌 하다 출간을 고려하는 상황에 이르렀다. 고민이었다. 출간이라... 비서란 단어의 한문을 떠올리며 속으로 웃었다. 비는 비밀의 秘, 서는 글 書이다. 비서들의 이야기를 썼으니 이 또한 비서인데, 비밀스러운 얘기를 공개한다?

결국 출간하기로 결심했다. 공개했을 때 민감할 수 있는 부분은 수정하거나 들어냈다. 말로는 쉬워도 실제 하려면 어려운 일이나, 대충 넘어갔던 대목은 좀 더 상세히 서술했다. 그 과정에서 책임감과 객관성이 오히려 더 생기기도 했다. 그럼에도 다 마치고 나니 도로 후회가 되기 시작한다. 과연 내용의 적실성이나, 출간의 필요성이 충분히 있는가 싶어 두렵다. 보좌진에게 필요한 책이기를 진심으로 바란다. 그들에게 도움이 되는 책, 그거 하나면 충분하다. 그들의 일은 중요한 반면, 일하는 그들은 너무 힘들기 때문이다.

3권 가운데 행정부가 입법부에 비해 지나치게 강하다. 미국은 하원이 최고 권력기관이다. 예산편성권과 입법권이 있기 때문이다. 우리는 행정부가 두 권한을 다 갖고 있다. 입법부는 겨우 견제하는 정도다. 소속 공무원의 숫자로만 보면 100만 명 대 3천 명의 싸움이니 견제조차 어렵다. 국민들은 입법부의 역할이 중요하다는 사실을 알아가고 있다. 동시에 그럴수록 제 역할을 못하고 있다는 비난도 심해진다.

국회는 입법부인 동시에 정치의 장이다. 그런데 정치가 공급자 입장에서는 갈수록 힘들어지고, 수요자 입장에선 점점 불만스러워지고 있다. 여당은 유력자의 눈 밖에 벗어나지만 않으면, 야당은 민주화 투쟁과 정권교체 실현에만 진력하면 재선될 수 있던 시대에서 여야를 막론하고 정책, 입법, 지역구 관리, 중앙정치 등 모든 것을 다 잘 해야 재선이 될까 말까한 시대가 되었다. 반면 수요자 입장에선 먹고 사는 문제를 해결해주지도, 민주화라는 거대담론이 사라지면서 정치적 카타르시스도 제대로 제공해주지 못함에 따라 정치는 지탄의 대상으로 전락해버렸다.

그래서 의원회관 생활이 갈수록 강퍅하고 삭막하고 불안해지면서 보좌진은 힘들고 지치고 늘 마음이 무겁다. 어떤 직업이든 자신의 일에서 재미와 보람을 느낄 수 있어야 한다. 재미는 과정에서, 보람은 결과에서 온다. 물론 말처럼 쉽진 않지만 그게 느껴져야 일을 더 열심히 그리고 오래 할 수 있다. 보좌진의 일만큼 자신한테 안 맞으면 재미와 보람이 없고, 잘 맞으면 그 이상 재미와 보람이 큰 직업도 없다.

모든 보좌진들이 재미와 보람을 가지고 일했으면 좋겠다. '그래 봤자 정치'지만 '왜 그래도 정치인지'를 이리 장황하게 설명하는 이유는 거기에 있다. 조금 덜 정확해도 지도 한 장 있으면 덜 헤매고, 조금 낡았어도 안내서 한 권 있으면 알고 보는 재미가 있지 않을까 싶다. 그것이 출간의 유일한 이유다.

2015년 7월

이진수

차례

1부

보좌란 무엇인가

여기는 정치를 하는 곳이다

국회 보좌진은
의원과의 관계나 선배·동료 보좌진과의
관계가 일만큼이나 중요하다.
일하는 곳이 일반 회사가 아니라
정치판이기 때문이다.

동료 보좌진으로부터 주로 듣는 고민은 대략 세 가지 유형으로 나뉜다. 자신이 하는 일에 관한 것, 자신이 쏟는 노력에 걸맞은 대우를 받는 것, 그리고 의원 혹은 같은 의원실 선후배 보좌진과의 관계에서 일어나는 고민들, 이렇게 셋이다. 보좌진으로서 일을 잘하는데도 내내 하급직에 묶여 있는 경우도 비일비재하고, 높은 직급에 있다가도 의원이 낙선하면 다른 의원실을 찾아야 하는 게 직업적 운명이다.

무엇보다 국회 보좌진은 일을 잘해야 한다. 그것이 기본이다. 그런데 기본도 하기 쉽지 않다. 일의 종류가 워낙 다양하고, 칭찬에 인색하기 마련인 의원에게 잘한다는 평가를 받기가 어렵기 때문이다.

아예 처음 일을 시작하는 초보 보좌진이면 몰라도 특히 5년차 전후의 6~7급 보좌진에게 '임무'를 운운하는 게 차마 미안하다. '일을 더 많이 하고, 잘하는 것이 너의 임무'라고 말하려는 건 결코 아니다. 서문에서도 이야기 했듯이 국회 보좌진은 관계가 중요하다. 의원과의 관계, 선배·동료 보좌진과의 관계가 일만큼이나 중요하다. 보좌진이 일하는 곳이 일반 회사가 아니라 정치판이기 때문이다. 1부에서는 국회 보좌진의 일과 보람, 관계에 대해 설명하고자 한다.

세상에 이기는 것보다 다행스러운 것은 없고,
지는 것보다 비참한 것은 없다.
이기고 지는 게 수시로 일어나는 곳이 국회다.

무가(武家) 혹은 '비정한 거리'

정치는 총칼을 들지 않은 전쟁이다. 의원회관은 전장(戰場)이다. 승부가 있기 때문이다. 세상에 이기는 것보다 다행스러운 것은 없고, 지는 것보다 비참한 것은 없다. 이기고 지는 게 수시로 일어나는 곳이 국회다. 모든 국회의원은 4년마다 지면 죽는 전투에 나서야 한다.

승부와 생사가 교차하는 전장에 섰다는 것은 무엇을 의미할까? 보좌진은 문사가 아니라 무사가 되어야 함을 뜻한다. 여기는 우아하게 고담준론을 나누는 선비의 사랑채가 아니라, 가슴 속에 각자 비수를 숨기고 다니는 '비정한 거리'라는 점을 늘 기억해야 한다. 그대가 놓친 아이템이 다른 의원실의 특종이 되는 순간, 혹은 제대로 못 챙긴 정책 공약이 상대 후보 쪽에서 핸들링 되고 있을 때, 그대 가슴에 꽂힌 칼날을 타고 붉은 피가 흐를 것이다.

그렇다고 해서 매사에 싸우려 들면 안 된다. 무릇 싸우지 않고 이기는 것이 최선이다. 매사에 싸우려 들다간 제 풀에 망한다. 국회만큼 소문이 무성하고 빨리 전파되는 곳이 없다. 어느 의원(실)이 강퍅하다는 평판은 주변에 사람이 모여야 이기는 정치의 본성에 배치된다. 따라서 의원이든, 보좌진이든 정치에선 가급적 덕을 베푸는 게 최선이다. 속으로는 늘 긴장해야 하지만, 겉으로 드러내선 안 된다. 말이 사납거나, 행동이 깔깔해서는 절대 리더십이 생기지 않는다. 리더십은 덕이기 때문이다.

의원실의 불문율

공동체는 이견이 있을 수도 있고 서로 싸울 수도 있지만 불신하지는 않는다. 회관만큼 같은 방 보좌진끼리 알력이 생기기 쉬운 곳도 없다. 많은 경우 인사 때문이다. 갈등은 미연에 방지하는 것이 가장 좋다. 그러나 갈등이 전혀 없기는 어렵다. 대부분의 방은 그럭저럭 누르거나 타협하며 지낸다. 하지만 도저히 누를 수 없을 때가 오면 터뜨리고 해결을 봐야 한다. 그 시점은 언제일까?

보좌진 상호 간에 신뢰가 무너지면 의원이 됐든, 수석보좌관이 됐든 나서서 손을 봐야 한다. 뒤집어 말하면 서로 이견이 있어 다투는 것까지는 그렇다 쳐도, 상대방에 대한 신뢰가 무너지는 선까지 가지는 말아야 한다. 모든 게 무너지는 수가 있기 때문이다. 어떻게 해야 신뢰를 유지할 수 있을까? 불만을 터놓고 얘기해야 한다. 어차피 한 사무실에서 얼굴 맞대고 일하는 사이다. 피해 다닐 수도 없다. 차라리 털어놓고 얘기하다 보면 상당 부분은 서로 오해에서 기인하는 게 의외로 많다. 오해는 털면 바로 끝난다. 불만이 있으나 서로 털어놓을 수 없는 상태, 그것이 신뢰가 무너진 상태이다.

모든 의원실은 대개 두 가지 체계로 나뉜다. 하나는 의원이 수석 보좌관에게 위임하는 타입이고, 다른 하나는 의원이 모든 보좌진을 직할하는 타입이다. 위임 타입은 수석 보좌관(수보)의 권위가 확실히 보장된다. 수보가 지혜로워서 팀을 잘 이끌면 방 분위기는 굉장히 좋다. 그러나 수보가 의원으로부터 스트레스를 받는 즉시 아래로 쏟아 붓는 스타일이면 의원이 기침만 해도 보좌진 전원이 폐병에 걸린다.

위임 체계가 직할 체계보다 스트레스가 덜 발생한다. 위임을 하게 되면 수보가 완충 역할을 할 수 있지만 직할은 의원에게 스트레스가 몰리게 되어 한 번 터지면 수습할 방도가 없다. 보좌진끼리의 알력은 신뢰가 무너지지 않는 선에서 서로 털어놓음으로써 풀어야 하지만, 의원과 보좌진 간의 긴장이 파국으로 가지 않기 위해서는 직할이 아니라 위임 체계를 만드는 게 낫다. 그래서 수보의 역할이 중요하다.

밖에 나가서 안의 일을 말하지 말아야 한다. 한국에서 '찌라시'가 생산되고 유통되는 곳은 두 군데다. 증권가와 정가. 정보가 돈이 되고 무기가 되는 곳이기 때문이다. 회관은 이런 저런 소문이 은밀히, 그러나 매우 빠른 속도로 흐르는 지하수맥이다. 저녁 술자리에서 동료 보좌진이나 당직자, 기자에게 흘린 의원의 동향이나 심경이 적에게 넘어가 치명적 무기가 되어 돌아올 수도 있다.

예외가 있다. 보좌관이 되면 기자들을 만나 공보활동을 해야 한다. 기자에게는 보좌관이나 당직자들이 취재원이다. 따라서 서로 주고받을 게 있다. 받기 위해서는 어느 정도 내가 알고 있는 팩트를 건네줄 수밖에 없다. 단, 흘려줄 거리를 취사선택해서 진짜 중요한 건 말하지 말아야 한다. 정보를 주기 싫으면, 정국 흐름에 대해 명쾌하게 분석해주는 게 가장 좋은 방법이다. 관점이나, 맥락, 나무가 아니라 숲을 보도록 짚어주는 보좌관이 인기 최고다. 굳이 소문이나 '이건 팩트!'를 운운하며 스스로의 품격을 떨어뜨리지 않아도 된다.

남 앞에서 호오(好惡)를 드러내지 말아야 한다. 한비자(韓非子)는 군주더러 호오를 드러내지 말 것을 주문했지만, 필자가 보기에 보좌진도 함부로 남의 말을 하지 않는 게 좋다. 특히 다른 의원에 대한 평을 다른 방 보좌진이나 당직자, 기자 앞에서 발설하지 않는 게 좋다. 그게 곧 의원의 의중이라고 읽기 때문이다. 의원의 의중을 아무 데서나 드러내는 걸 의원이 알면 좋아하겠는가? 물론 중진 의원의 복심(腹心) 정도 되면 마음대로 해도 된다. 그래도 남의 말은 좋게 하는 게 기본적인 자세다.

이처럼 무가로서의 분위기와 서로 믿어야 하고 입이 무거워야 한다는 등의 불문율이 공통적으로 가리키는 바는 무엇일까? 바로 일도 일이지만, 일반 기업과 달리 정치라는 업은 의원과 보좌진 간의 의리와 애정이 그 모든 것의 전제 조건이라는 사실이다. 예컨대 아무리 일을 잘해도 밖에 나가서 의원에 대한 험담을 늘어놓는 보좌관은 그 의원의 보좌관을 해서는 안 된다. 또 국회 경력이 십 수 년에 이르러도 부하 보좌진을 한 식구처럼 챙기고, 의원을 위해 열과

성을 다하도록 이끌지 않는 보좌관은 보좌관 감이 절대 아니다. 보좌진도 마찬가지다. 자기 의원의 재선을 위해, 그리고 의원이 더 좋은 정치를 하도록 자신의 힘을 보탠다는 자세를 갖기보다 다른 의원실의 채용 공고에나 신경 쓰고 있다면 그는 적어도 국회에는 맞지 않는 스타일이다.

다시 한 번 강조하거니와, 여기는 정치를 하는 곳이다.

2장_ 보좌진은 어떤 존재인가

보좌진과 의원은
하나의 팀을 이루어야 한다.

정무와 정책

현재 국회 보좌진은 모두 9명이다. 4급 보좌관과 5급 비서관이 각 2명씩이다. 6, 7, 8, 9급 비서까지 8명이 국회 사무처 소속의 별정직 공무원 신분으로 등록한다. 나머지 1명은 인턴이다. 요즘은 대학원을 졸업한 석사 학위 소지자도 인턴으로 시작해야 한다.

전체 보좌진의 평균 근속 년수는 몇 년쯤일까? 2015년 현재, 들리는 얘기로는 3년 정도라고 한다. 3년이 채 지나지 않아 그만두는 경우가 대부분인 셈이다. 보좌진은 누구나 할 수 있지만 아무나 정착하기는 어려운 직종이다. 어떻게 해야 안정적 직업으로 삼을 수 있을까?

요즘 추세는 '정책 전문성'을 강조한다. 특정 상임위에 전문성을 가지면 어떤 의원실을 그만두더라도 해당 상임위의 다른 의원실에 금방 재고용될 수 있다는 얘기다. 어느 정도는 사실이다. 특히 6~7급 비서일 때는 진급과 함께 방을 옮기는 게 빈번하고, 5급 비서관도 의원실 사이를 수평 이동하는 걸 아무렇지 않게 생각한다.

그러나 필자는 정책 전문성을 통한 의원실 간의 이동을 바람직하다고 보지 않는다. 솔직히 반대한다. 정책 전문성이 아니라, '모든 업무'에 대해 두루 알아야 한다. 정책 전문성만 가지면 오히려 오래 가기 어렵다. 우선 선거가 임박하면 정책 보좌진을 내보내고 지역구로 T/O를 돌리는 의원들이 점점 늘고 있다. 2년마다 바뀌는 상임위에 따라 정책 보좌진을 교체하는 의원도 허다하다. 보좌진의 잦은 교체는 여러모로 좋지 않다. 보좌진과 의원이 하나의 팀을 이루는 것이 바람직하기 때문이다. 보좌관부터 비서관, 비서, 인턴까지 모두 9명이 팀을 이루면 9가 아니라 15, 20의 힘을 발휘할 수 있다. 그게 팀워크다. 보좌진이 자주 바뀌어서는 팀워크가 생기려야 생길 수 없다. 그렇지만 의원이 갈아치우니 보좌진인들 어쩔 수 없이 옮기는 것 아니냐고 반문할 수 있다. 그러나 보좌진이 먼저 갈아치우지 못하게 할 수는 없을까?

우선 문제의 기원부터 살펴보자. 보좌진을 정무와 정책으로 나누기 시작한 게 언제부터인지 솔직히 기억에 없다. 아마 4급이 두 명으로 늘 때부터(1998년) 서서히 시작해 5급도 둘로 늘어날 때쯤(2010년) 완연해지지 않았나 싶다. 그 전에는 보좌진이라면 누구나 정책, 정무 구분 없이 했다. 국감 땐 국감 치르고, 선거 땐 선거 치르러 내려갔다. 그러던 것이 4, 5급이 두 명으로 늘면서 그 중 하나를 아예 지역 사무실 T/O로 주기 시작했다. 그러자 회관 보좌진들이 살짝 토라져서는 '그럼 선거는 지역 사무실에 계신 분들이 알아서 치르시고, 저희는 정책만 하면 되는 거지요?' 하고 분리시킨 게 정무와 정책을 나누기 시작한 배경이 되었다.

물론 선거가 정무의 전부는 아니다. 홍보, 공보, 중앙당, 정세 분석, 정치자금과 회계... 정책은 차라리 구분하기가 쉬울 만큼 정무의 범위는 정책을 제외한 '그 외 전부'라 할 정도로 다양하다. 그런데 회관 보좌진들이 선거에 대한 책임을 지역 사무실 보좌진들에게 넘겨주면서 정책을 제외한 '그 외 전부'까지 손에서 놓아버린 게 문제다. 그 바람에 지역은 선거와 조직, 회관은 정책과 입법으로 딱 나누어지면서 정무만 어디론가 실종되어 버린 것이다.

거기다 회관은 회관대로 바빠졌다. 정책 업무가 점점 늘어났기 때문이다. 상시 국회가 되면서 수시로 상임위가 열렸고, 법안 발의를 중시하는 풍토도 자리 잡았다. 반면 홍보는 점점 늘어나는 홍보기획사에 외주를 주는 식으로 해결했다. 386 의원들이 들어오면서 기자들을 상대하거나, 중앙당 활동, 정세 분석도 으레 의원이 직접 하는 정치활동으로 인식되었다. 2004년 정치관계법 개정과 함께 후원금 모금 행사가 없어지자 정치자금과 회계도 정무보좌관이 아니라 행정비서의 업무가 되었다. 결국 국회 보좌진이면 원래 다 하던 정무 업무는 산산이 해체되어 버렸고, 지역구에 준 T/O를 제외하면 두어 명에 불과한 회관 보좌진이 정책에만 전념하는 상황이 관행처럼 굳어졌다.

국회의원

국회의원은 누구인가

보좌진을 이야기하려면 국회의원부터 이야기해야 한다. 국회의원은 어떤 사람인지, 그들은 무엇을 하고자 하는지, 그들이 원하는 것이 무엇인지를 먼저 알아야 한다. 가장 쉽게 이해할 수 있는 방법은 어떤 시점을 기준으로 이전과 이후를 비교하는 것이다. 아담 쉐보르스키는 민주주의를 '불확실성의 제도화'라고 정의했다. 선거가 결과를 알 수 없는 게임으로 작동할 때 민주주의라 할 수 있다는 의미다. 적어도 정권이 바뀔 가능성이 열린 건 1987년 직선제 개헌부터다. 그러고도 실제 정권이 교체된 것은 그로부터 10년이 지난 1997년이었다.

1987년 이전은 제도정치 자체가 유명무실했다. 여당은 독재자의 하수인이고, 야당은 독재자에 맞선 투사였다. 대단히 적대적이었고, 가치와 철학은 물론 출신이나 경력이 완연히 달랐던 두 집단이었다. 봉건주의와 자본주의의 차이점을 '경제외적 강제'의 작동 여부로 파악했던 마르크스에 비유하자면, '정치외적 강제'가 국회의원조차 무참히 짓밟던 시대였다.

1987년 이후 10년 동안은 비로소 정치가 치열해진 시기였다. 김영삼과 김대중은 야당의 양대 축으로 노태우 정권에 맞서는 동시에 상호 경쟁관계에 있었다. 그러던 김영삼이 돌연 김종필과 함께 집권당과 합당함으로써 여당으로 변신한다. 1990년의 3당 합당은 반호남 또는 반김대중연합전략이라 할 수 있다. 따라서 기존의 민주 대 독재에 더해 영호남간의 지역주의까지 겹침으로써 정치적 대립은 한층 격화되었다. 김대중은 재야 민주화운동 진영과 더욱 강고하게 결합했고 정권교체를 둘러싼 여야 간 정치투쟁은 최고조에 이르게 되었다. 당시 국회는 정치의 장(場)이었고, 국회의원의 가장 큰 덕목은 정치력이었다. 야당이 민주화투쟁으로 단련된 재야인사들을 대거 영입한 것도 결국 정치적 투쟁력을 제고하기 위한 노력이었다. 반면 여당은 힘 있는 국회의원이 많았다. 자기 지역구를 넘어서 마치 호족들처럼 도(道) 정도의 규모에서 영향력을 행사했다. 국회나 정당 영역에서 소수세력이었던 야당이 겨우 대통령 권력을 향한 싸움을 시작한 수준이라면, 여당은 정치권력의 다수세력인 동시에 국가권력의 사실상 주인이었다.

1997년 정권교체와 함께 2007년까지 민주당 정권 10년은 입장이 바뀐 여야가 입법을 둘러싸고 국회에서 격렬하게 대치하던 시기였다. IMF 사태 이후 경제 이슈가 중요했던 김대중과 정치개혁을 내걸고 집권했던 노무현 대통령에게 중요한 것은 제도 개혁이었던 바, 제도는 결국 입법으로 뒷받침되어야 했기 때문이다. 대통령 권력을 뺏긴 데 이어 의회 권력마저 다수파 지위를 내준 한나라당은 매 사안마다 입법 전쟁을 감행해왔다. 이 과정에서 국회는 정치의 장으로만이 아니라 입법부로서의 위상을 비로소 되찾게 된다. 한나라당은 정책 전문성을 가진 학자, 교수들을 중용함으로써 반공 보수에서 실용적 보수로의 변신을 시도하게 된다. 하지만 민주당은 대통령 권력과 의회 권력을 동시에 갖고도 집권세력으로서의 지지 기반 확충(전국정당화)도, 정책능력 제고를 통한 대안정부로서의 정립도, 국가기구 전반에 걸친 개혁을 통한 국가권력의 쇄신에도 실패하게 된다.

이때부터 민주당 국회의원들의 구성은 크게 둘로 구분되었다. 지역적 지지 기반으로서는 호남, 그리고 인적 기반으로는 민주화운동 출신이다. 여기에 2003년 열린우리당으로 넘어오면서 '386'이라 통칭되던 80~90년대 대중적 학생운동 세대를 사회적 배경으로 하는 젊은 정치인들이 추가된다.

이 같은 민주당 국회의원들의 구성은 민주당의 실패 원인을 시사한다. 민주당이 가진 세 가지 자원이 호남, 운동권, 젊은 세대 출신이라는 얘기는 동시에 민주당이 갖지 못한 것을 보여준다. 호남의 한계를 탈피하기 위한 분투는 지역주의에 도전했던 노무현 정부와 열린우리당의 실패로 마감되면서 지역적 지지 기반 확충 노력은 벽에 부딪쳤다. 같은 운동권이지만 학생운동이나 '민통련', '전국연합' 같은 전선체 운동 출신은 많은 반면 부문운동(노동, 농민, 빈민)을 대표하던 운동가나 대중 지도자들은 드물었기 때문에 민주당 정권의 사회경제적 문제의식은 몹시 얕았다. 또 부문운동의 발전은 필연적으로 사회경제적 정책 차원으로 연결되면서 추상적 수준에서 구체적 수준의 대안 모색으로 귀착되는 반면, 학생운동이나 전선체 운동은 대개 이념이나 강경 혹은 온건의 노선 차원에 머무는 경향을 보이기 마련이다. 그 결과 민주당의 사회적 지지 기반은 여당에 비해 열세에 머무를 수밖에 없었다. 개혁은 제한적이었고 그마저도 수시로 역전이나 퇴행을 감수해야 했다. 또 정당 엘리트나 지지층에서 상대적으로 젊은 세대를 중심으로 한 나머지 민주당은 60대 이상 노년층의 사고나 정서를 이해하고 그들의 요구에 부응하려는 노력을 등한시하게 된다. 반면 2012년 대선을 계기로 50대 중반 이상 인구가 그 이하 인구를 상회하는 인구의 노령화 현상이 진행되고 있다. 이렇게 지역적, 사회적, 인구학적 기반 모두에서 열위에 놓이게 된 것은 민주당 국회의원들의 구성 및 출신과 깊은 상관관계를 갖는다.

2007년 이후 현재까지 민주당 국회의원들의 구성은 크게 달라지지 않고 있다. 2007년 대선과 2008년 총선은 민주당이 80석 후반대로 대패한 가운데 소위 486 의원들이 대거 낙선했고, 당선된 의원들은 지역구 표밭이 워낙 좋았든가 지역구에서 많은 시간을 보냈든가 둘 중 하나였다. 2012년 19대 총선에서는 130여석을 얻었다. 늘어난 의석은 4년 전에 낙선했던 486들로 '풍당 재선'으로 불리는 이들이거나, 당시 당권을 쥐고 있던 친노 그룹으로부터 비례대표로 공천 받은 이들이었다. 요컨대 여당은 주로 검사 경력의 율사, 관료, 기업, 보수언론, 학자·교수 출신인 반면 야당은 여전히 운동권이 대다수인 가운데, 인권 변호사나 호남 출신 전직 관료들이 일부 있는 정도다.

국회의원이 되는 방법

일반 국민이나 언론으로부터 표출되는 정치 혐오나 반정치주의적 태도가 국회의 권능이 위축된 양 보이게 하지만 사실은 그 반대다. 대부분의 정치적 갈등은 국회를 중심으로 전개되고 있고 입법부로서의 기능과 권한 역시 과거 어느 때보다 커지고 있다. 아마 국회 앞에는 오늘도 1인 시위부터 단체, 집단, 조직에서 주최하는 집회가 열리고 있을 것이다. 그들은 자신의 문제를 풀 힘이 청와대, 국회, 행정부 세 군데에 있고, 그 가운데 자신들의 목소리가 가장 크게 영향을 발휘할 곳은 그나마 국회라 여기기 때문이다.

한편 정치인의 충원 프로세스를 규정하는 제도, 즉 공천제도 역시 꾸준히 변화되어 왔다. 공천은 적어도 2000년 14대 총선까지는 여야 공히 '조직강화특별위원회(조강특위)'와 '공천심사위원회(공심위)'라는 당내 기구가 평상시 지구당 조직책을 선정하거나, 선거에 임박해 공직 후보를 추천하는 권한을 행사해왔다. 물론 '조강특위'나 '공심위'는 당 지도부의 의사를 관철하는 형식적 틀이다. 거기서 의견 조율이 안 되면 '최고회의' 테이블까지 올라왔다. 그러다가 2002년 대선을 앞둔 2001년 민주당이 대선 후보를 국민경선 방식으로 뽑기로 하면서 서서히 경선이 도입되는 방향으로 변화해왔다. 한나라당 역시 서구 정당사가 그러했듯 '좌파로부터의 오염(Contagion from the Left)'에 따라 경선을 통한 공천제도 도입에 이른다.

그러나 제도 전환이 일순간에 완전히 이루어진 것은 아니다. 2004년, 2008년, 2012년을 거치면서 민주당은 대개 30% 정도의 전략 공천, 즉 지도부에 의한 공천권 행사를 병용하는 한편, 당원에 의한 경선 나아가 당원과 일반 국민이 함께 참여하는 경선으로 점차 변화해 간다. 한나라당은 약간 다른 양상을 보였다. 민주당의 경우 당권을 쥔 특정 계파가 공천권을 행사하는 식이라면, 한나라당은 당권을 쥔 대선 후보가 행사하는 식이었다. 그 결과 총선이 끝나면 민주당은 정동영(DY)계, 정세균계, 노무현(친노)계가 자파 의원 수를 약간 늘리는 정도인 반면, 한나라당은 대통령 후보 경선에서 세게 붙었던 이명박, 박근혜가 각자 상대방 계파 의원을 숙청하는 양상을 보여

왔다. 이런 공천제도의 변화는 국회의원이라는 행위자의 전략선택에도 영향을 미쳤다. 경선을 도입하면서 한 번, 경선에 당원뿐만 아니라 비당원 나아가 일반 국민(여론조사)까지 포함하는 국민 참여방식의 도입으로 또 한 번 변화가 일어난다.

우선 경선으로 공천을 결정하게 되면서 일차적으로 당수의 공천권이 약화된다. 이는 '계보'가 해체되는 결정적 원인으로 작용하게 된다. 반면에 경선은 '계파' 형성을 자극하는 측면이 있다.[1] 경선을 한다는 건 결국 한 선거구에 복수의 예비 후보가 경쟁한다는 의미다. 예비 후보의 입장에서 보면 전선은 두 군데다. 하나는 지역구이고, 다른 하나는 전적이지는 않지만 여전히 공천에 입김을 행사하는 중앙당이다. 중앙당이 중요한 이유는 전략공천을 할 수도, 경선을 할 수도 있을 때 자신에게 유리한 방식으로 결정해주거나 공천 과정 전반에 걸쳐 이런저런 정보나 동향을 실시간으로 취득하기 위해서는 중앙당 유력자의 도움이 필요하기 때문이다.

정치조직으로서 계파는 존재할 수밖에 없다. 나아가 하나의 계파는 또 다른 계파를 만들어 복수의 계파 간 경쟁 상태를 조성한다. 예컨대 어떤 예비 후보가 A 계파에 의존하고 있다면 다른 예비 후보는 A에 맞서는 B 계파를 추종하지 않을 수 없다. 그렇게 당원 경선은 당 지도부(계파 수장)간의 경쟁으로 전화될 수 있고, 여기에 후보

---

1) 보스 1인을 리더로 해 공천과 정치자금을 매개로 한 하향적 조직이 계보라면, 보스로부터 공천을 받은 의원들끼리 횡적으로 모인 것이 계파라 할 수 있다. 이에 반해 정파는 공천이나 자금과 무관하게 특정한 이념이나 노선을 공유하는 조직이라 할 수 있다. 보스의 지도력이 절대적인 계보는 보스가 존재하는 한 여러 대에 걸쳐 존속하고, 계파는 대개 공천을 매개로 하기 때문에 한 대 길어야 두 대에 그치는 경향이 있다. 반면 정파는 한국정치에서 보기 드물거나 활동이 단발적이다.

자신의 조직 능력까지 추가되어 공천 경쟁은 더욱 격렬해진다.

당원 경선은 상향식 공천을 한다거나 공천권을 위가 아니라 아래 즉 평당원에게 돌려줌으로써 밀실 공천과 보스에 줄서는 정치를 없 애겠다는 취지였고 그래서 개혁이었다. 그러나 항상 악마는 디테일 에 있는 법이다. 악마는 당원의 자격 규정에 숨어 있었다. 당원 경 선을 먼저 도입한 민주당은 입당 시기와 당비 액수 규정에서 느슨한 쪽을 택하게 된다. 중앙당은 원래부터 수시로 당원 배가 운동을 해 왔다. 경선을 당원 배가운동의 일환으로 본 것이다. 그 결과 규정은 느슨해졌고, 느슨할수록 소위 '종이 당원'이나 '당비 대납'이라는 불 미스런 일도 많아졌다. 경선이 치열해질수록 예비 후보들은 입당 원 서를 더 많이 모으기 위한 경쟁으로 치달았다.

여기에다 본선 경쟁력을 높이기 위해 일반 유권자 중에 지지층이 나 무당파층의 의견도 미리 반영하자는 취지하에 비당원 지지자를 경선에 포함하게 되었다. 그러자 후보들의 전략 변화가 다시 한 번 일어났다. 입당 원서를 받을 필요도, 당비를 내야 한다는 최소한의 부담마저도 없어짐으로써 예비 후보 개인이 동원하는 사조직의 크기 가 거의 전적으로 승부를 결정하는 변수가 되었다. 경선 당일 현장 투표에 참가해주거나 모바일 선거인으로 등록한 뒤 투표가 시작되면 걸려오는 전화를 받아 자신을 지지해 줄 사조직을 꾸리는 데 모든 예비 후보들은 혈안이 된다.

하물며 국민여론조사의 반영은 신규 입당자나 사조직을 꾸려야 하는 노력에 더해 인지도 제고를 위한 홍보 활동에도 힘을 쏟을 것 을 예비 후보에게 요구하게 된다. 원래 인지도는 모든 선거에서 초석이 되는 변수다. 이로써 후보는 이제 사전선거운동 기간(120일)에 들어가는 순간부터 하루 종일 명함을 뿌리기 위해 거리를 배회하는 수고까지 감수해야한다.

전략공천은 당 지도부의 전권을, 당원 경선은 계파 강화를, 비당원 지지층 경선은 사조직 중시를, 국민여론조사는 후보 개인의 인지도 증대에 노력해야 함을 각각 의미하게 된다. 그렇다면 당원+비당원 지지층+여론조사를 다 포함하는 방식으로 경선을 치르게 된다면 후보는 어떤 전략을 택해야 할까? 답은 '믿을 건 오로지 자기 자신' 밖에 없다는 것이다. 정권 교체를 명분으로 대통령 후보가 될 보스에게 줄 서는 정치, 의미 없다. 비례대표가 되려는 경우가 아니라면 계파활동에 모든 걸 다 거는 방식, 소용없다. 당원들을 부지런히 관리하고 신규 당원을 늘리는 일, 어느 정도는 해야 한다. 그러나 무엇보다 중요한 것은 자신의 사조직을 확대하고 그걸 잘 감추어 두는 게 최상의 전략이 된다. 거기다 틈만 나면 지역구를 돌며 만나는 사람마다 인사를 하고 명함을 돌려야 한다.

정치 행위, 입법 활동, 자신의 선거, 이 세 가지가 국회의원의 일이자 관심사다. 그런데 정권교체를 해서 집권당이 된다는 것이 1997년 정권교체 이후 그다지 강력한 대의가 아닌 시대에 이르렀다. 한편 여야를 막론하고 입법부의 일원으로서 개별 국회의원이 갖는 권능은 그 어느 때보다도 높다. 동시에 대통령이 될 가능성이 높은 당수가 개별 국회의원에 대해 갖는 권력의 크기는 어느 때보다 작아졌다. 무엇보다 국회의원 자신이 지역구 당원을 잘 관리하고, 사조직을 열심히 꾸리고, 인지도 제고를 위한 홍보에 매진해야 하는, 이것이 현재 국회의원이 놓인 실존적 상황이다. 이 모든 것이 의미하는 바는 하나다. 계속 국회의원이고자 한다면 자신의 정치 생명은 스스로가 지켜야 한다는 것. 반대로 말하면, 이제 자신만 잘 하면 영원히 국회의원이 될 수도 있는 시대가 되었다.

3장_ 의원과 보좌진의 관계

그들의 권력욕은 부정적으로 묘사되거나 비난받을 거리가 아니라.
우리가 유일하게 믿을 수 있는 그의 건강함의 증거이자 덕목이다.
정치인의 권력욕을 우리는 자극하고 촉구해야 한다.

모든 건 구조와 행위자, 제도와 전략이 함께 작용하여 결정된다. 보좌진의 역할과 성격이 달라지고 국회의원의 직업의식이나 소명의식이 바뀌어 가는 것도 결국 한국 정치의 구조와, 행위자인 정치인의 속성이 변하고 있기 때문이다.

시기별 양상을 살펴보면 1990년대 초반까지의 정치는 '3김시대' 보스정치가 기본질서였다. 국회는 권력기관이었고, 보좌진의 출신은 대부분 지역구 후배들이었다. 의원과 이들은 선거를 함께 치른 인연으로 맺어졌다. 90년대 중반부터는 달라지기 시작해 정권 교체와 함께 민주화가 거스를 수 없는 경향이 되면서 의원을 '형' 혹은 '선배'로 부르는 운동권 후배들이 보좌진으로 들어오기 시작했다. 이들은 운동의 연장으로서 국회 일을 했기 때문에 대단히 전투적이었다. 의원과 동지적 관계에 있는 보좌진들도 많았다.

2000년대 초반이 되면서 크게 한 번 변화가 온다. 정치개혁이 상당히 제도화됨에 따라 국회의 입법 기능이 점점 중요해지면서, 대학원을 졸업한 석사, 심지어 박사들까지도 국회 보좌진을 하나의 직업으로 보고 들어오기 시작한다. 국회 보좌진은 입법부 공무원으로서 전문성을 요구받았고, 90년대 후반의 의원 중심적 분위기에서 점점 상임위 중심으로 보좌진의 거취가 결정되는 경향을 보였다.

2000년대 후반에 이르러서는 직장 혹은 직업으로서의 보좌진이라는 성격이 한층 강해진다. 점점 더 정책 경쟁이 정치에서 중요한 영역이 됨에 따라 국회 경력이나 특정 상임위의 전문성을 가진 보좌진을 선호하는 현상이 완연해진다. 의원과 보좌진과의 관계 역시 꽤장히 기능적이 되었다. 정치적 동지 관계, 운동권 선후배 사이, 한 식구 혹은 팀 등의 표현은 완전히 옛날이야기가 되어버렸다. 의원은 자신의 재선에 도움이 될 보좌진을 요구했고, 보좌진은 자신의 직업적 안정성에 유리한 의원실을 찾아다니는 게 자연스러워졌다.

장황하게 설명했지만 그 결과, 의원과 보좌진의 관계가 어느 때보다 위계적이 되고 있다. 그에 따라 보좌진과 보좌진 간의 사이도 상명하복으로 흐르고 있다. 이런 현상은 대단히 부정적이라 할 수 있다. 이는 단순히 보좌진이라는 직업의 근무 환경이 나빠지는 것 이상의 결과를 가져오기 때문이다. 이와 궤를 같이 하여 벌어지고 있는 것이 바로 정치인의 직업화 현상이다.

유감스럽게도 국회의원들이 스스로 정치인으로서의 풍모를 잃는 대신 점점 회사 사장이 되고 있다. 사장은 사장인데 사실 의원실의 규모란 게 회사라 하기에는 민망하고 겨우 마찌꼬바(영세공장) 수준이다. 마찌꼬바 사장이 종업원 다루듯 보좌진을 대하면, 보좌진도 의원을 마찌꼬바 사장으로 대하게 되어 있다. 주는 만큼 일 하고, 더 좋은 데 나오면 그리 옮기면 그만이라 생각한다.

그래서는 안 된다. 의원은 보좌진을 자신의 팀 동료로, 보좌진은 의원을 자기 대장으로 봐야 한다. 보좌진이 종업원이 되느냐, 동료가 되느냐의 차이는 내가 여기에서 오래 일하면서 진급도 하고 나의 뜻도 실현할 곳으로 생각하느냐 않느냐의 차이다. 그 차이는 눈에 보인다. 의원이나 방 식구들에게 정을 붙이려고 하는 게 보이면 동료 관계고, 가급적 정이 안 들려고 피해 다니면 그냥 종업원으로 살겠다는 뜻이다.

사람 관계뿐만 아니라 일에서도 그렇다. 보좌진, 특히 수석보좌관이 되겠다면 특정 분야에만 능통해서는 안 된다. 정책을 예로 들면, 정책은 기본이고 모든 것을 다 알아야 한다. 특히 지역구와 선거를 내 일처럼 여겨야 한다. 지역구의 멀고 가까움에 따라 빈도는 다를 수 있겠지만 지역구에 가서 민원도 파악하고, 공약 점검도 하고, 핵심 당원들과 안면도 쌓아두고, 지역 행사에 참석해 일손이라도 보태는 보좌진을 어떤 의원이 좋아하지 않겠는가?

'나는 정책 보좌진이고 정책 외에는 내 업무가 아니'라고 생각하는 보좌진은, 이런저런 이유가 있겠지만 결국 자신은 두뇌노동자지 육체노동자가 아니라고 생각하기 때문이다. 그건 허위의식이다. 여기는 무가(武家)다. 충성심이 있어야 한다. 충성은 조금 복잡한 감정이다. 윗사람이 옳고도 이로울 때 충성심이 우러난다.

야구에서 FA(자유계약선수)로 팀을 옮기는 것과 방출되어 옮기는 것은 천지 차이다. '의원의 재선은 나의 책임이다' 라고 생각하면서 일하는 보좌진과 그런 생각이 없는 보좌진의 차이가 그 정도 될 것이다. 필자의 주장은 이런 것이다. 의원실을 옮길 수밖에 없다면 옮기는 것도 맞다. 하지만 FA 자격으로 옮길지, 방출될 것인지는 보좌진이 하기 나름이다. 정책, 정무는 물론 비서 업무까지 다 할 줄 알면서 의원의 재선을 위해 일하는 보좌진이 되는 것. 그것이 좋은 국회의원과 좋은 정치를 만드는 길이다.

의원의 선수에 따라 일이 다르다

초선 : 허둥지둥의 나날

초선 의원실의 가장 중요한 과제는 무엇일까? 좋은 상임위에 배정받는 것? 후원회를 조직해 후원금을 많이 걷는 것? 국감 우수의원으로 뽑히는 것? 법안을 많이 제출하는 것? 다 아니다. 의원과 보좌진이 하나의 팀이 되는 것, 그것이 가장 중요한 과제다. 일은 결국 사람이 하기 때문이다. 사람만 확실히 준비되면 못 할 일이 없다.

사람을 잘 준비하는 일이 그런데 정말 어렵다. 4년 내내 사람만 바꾸다 끝나는 초선 의원실도 많다. 그렇게 될 수밖에 없는 이유가 있다. 선거에 출마하겠다는 결심을 하고 도와 줄 사람을 찾으면, 막상 주변에 사람이 없다. 원래는 선거를 치르는 데 필요한 인적 자원을 갖고 있는 조직이 정당이다. 그래서 평소에 정당 활동을 하던 어떤 당원이 후보로 공천받기 위해 경선을 치르고, 후보로 확정되면 해당 지구당에서 선거운동을 수행하는 게 정상이고 흔히들 그렇게들 알고 있다. 그러나 현실은 그렇지 않다.

지구당이 국회의원 선거구에 있지 않고 광역시나 도에 있기 때문이다. 있는 것은 당원협의회나 지역위원회인데 이는 당원의 모임으로 선거법 상 사무실도, 상근 인력도 둘 수 없게 되어 있다. 2004년도에 '돈 먹는 하마'라고 해서 지구당을 폐지해버렸기 때문이다. 그러니 정치 지망생이 구할 수 있는 참모라고 해봐야 친인척, 학교 후배, 평소 운영하던 회사의 직원, 선거구 사정을 좀 안다 싶은 지역 단체의 총무나 청년회장들이 대부분이다. 그러나 이들은 선거를 치러본 적조차 없다. 국회는 더더욱 모른다.

더 심하게는 이런 이들조차 충분히 '고용'할 수 없는 게 현행 선거법이다. 선거법에는 예비후보에게 3명의 선거사무원을 유급으로 둘 수 있게 되어 있다. 그래봤자 운전수행 한 명, 사무실을 지킬 실무자 한 명, 선거사무장을 맡아 관리 업무를 볼 사람 한 명을 선임하고 나면 끝이다. 만약 이 세 명 외에 누군가의 조력을 받고 그 대가로서 금전을 지급하게 되면? 그가 선거구 유권자라면 바로 기부행위에 해당해 범죄가 된다.

그래서 선거대행업체가 번성하고 있다. 여의도 부근에 있는 이들 업체는 조사, 전략, 기획, 홍보까지 조직을 제외한 선거운동의 모든 것을 일괄해 맡아 준다. 그리고 수천만 원에서 억 대의 보수를 받는다. 모든 초선은 선거 이전 원외였으니 보좌진이 없다. 그 상태에서 9명의 보좌진을 거느린 현역 의원과 붙어야 한다. 싸움이 출발점부터 불공평한 건 물론이고, 툭 하면 선거법 위반으로 기소되는 대부분이 초선인 것도 이런 이유 때문이다.

이처럼 어렵게 당선이 되면 당장 국회 사무처에서 보좌진을 등록하라고 한다. 선거는 4월 초순에 끝나고, 국회 개원은 5월 말이다. 한 달 반 동안 당선자는 당선사례를 비롯해 뒷마무리를 하느라 정신없다. 자신의 보좌진을 차분히 물색할 경황이 없다. 게다가 상임위 배정이 아직 되지 않은 상태라 정책 보좌진은 뽑을 수조차 없다. 이런저런 이유로 같이 선거를 치른 사람들로 우선 등록하게 된다. 같이 고생했고 선거에서 이기기까지 했으니 창업공신으로서 보상한다는 의미도 있다.

여기서부터 문제가 꼬인다. 이 창업공신들은 국회 보좌진 역할을 담당하기가 어려운 경우가 대부분이다. 반면 의원은 등원하는 순간, 상임위나 법안, 국정감사 등이 중요함을 절감하게 된다. 당연히 경험 있고 유능한 보좌진을 쓰고 싶어진다. 그런 이들이 보좌진으로 영입되면서 창업공신들은 하나 둘 교체되기 시작한다. 필경 지역 보좌진과 국회 보좌진으로 점점 파가 나뉘면서 양자 간의 긴장이 높아진다.

문제는 거기서 끝나지 않는다. 어찌 어찌 꾸려는 놓았지만 국회 보좌진은 보좌진대로 의원의 기대에 못 미치거나, 자기들끼리 손발을 못 맞추고 갈등을 빚기도 한다. 때로는 의원과 수석 보좌관 사이의 궁합이 맞지 않는다. 그러저러하게 많은 초선 의원실이 인사 문제로 조용할 날이 없다. 초선 4년 동안 지역과 국회 보좌진 전체를 한 식구처럼 질서 정연하게 손발이 맞는 팀으로 꾸리기만 해도 대단한 성공이다.

두 번째, 초선 방이 유의해야 할 점이 있다. 초선은 모든 게 처음이기 때문에 뭘 어떻게 해야 할지 잘 모른다. 그런데도 의욕이 넘쳐 뭐든지 열심히 하려고 한다. 그렇게 하다보면 뜻하지 않게 닭 잡는

데 도끼 쓰고, 참기름 쏟고 깨 줍는 일이 자꾸 벌어진다. 엄청 비효율적으로 일을 하게 된다는 뜻이다. 초선 방의 매일은 그렇게 허둥지둥의 나날이다.

사람이 이 일을 왜 해야 하는 건지 도무지 동의가 안 되면서 일하는 것만큼 피곤하고 짜증나는 게 없다. 이럴 때는 수석 보좌관의 역할이 중요하다. 수석 보좌관은 '해야 할' 일과 '해도 그만, 안 해도 그만'인 일과 '할 필요 없는' 일을 구분하고 그에 맞게 노력과 시간을 배분하도록 해야 한다. '해야 할 일'은 성과가 축적되는 일이다. 의정 보고서에 실을 수 있는 일이라 생각하면 이해하기 쉽다. 유권자에게 '이런 일을 했습니다' 라고 보고할 가치가 있는 일이 진짜 할 일이다. '할 필요 없는 일'은 대부분 일상 속에 있다. 특히 회의, 업무 일지, 서면보고 중에 진짜 꼭 할 필요가 있는 일인지 점검해야 한다. 필요 없는 일의 특징은 윗사람에게 보여주기 위해서나 아랫사람을 죄기 위해서 하는 일이다. '해도 그만, 안 해도 그만인 일'은 그 중간이다.

특히 초선 의원실에서 의원의 비위를 맞춤으로써 자신의 지위를 안정화하려는 수석 보좌관의 과잉 충성을 경계해야 한다. 오히려 수석 보좌관은 의욕에 가득 찬 의원이 쓸 데 없는 일을 벌이지 않도록 잘 다독여야 할 책임이 있다.

초선은 인품이 기본적으로 되어 있지 않으면 흔히 자만에 빠지기 쉽다. 초선 방의 세 번째 유의할 점이다. 아무리 훌륭한 인격자도 국회의원이 되면 예외 없이 약간 변하게 되어 있다. 사람들이 권력을 마약이라고 부를 때에는 다 이유가 있는 법이다. 마약에 취하는 데 가장 기여하는 이들이 바로 보좌진이다. 의원 곁에 항상 보좌진을 붙여 이런 저런 수발을 들도록 하는 건 의원이 연로했거나, 정치 지도자급이라 오는 연락도 많고 만나야 할 사람도 많을 경우다. 그렇지 않은 초선의원에게 수행을 붙여 문을 열어주고, 자리를 찾아주고, 엘리베이터를 불러주고, 전화를 대신 받아주고, 의자를 당겨주고... 하는 것은 의원을 귀족이 된 듯 착각하게 만드는 짓이다. 처음 습관이 잘못 붙으면 못 고친다. 3선을 한 뒤 불출마 선언하고 야인으로 돌아간 정치인이 그런 말을 했다. '어느새 버스도 혼자 못 타는 바보가 되어 있더라. 내가 얼마나 무능해졌는지 알았다...'

3선 되고, 4선 되면 아무리 서민적 풍모를 유지하려 노력한 의원도 서민일 수가 없다. 그러니 초선, 재선 때는 가급적 마약을 가까이 하지 못하도록 막아야 한다. 그게 의원의 롱런에도 도움이 된다.

재선 : 의원의 기가 하늘을 찌른다

재선이 되면 의원의 기가 하늘을 찌른다. 이긴 선거를 두 번, 의정 활동을 4년 이상 경험했는데 어떻게 기가 승하지 않을 수 있겠는가? 중앙당의 당직을 맡을 수도 있고, 웬만한 원내직도 다 맡을 수 있다. 그러면 기자들의 취재원이 된다. 아침부터 전화를 걸어 한 마디라도 정보를 들으려고 기자들이 애를 쓴다. 저녁이면 그들과 한 자리에 앉아 정국 전반에 대해 논할 수도 있다.

의원실도 질서가 잡혀 척척 잘 돌아간다. 상임위 현안에 대해서도 초선 땐 보좌진한테 배웠지만 재선이 되면 보좌진을 가르칠 정도가 된다. 대한민국의 최고 전문가들이 모인 상임위 회의장에서 하루 종일 보고를 받고, 궁금한 점을 물어가며 익혔으니 당연한 결과다. 지역구에서도 밖에 나가면 사람들이 먼저 알아보고 인사를 해 온다. 당 내부든 외부든 경쟁자는 8년째 원외 생활을 각오하고 재도전해 올지 말지 고민하고 있을 테니 더 이상 두려운 상대도 아니다.

재선은 따라서 큰 정치를 하느냐, 지역구나 지키는 그저 그런 의원이 되느냐의 분기점에 놓이는 시기다. 당내 정치가 중요해지고, 대언론 활동이 많아지고, 지역구를 넘어 일반 국민을 상대로 한 정치를 시작할 시기다. 그렇기 때문에 위기도 찾아오는 시기다. 우선 당직 임명이나 선출직 출마 기회가 다가왔을 때 잘 판단해야 한다. 누구나 당직을 맡으려 한다. 하지만 누구나 맡는 게 맞는 건 아니다. 당직은 둘로 나누어 볼 수 있다. 기자들과의 접촉이 수반되는 당직과 그렇지 않은 당직이 있다. 이미 모든 의원들은 지역구에서 한 번 평가를 받은 이들이다. 이들을 다시 한 번 평가하는 게 기자들이다. 기자들이 잘나서가 아니라 숱한 정치인들을 만나봐서 그들을 서로 비교할 수 있기 때문이다. 기자들 이야기를 들어보면 당직을 맡지 않는 게 나은 정치인이 있다. 내공과 식견이 부족한 것까진 좋은데, 말이 진실하지 않거나 행동거지가 반듯하지 않은 경우다.

특히 오보를 유도하거나, 물을 먹이는 의원은 최악이다. 꼭 그렇지 않아도 마치 궁정정치에 능한 귀족과 거리의 인민을 이끄는 데 탁월한 혁명가가 따로 있듯이 의원의 특질에 따라 당직을 맡고 기자를 상대하는 것보다 국민과 직접 정치를 하는 게 더 나은 의원도 있다. 이런 의원은 바로 선출직으로 나가는 게 좋다. 전당대회에서 선출하는 최고위원이나 당 대의원들이 뽑는 시·도당 위원장이 그런 예다.

원내직 임명은 원내대표의 권한이고 당 부설 연구원을 포함해 당직은 당대표의 권한이다. 임명권을 행사하는 대표들이 고려하는 요소는 개별 의원의 자질과 계파다. 공천에서 그렇듯이, 당직에서도 크든 작든 계파 논리는 작동한다. 탕평인사조차도 계파논리의 연장이다. 특히 중앙당 사무총장 아래 수석 사무부총장이나 조직 사무부총장은 공천과 관련해 실권을 갖는 자리이다. 원내직에선 여야 협상 실무를 책임지는 원내수석부대표와 언론에 자주 노출되는 대변인이 중책이다.

당직을 맡게 되면 정무보좌관은 바빠진다. 중앙당 사무처나 원내에 있는 중하위 당직자들이 실무를 보조하긴 하지만, 의원이 직접 책임져야 할 일은 곧 보좌진의 일이 되기 때문이다. 특히 당을 대표해 언론 인터뷰도 하게 되는데, 이때는 보좌진이 준비해야 한다. 당대표나 원내대표가 아니고는 언론 인터뷰는 의원 당사자가 직접 준비해야 하기 때문이다. 그러자면 의원이 수행하는 당직과 관련해 돌아가는 상황을 알고 있어야 한다.

재선이 되면 상임위에서는 간사를 맡게 된다. 간사는 위원장 및 여야 간사 간 협의를 통해 상임위를 운영한다. 같은 당 위원들의 의견 조정도 원활히 해야 한다. 이때는 정책 보좌진이 덩달아 바빠진다. 실무 당직자인 전문위원을 포함해 자당 의원실 정책 보좌진과 네트워크를 구성해 업무설명회부터 상임위에서의 당론 결정, 협상 전략의 공유 등 간사 의원실은 허브 역할을 잘 해야 한다.

3선 이상 : 권력욕을 자극하라

'행복한' 재선 시대가 지나면 3선이 되고, 4선 선거가 다가온다. 4

선 선거가 어려운 이유는 어떤 변명도 안 통하기 때문이다. 지역구민으로부터의 평판이면 평판, 조직이면 조직, 공약 이행, 예산 확보, 중앙정치에서의 지명도, 성장 가능성, 모든 면에서 흠결이 잡히면 안 된다. '3선씩이나 했으면서도...'라는 말 앞에서는 어떤 핑계도 군색해진다.

3선이 되면 모든 걸 다 잘 해야 한다. 그런데 현실은 오히려 반대다. 3선 의원실의 가장 큰 문제는 모든 일을 턱 끝으로 하려 든다는 점이다. 매너리즘에 빠질 대로 빠져 있다. 어떤 할 일이 생기면 보좌관부터 비서까지, 지역구 사무국장부터 핵심당원까지 턱 끝을 누군가를 향해 쑥 내밀며, '어이, 그거 한 번 알아보지?' 하고 떠넘기는 식이다. 선거 캠프도 관성에 빠져 느슨해 있기 일쑤다. 그렇게 하는 척만 하는 데 여념이 없는 선거운동은 유권자들의 눈에 안 들킬 수가 없다. '3선 하더니 어깨에 힘이 들어가서...'라는 말이 나오게 된다.

3선이면 당직이나 원내직도 한두 가지는 이미 거쳤고, 상임위 위원장까지 다 했을 때니 지역구 예산 확보도 별로 어렵지 않다. 지역 사무실과 회관도 체계가 잡혀서 일상 업무도 부드럽게 돌아간다. 당내외의 경쟁자들도 거듭된 패배와 오랜 야인 생활로 기진맥진한 상태에 있다. 바로 이런 안온함이 나태와 해이를 부른다.

정치인이 국회의원을 직업으로 생각하느냐, 소명으로 여기느냐의 분기점이 바로 3선이다. 필자가 보기에 그 구분은 간단하다. 평소에 하는 정치가 국회의원을 한 번 더 하기 위해 하는 건지, 한국 사회 전체가 안고 있는 문제에 도전하는 것인지만 보면 알 수 있다. 한국 사회의 구조적 모순에 도전하지 않는 3선 이상은 국회의원을 직업으로 생각하는 이들로 보아도 무방하다. 더 간단한 구분법도 있다. 큰 선거에 나가지 않는 이들이 바로 그들이다. 여야를 막론하고 원내대표 선거나 전당대회를 지켜보면 알 수 있다. 아예 그런 선거에 나올 생각조차 않거나, 출마할까 말까 망설이다 접기를 반복하거나, 나오긴 나왔는데 뚜렷한 공약 하나 내놓지 못하는 의원들이 거기에 속한다.

큰 선거는 자신을 완전히 대중 앞에 드러내놓고 평가 받는 자리이다. 미리 준비를 하고 나왔든, 이길 것 같다는 착각 속에 나왔든 큰 선거를 치르고 나면 자신을 객관적으로 바라볼 수 있게 된다. 그동안 어떤 정치를 해왔고 동료 의원들이나 당원들, 나아가 정치를 알고 있는 국민들로부터 어떤 평가를 받고 있었는지 똑똑히 알 수 있게 된다. 큰 선거를 피한다는 건 바로 그러한 평가에 자신이 없다는 말이 된다. 자신이 없다는 건 그동안 국민을 상대로 한 정치를 별로 해오지 않았다는 증거에 다름 아니다.

보좌진은 자신의 의원이 정치를 직업으로 할 것인지, 소명으로 할 것인지 잘 판단해보아야 한다. 필자는 개인적으로 큰 선거에 도전하고, 성공하든 실패하든 소명으로서의 정치를 하자는 입장에 서 있다. 그렇다고 해서 선수를 쌓는 데 더 치중하는 국회의원을 비난할 생각은 없다. 필자가 아니라 유권자가 판단할 문제이기 때문이다. 소명으로서의 정치를 하지 않아도 유권자가 또 뽑아주기도 한다. 선거는 더 안 좋은 후보를 떨어뜨리는 게임이기 때문이다.

판단의 준거는 전적으로 의원에게 달려 있다. 무엇보다 의원에게 정치적 야심이 있어야 한다. 자신의 뜻을 세상에 펼치고자 하는 욕망, 권력의지, 이름을 드날리고 싶은 명예욕, 보란 듯이 남을 이끄는 지위에 오르고 싶은 야망, 뭐라고 부르거나 정의하든 의원에게 그런 의지가 있는지 여부가 핵심이다.

신앙에서는 신으로부터 부여받은 그 무엇으로서 소명을 정의한다. 그러나 정치에서 소명은 잔 다르크가 숲 속에서 들었다는 목소리 같은 것으로부터 오지 않는다. 정치는 자기가 하고 싶어야 하는 일이다. 그것이 운동과 다른 점이다. 운동은 하지 않으면 내가 못 살 것 같은, 책임감이 90%다. 정치는 하지 않으면 사는 낙이 없는, 욕망이 90%다. 필요조건으로서 욕망이 끓어 넘쳐난 다음에 충분조건으로서 소명이 생기든지 말든지 한다.

주변에 국회의원이 되고 싶어 하는 많은 이들을 본다. 그들 대부분은 인간적 욕망은 물론이거니와, 대화를 나누어 보면 현역 의원보다 훨씬 높은 소명의식까지 갖추고 있다. 그럼에도 불구하고 그들은 좀처럼 국회의원이 되지 못한다. 그래서 현역의원들을 일거에 싹 다 물갈이하고, 신인들로 갈아치우면 소명의식에 가득 찬 새로운 국회의원들이 이 나라를 잘 이끌어갈 수 있지 않을까 하는 생각도 든다. 실제 현역 다선 의원들에게 불리하고, 신진 인사에게는 유리한 선거제도를 도입하는 게 정치 개혁의 첩경이라 생각하는 정치학자들도 많고 실제 그런 시도도 끊임없이 계속되고 있다.

어쩌면 국회의원이 되고자 하는 이들의 소명의식은 당연하다. 교수가 되기 위해 열심히 연구하고 논문을 쓰는 건 누구나 한다. 진정한 학자는 종신 교수직을 받고도 매일 책상 앞에 앉아 공부하고 새로운 저술을 쓰는 이들이다. 마찬가지로 국회의원이 되고도 소명의식을 갖고 정치하는 이들이 진짜 정치인이다. 소명으로서의 정치를 한다는 게 말이 쉽지 실제로는 결코 쉬운 일이 아니다.

정치에서 소명은 피곤하고 위험하다. 자신의 소명을 이루고자 한다는 의미는 곧 현실에 도전하고 변화시켜야 함을 의미하기 때문이다. 원외일 때는 국회의원이 되면 뭐든지 할 것 같지만 사실 초선의 힘이란 게 그리 크지 않다. 반면 세상의 기성 질서는 강고하다. 바꾸기 쉬웠으면 이미 바뀌어 있을 것이다. 잘 바뀌지 않는 걸 바꾸려 하다보면 결국 더 큰 힘, 더 강한 권력을 가져야한다는 결론에 이르게 된다.

그렇게 소명은 정치인에게 위험 부담(risk taking)을 강요한다. 더 큰 권력을 갖기 위해서는 끊임없이 싸워야하기 때문이다. 민주주의에서 권력이란 더 많은 지지를 받아 승리할 때 획득 가능하다. 동시에 지면 정치생명을 내놓을 각오를 해야 한다. 선거에 나가 싸우자면 다른 후보와 달라야 하고, 나아도 뭐가 나아야 한다. 그래야만 자신의 경쟁자가 아니라 자신을 지지해달라고 할 수 있다. 경쟁자보다 더 많은 사람을 만나야 하고, 더 오래 뛰어 다녀야 하고, 더 열심히 공부해야 하고, 더 공감 받을 수 있는 메시지를 내놓아야 하고, 더 견결한 실천을 해야 한다. 끊임없이 싸워 이겨야만 살아남을 수 있는 숙명, 그게 소명을 갖는다는 것의 의미다.

중세시대 고위 성직자의 세속적 타락을 신에 대한 믿음만으로 막을 수 없었듯이, 국회의원의 기득권화를 당위와 의무감의 부여만으로 저지할 수는 없다. 장황하게 강조했듯이, 어떤 정치인에게 소명의식이 있느냐 없느냐는 곧 더 큰 권력을 추구하느냐 마느냐를 보면 알 수 있다. 국회의원들은 끊임없이 경쟁을 하도록 고무되어야 한다.

경쟁에서 이겼을 때만 더 큰 권력을 부여하는 대신 경쟁을 피하거나 지면, 갖고 있던 권력의 크기를 줄여야 한다. 그들의 권력욕은 따라서 부정적으로 묘사되거나 비난받을 거리가 아니라, 우리가 유일하게 믿을 수 있는 그의 건강함의 증거이자 덕목이다. 정치인의 권력욕을 우리는 자극하고 촉구해야 한다. 그것이 대의민주주의라는 제도 하에서 국민의 대표인 그들을 기득권층으로 살아가게 하지 않는 가장 현실적인 길이다.

권력에 대한 욕망의 원천이 그렇게 직업으로 생각할 때와 소명으로 여길 때가 달라서, 보좌진이 의원더러 어떻게 하라 마라 할 수 있는 게 아니다. 다만 의원에게 의지가 있다면, 보좌진은 의원으로 하여금 나아갈 길을 열고 뒤를 걱정하지 않도록 해줘야 한다. 웬만한 지역구 일은 보좌관과 사무국장 선에서 알아서 처리해야 하고, 좋은 인재가 있다면 어떤 형태로든 의원과 가까이 하도록 연결하고, 좋은 선생을 만나 의원이 공부하고 고민하도록 생각의 분위기를 조성해야 한다. 또한 사생활이 어지럽지 않도록 막아야 하고, 달콤한 유혹에 빠지지 않도록 주변을 관리하고, 쓸 데 없는 걱정에 빠지지 않도록 심기를 경호해야 한다. 물론 그러려면 의원이 먼저 보좌진을 자신의 동료로 존중하고 하나의 팀으로 같이 일하는 자세를 지녀야 한다.

중요한 건 이렇게 소명으로서의 정치로 나아갈 때, 3선이 되어도 여전히 초선의 긴장과 재선의 활기를 잃지 않는다는 점이다. 보좌진 역시 자신부터 공부해야 하고 새로운 목표를 세우고 방법을 모색해야 한다. 그래야 관성에 빠지지 않고 온당치 않게 누리는 일탈 또한 저절로 없어진다.

보좌의 다섯 단계

보좌진이라고 다 같은 보좌진이 아니다. 급수와는 무관하게 보좌진의 역할은 다음과 같은 단계로 발전한다.

'초짜' : 복명복창하라

설마 시키는 일도 못 할까 싶지만 실제 많이 있다. 국회에서 하는 일이 종류나 난이도가 워낙 간단치 않기 때문이기도 하지만, 무슨 말인지 제대로 알아듣지도 못한 채 제 딴에 한다고 하다 보면 나중에 아니 한만 못 하게 망쳐놓는 경우가 흔하다. 더욱이 의원들은 대개 성격이 급한데다 항상 정신이 없다. 차분하게 일을 시키는 게 잘 안 된다. 그러다 보니 이 일을 왜 하는지, 일의 구체적 내용과 범위를 잘 모르거나 잘못 알아듣기 일쑤다. 무서워하지 말고 반드시 복명복창을 하는 게 좋다. 그래서 '그래 맞아, 그렇게 해'라는 의원의 확인을 받고 일을 시작해야 한다.

제대로 못 알아듣는 것보다 더 심각한 경우는 기계적으로 일하는 보좌진이다. 정치란 게 원래 음험(?)해서 의도를 잘 드러내지 않는 경향이 있다. 의도를 알아차리기가 쉽지 않다. 또 알아차려도 계륵이다 싶을 때에는 아는 체 하지 말아야 할 때도 있다. 거기다 정치에선 의전이 중요하다. 서열이나 예절, 프로토콜이라고 하는 상호 의사 전달에서의 관례 등 미묘한 것들이 곳곳에 신호등처럼 서 있어서 그에 따라야 한다. 아무 생각 없이 기계적으로 일하는 '초짜'들은 숨통을 턱턱 막히게 할 뿐만 아니라 큰 사고를 아무렇지도 않게 치는 화근이 된다. 그래서 초보일수록 생각을 할 줄 알아야 한다. 시키는 말 자체를 제대로 알아듣는 건 물론이고, 무엇을 왜 하는 건지 알려고 하면서 일을 해야 한다. 그러므로 '초짜' 신세를 면한다는 것이 결코 쉽지는 않다.

비서 : 일의 경중완급을 가려라

모든 일에는 경중완급이 있다. 어떤 일의 중요도와 우선순위를 가려내는 게 일의 출발점이다. 중요한 일에는 시간과 노력을 많이, 덜 중요한 일에는 적게 쓰고 해야 한다. 매순간 전력을 다 한다? 그러다 보면 나중에 지쳐서 정작 중요한 일이 닥쳤을 때 제대로 못 한다.

가장 나쁜 경우는 쓸 데 없는 일을 군이 만들어 시키는 의원실이다. 그건 의원이나 수석보좌관이 보좌진의 군기를 잡으려 할 때 흔히 저지르는 짓이다. 일일 업무 보고서를 작성하라거나, 월간 업무 계획표를 짜라고 한다거나, 입법 계획서를 작성해오라는 둥, 보고나 계획 이런 걸 정기적으로 그것도 문서로 만들라고 하는 건 대부분 쓸 데 없는 짓이다.

그 시간에 차라리 공부나 교육을 받게 하는 게 낫다. 지금 국회 사무처나 입법조사처, 예산정책처에서 실시하는 교육 프로그램이 많다. 하나같이 들어두면 좋은 내용들이다. 아예 5급 비서관 정도 되면 야간 대학원에 다니게 하는 것도 좋다. 그게 사람에 대한 투자다. 보좌진 한 사람 한 사람이 우수해지면 의원실의 결과물도 우수해지기 마련이다. 특히 초선 의원에 국회 경험이 없는 보좌진이 조합되는 경우가 최악이다. 쓸 데 없는 일을 하느라 정작 해야 할 일이 뭔지도 모른 채 자기들끼리 우당탕거리기 일쑤이기 때문이다.

일단 쓸 데 없는 일은 빼고, 해야 할 일에도 순서가 있다. 흔히 시킨 순서대로 일을 하면 되는 줄 아는데, 그렇지 않다. 마감 시한을 정해놓고 시킨 일은 정해진 시한을 넘기면 아무 소용이 없다. 국회에서 하는 일이 대부분 시한이 있는 일이다. 반면에 일을 시키는 의원들의 눈은 대개 높다. 사람은 자기 기준으로 남을 보기 때문이다. 그래서 경중완급을 잘 생각해서 일을 해야 시한은 시한대로 맞추고, 일의 완성도는 완성도대로 갖출 수 있다.

이처럼 시킨 일의 중요도와 시한을 잘 가늠하는 것이 일의 출발점이다. 이걸 모르면 업무가 뒤죽박죽이 된다. 별 중요하지도 않은 일에도 허둥지둥, 별 급하지 않은 일에도 우왕좌왕 하노라면 고생은 고생대로 하고 일은 일대로 안 된다. 일을 어렵게 할수록 일을 못 하는 사람이다. 일 잘하는 사람은 일을 쉽게 하는 사람이다. 참기름 쏟고 깨 줍거나, 도끼로 닭 잡는 짓은 어리석거나 비효율적이다. 흔히 성격 급한 의원 밑에 일머리 없는 보좌관이 있으면 그 방 보좌진에게 이런 양상이 벌어진다. 따라서 비서 정도면 지시받은 일의 경중완급을 가릴 줄 알아야 한다.

비서관 : 예측하고 준비하라

국회의 일은 1년과 4년을 주기로 순환한다. 따라서 가을에 겨울 옷 꺼내놓고, 봄에 여름 옷 꺼내놓듯 미리 미리 예상하고 준비를 해두면 일이 훨씬 쉬워진다. 의원 입에서 '그거 왜 안 해두었냐?'는 말이 나오는 순간 무언가 일을 잘못하는 중이다. 어떤 일이 앞으로 있는데, 어떻게 준비하고 있다, 언제까지는 이렇게 해서 드리겠다고 의원이 묻기 전에 미리 미리 보고해두어야 한다. 그것이 완벽한 실무이고 비서관은 완벽한 실무자의 다른 이름이기 때문이다.

비서관으로서 정책 파트를 4~6년 정도 경험하고 나면, 거기서 머물지 말고 정무 분야로 나아가야 한다. 정무라고 해봤자 별 것 아니다. 정치 기사를 죄다 읽고, 중앙당과 계파들, 의원들의 동정을 파악하는 것이 시작이다. 즉 정치에 관심을 가지는 것 자체가 정무의 시작이다.

보좌관 : 의원의 재선을 책임져라

의원을 보좌하는 것은 보좌진이라는 하나의 팀이다. 보좌관의 궁극적 지위는 그 팀의 팀장이다. 보좌진은 정무, 정책, 비서로 업무분장이 있는 게 당연하지만 팀장은 모든 걸 다 알아야 한다. 도자기를 굽는 장인이 흙 고르기부터 물레로 그릇 빚기, 불가마 다스리기를 전부 마스터하듯, 보좌관은 행정-정책-정무를 다 해보았고 가르칠 수 있어야 한다.

그 위에 의원을 재선시킬 방도를 찾고 그걸 실행할 기획력과 집행력을 가져야 한다. 보좌관이 다른 보좌진과 다른 점이 그 부분이다. 보좌관의 궁극적 책임은 의원의 재선이다. 보좌관의 권위는 거기서 나온다. 정책을 담당하는 보좌관도 다르지 않다. 의원의 재선을 책임지려 하지 않는 보좌관은 스스로 객장(客將)의 위치에 머물고 만다.

참모 : 의원과 싸우라

3선 이상이 되면 더 큰 정치를 추구하지 않는 한 은퇴해야 한다. 장강의 뒷물이 가만 두지를 않고 밀어내기 때문이다. 더 이상 올라갈 전망이 없는 정치인을 지역구민들이 왜 뽑아주겠는가? 의원의 선수가 쌓일수록 필요한 정치자금의 규모는 커진다. 챙겨야 할 사람도 많아진다. 반면 초심은 흐려지고, 긴장은 풀리고, 힘든 일은 피해가고 싶고, 기름진 웃음을 머금고 친하게 지내자고 접근하는 자들은 많아진다. 그래서 모든 정치인은 위로 올라갈수록 나태해진다. 문제는 나태가 부패를 부른다는 점이다. 아무리 깨끗하고 건강하던 사람도 마찬가지다.

나태와 부패를 막을 수 있는 사람은 한 명뿐이다. 선수끼리는 복심(腹心)이라 부르고 일반적으로는 참모라 한다. 의원의 지근거리에 있어서 일거수일투족을 알고, 의중을 헤아리면서도 객관적으로 바라볼 수 있는 사람은 참모급 보좌관뿐이다.

방법은 두 가지다. 새로운 목표를 제시하든가, 충언을 간하든가... 물론 둘 다 쉽지 않다. 대장이 피곤해 하거나 귀찮아한다. 자칫 역린을 건드렸다간 다치는 수도 있다. 본질적으로 의원과 싸워야하기 때문이다. 의원과 싸워도 괜찮으려면 사심이 없어야 한다. 정관정요(貞觀政要)에는 위징이 말한 다섯 가지 신하의 유형이 나온다. 충신과 양신(良臣)을 그는 이렇게 구분한다.

"충신은 바른 말을 해 자신은 죽게 되고 군주에게는 폭군이라는 오명을 씌우는 신하다. 그러나 양신은 자신도 세상의 칭송을 받고 군주에게는 명군이라는 명예를 얻게 하는 신하다."

사심이 아니라 공심에서 간하는 것이 양신이다. 공심은 공평무사한 마음이다. 더 정확히 말하자면 공공심(公共心)이다. 사익을 추구하지 아니함으로 공(公)이고, 나나 우리 집단만을 중심으로 삼지 않는 관점에서 공(共)이다. 대의와는 약간 다르다. 대의는 현실 정치에서는 대단히 무서운 것이다. 대의를 내세우는 순간, 그 밑으로는 다른 주장이나 생각을 억누르는 독선이 흐르는 경우를 우리는 수없이 목격했다. 대의를 내세워 주군을 몰아세우는 방식은 그다지 좋지 않다. 다른 사람은 그래도 되지만, 참모는 안 된다. 참모는 대의를 내세우는 사람 앞에선 실리를, 실리를 종용하는 목소리 앞에선 대의를 생각해야 하는 게 본연의 임무다. 대의냐, 실리냐는 식의 이분법은 현실정치에선 금물이다. 그렇게 접근해선 주군을 올바로 이끌 수 없다.

공공은 반듯한 것이다. 생각이 반듯해야 현명한 판단을 내릴 수 있고, 반듯하게 정치를 해야 국민을 설득하고 감동시킬 수 있다. 공심(公心)의 자세로 일해 온 참모가 공심(共心)의 관점에서 내린 판단을 간해야 한다. 오직 공공심에서 우러난 것일 때 더 높은 목표를 제시하거나 귀에 거슬리는 충언을 해도 주군의 마음을 움직일 수 있다. 의원을 끌거나 막아 설 수 있어야 비로소 참모이며, 참모의 최종적 역할은 주군의 나태를 막는 일이다. 따라서 3선 이후 의원의 시위소찬(尸位素餐), 부패, 독직은 의원이 아니라 상당 부분 참모의 책임이다.

보좌진의 숙명

보좌진이란 직업은 다분히 여성적이다. 꼼꼼한 성정의 소유자에게 적합하며, 천성적으로 앞에 나서기보다 배후에서 남을 돕고 조종(?)하는 걸 좋아하는 이에게는 천직이다.

보좌진의 존재 이유는 의원을 안심시키는 것

보좌진은 왜 일할까? 행정부를 감시 견제하기 위해? 한국 정치 발전을 위해? 월급 받는 직업이어서? 앞의 두 가지는 의원의 존재 목적일 수는 있어도 보좌진의 목적은 아니다. 뒤의 것은 모든 직장인이 다 그렇지 보좌진만 그런 것은 아니다. 보좌진이란 직업의 특수성은 의원이란 존재에서 비롯된다. 여기서 의원은 개별 의원이 아니라, 국회의원 일반이다.

모든 국회의원은 '불안한 영혼의 소유자'들이다. 늘 자신의 자리를 호시탐탐 노리는 적이 등 뒤에 있기 때문이다. 경계의 대상은 밖에만 아니라 안에도 있다. 국회직 혹은 당직을 놓고 자당 의원들과도 경쟁해야 한다. 그러므로 모든 국회의원은 모든 다른 국회의원에 대해 적 아니면 경쟁자다. 이런 홉스적 세계에서 누구인들 느긋할 수 있겠는가?

게다가 갈수록 반정치주의와 정치혐오감이 강해지고 있다. 언론은 매일 아침 정치인을 공박하는 기사를 쏟아낸다. 특히 패배를 거듭하고 있는 야당은 지지층일수록 비난을 쏟아 붓는다. 권력욕과 명예욕, 이 두 가지가 보통 사람들보다 강한 이들이 정치인이다. 그러나 권력욕은 몰라도 명예욕은 이제 기대하기 어려워졌다. SNS 때문에 국회의원은 조금만 잘못을 해도 몇 배 더 심한 욕을 얻어먹는다. 권력이 더 이상 명예롭지 못한 시대다. 반면에 해야 할 일은 늘 산더미 같다. 주말에도 쉬지 못한다. 만나야 할 사람, 들어야 할 이야기, 풀어야 할 숙제는 항상 산적해 있다. 대학생 인턴들이 몇 개월씩 의원실 견습을 한 뒤 돌아갈 즈음 하나같이 하는 말이 있다.

"밖에서 볼 때는 국회의원들이 놀고먹는 줄 알았다. 그런데 이렇게 일이 많은 줄 몰랐다."

대한민국에서 가장 스트레스가 많은 직업, 그것이 국회의원이다. 이런 상태에 있는 의원들은 회관 사무실에 들어서는 순간 스트레스를 발산하기 시작한다. 그래도 되는 유일한 공간이기 때문이다. 인품이 원래 없는 의원들은 말할 것도 없고, 정치를 하지 않았을 때는 세상에 그런 사람 없다는 소리 듣던 이마저도 의원이 되면 짜증을 부린다. 불안해한다. 피곤해한다. 이러니 의원 입장에서는 누군가의 도움이 절실하다. 불안과 스트레스를 해소해 줄 어떤 기제가 필요하다. 불안감의 원인을 정확히 아는 누군가가 자기를 도와주거나 아니면 자신을 대신해 해결해 주길 바란다.

쌈박한 질의서를 준비하는 정책 보좌든, 일정을 매끈하게 짜는 비서 업무든, 지역구 관리나 중앙정치에서의 이런 저런 문제를 척척 해결하는 정무 보좌관이든 결국은 불안한 의원을 안심시키기 위한 것이다. 그래야 의원은 편해진다. 단순히 편해지는 데서 그치지 않는다. 사람은 스트레스를 줄이고 정신이 맑아야 생각을 할 수 있다.

정치는 반듯한 생각의 실현이다. 공자도 정자정야(政者正也)라고 했다. 그런데 정작 의원들은 거의 생각할 시간이 없다. 생각을 못 하니 성찰적이지도 않고, 철학도 멋도 없어 보인다. 의원이 좋은 생각을 할 수 있게 하려면 의원을 우선 안심시켜야 하고 그러라고 보좌진이 존재한다. 이걸 이해하지 못하면 보좌진 노릇은 하루하루가 고역이다. 이런 점들을 하나씩 이해할 때 비로소 의원에 대한 애정도 생긴다.

의원의 머리로 생각하라

보좌진은 이름이 없다. 모든 건 의원의 이름으로 나간다. 질의서도, 칼럼도, 인터뷰도, 법안도. 따라서 의원과 보좌진은 생각이 비슷해야 한다. 특히 수석보좌관은 의원의 마음을 읽을 수 있어야 한다. 흔히 싱크로율 100% 혹은 도플갱어라고 하는 '생각의 동조'가 이루어질수록 좋다. 정치 철학부터, 정세관, 개별 정치인들에 대한 평가, 사람을 보는 눈 등 여러 가지 면에 있어서 과연 동조가 쉽겠냐 싶지만 대개 인간이란 세계관 혹은 철학이 비슷하면 나머지 것도 저절로 맞게 되어 있다. 그런데 둘이 같을수록 좋은데, 확연히 달라야 할 것이 한 가지 있다. 의원은 좀 어질어야 한다. 그것이 정치인의 자질이자 미덕이다. 반면 보좌관은 좀 깐깐해야 한다. 꼼꼼하고 치밀하고 덕(德)보다 지(智)가 미덕이다. 문제는 의원의 생각과 보좌진의 생각이 다를 때이다. 근본적으로는 그래서 당이 중요하다. '보좌진이 무슨 당파성이냐, 자리만 잡을 수 있다면 아무 데나 가는 거지'라고 생각할 수도 있다. 그러나 실제로 그렇지 않다.

한국 정치의 양극화 현상이 갈수록 심화되고 있다. 정당의 이념적 좌표는 물론 당의 역사적 뿌리, 구성의 이질성, 조직 문화와 관습에서의 차이가 결코 작지 않다. 지혜로운 새는 가지를 골라 앉는 법이다. 보좌진이라는 새는 가지에 앉기 전에 자신의 당성이 어디인지 잘 가늠해보아야 한다. 가지와 새가 서로 맞아도 바람이 불면 흔들린다. 하물며 안 맞으면 얼마 못 가 새는 가지에서 떨어지게 되어 있다.

개별 의원의 성향도 중요하다. 보수정당에도 개혁적 인사가 있고, 자유주의 정당에도 권위적인 의원이 있다. 개별 의원의 정치 노선이나 행태도 살펴보아야 한다. 그래서 당이 달라도 의원 개인의 성향이 보좌진과 맞으면 그 가지도 새가 앉을 만은 하다. 당파성에서 백보를 양보해 의원이 좋으면 일에서 보람을 느낄 수 있다. 당파성과 의원의 개인 성향 두 가지가 다 보좌진의 그것과 맞으면 의원실은 천국이다. 당파성과 개인 성향 둘 중 하나라도 맞으면 할 만 하다. 그러나 둘 다 안 맞으면 지옥이다. 우리가 일하는 곳이 단순한 직장이 아니라 정치판이기 때문이다.

의원을 통해서 성취하라

모든 보좌진들이 가슴이 뻐근할 정도로 보람을 느낄 때가 있다. 자신이 써 준 질의서를 의원이 100% 소화해 장관을 들었다 놓았다 할 때, 그리고 그게 보도된 다음 날 아침 신문 기사를 읽을 때 그 기분은 뭐라 말 할 수 없다. 그러나 그것도 한 때다. 길게 보아도 이런 보람을 느낄 기회는 열 손가락을 꼽지 못한다. 그럼 어디서 보람을 찾을 것인가?

모든 인간은 자기 발전을 추구한다. 그러나 보좌진은 '자기'라는 것이 없다. 보좌진이란 '자기'를 내세워서는 안 되는 직업이다. 자기 발전에 대한 욕구와, 자기를 내세워서는 안 되는 직업적 운명 사이의 딜레마가 보좌진에게는 늘 씌워져있다. 필자가 답으로 생각하는 것은 자기 대신 '의원을 발전'시키는 것이다. 초선을 재선으로, 재선을 3선, 4선으로 키우면 힘(권력)이 점점 커진다. 권력은 그 자체로도 목표이지만, 권력으로 무엇인가를 이루어낼 수 있고 더 좋은 세상을 만들 수 있다면 그것만큼 큰 성취는 없다. 보좌진이 정책에 국한될 게 아니라 정무로 뻗어가야 한다고 말하는 데에는 바로 이런 이유가 있기 때문이다. 아무리 초임이라도 보좌진은 정치와 권력에 대해 늘 공부하고 고민해야 한다. 그래야 의원을 통해서 한국의 정치 발전을 내 손으로 이루는 재미와 보람을 느낄 수 있다.

의원이 타성에 빠지면 보좌진의 책임이다

모든 국회의원의 꿈이 대통령이던 시대가 있었다. 지금은 국회의원을 계속 하는 것 자체가 꿈인 듯하다. 단순히 재선만을 목표로 하게 되면 그 의원은 정치를 설렁설렁하게 되어 있다. 그런데 설렁설렁하다 보면 재선도 못 한다. 재선을 하기 위해서라도 큰 꿈이 있어야 한다. 큰 꿈을 잃지 않도록 의원을 끊임없이 자극해야 한다. 설사 재선이 되더라도 끝나는 것이 아니다. 어떤 의원이든 선수가 쌓이다 보면 100% 예외 없이 타성에 빠지게 되어 있다. 사람들이 그렇게 만든다. '논두렁 정기라도 타고 나야 국회의원이 된다'는 말이 있다. 남보다 뛰어나거나 아무나 못할 만큼 노력한 결과로서 국회의원이 되었다는 뜻이다. 거기다 국회의원이 되었다는 자체가 우월감을 부여할 수 있다. 그 결과 모든 국회의원은 자신의 능력과 운에 대해 강한 자신감을 갖는다.

자신이 국회의원이 된 걸 최초로 실감하는 순간이 있다고 한다. 어떤 자리에서 자신이 말을 하면 좌중이 일순 조용해지면서 귀 기울일 뿐만 아니라 맞장구를 치고 적극 반응해주더라는 것이다. 처음엔 그렇게 소박하게 출발하지만, 점차 더 많은 걸 실감하게 된다. 자신이 한 발언이나 행동을 다음날 아침 뉴스로 내보내는 기자들, '그것 한 번 알아보지' 하고 한 마디만 해도 재깍 파악해 처리해주는 보좌진들, 소속 상임위에 따라 자신이 영향력을 미칠 수 있는 정부 부처나 산하 기관의 공직자들. 이러한 것들이 전부 한 의원을 어떤 심리적 상태로 만들어간다. 즉, 자신이 세상의 중심에 있다는 느낌이다. 특히 10년 이상을 순탄하게 국회의원으로 살면 게을러지고 대접받으려 하고 그때그때 대충 때우면서 나 혼자 모든 문제를 해결할 수 없다는 핑계로 정치를 문제의 '해결'이 아니라 적당히 '관리'하는 식으로 하게 된다.

이것이 말만 그럴 듯하게 하고 행동이나 실천은 하지 않는 정치가 창궐하게 된 이유다. 김대중, 노무현과 지금 눈앞에 있는 의원을 비교해보라. 그들은 권력으로부터 고통 받았고, 그렇게 당하면서 나쁜 권력이 아니라 좋은 권력이 되어 보겠다고 스스로 대통령의 꿈을 품었기 때문에 끊임없이 도전했고 몸부림쳤다.

보좌진이 의원을 안주하지 못하도록 하는 방법은 사실 그다지 많지 않다. 무엇보다 자꾸 옳지 않은 것과 싸우게 만들어야 한다. 정치에서 싸움은 선거다. 총선 말고도 이런 저런 선거가 많다. 선거에 가급적 내보내는 게 그나마 최선의 방법이다. 의원이 이런 저런 선거에 나갈까 말까 고민하고 있으면 무조건 도전하는 쪽으로 보좌진은 의견을 내야 한다. 선거에 나가 봐야 의원에게 무엇이 부족한지 알 수 있다. 유권자의 눈이 정확하기 때문이다. 유권자가 짚어주는 부족한 부분을 보완해 가다 보면 언젠가는 지도자 반열에 오른 의원을 발견하게 될 것이다.

골프나 치러 다니고 다른 의원들과 어울려 늦도록 비싼 술집을 다니는 의원을 발견하는 순간, 그 보좌관은 이미 잘못해도 한참 잘못한 것이다. 의원의 삶이나 의정활동이 벌써 공허하고 허전한 것이 되어버렸다는 증거다. 그러기 전에 의원에게 정치적 목표를 제시하거나, 개인적 삶에 활력을 불어넣는 뭔가를 주었어야 한다. 활력을 얻는 데에는 가족과의 휴가가 바람직하다. 대개 의원이 되면 의원은 의원대로, 사모는 사모대로 사생활이 없어진다. 자녀들도 마찬가지다. 높은 자리는 누리는 것만 아니라 잃는 것도 많다. 의원 혼자 해외로 나가는 일정보다 가족이 함께 제주도라도 가서 조용하게 쉬고 며칠 같이 지내며 대화를 나누는 휴가가 의원의 영혼을 맑게 해준다.

유비의 허벅지에 붙은 군살은 군사(軍師)인 공명의 책임인 바, 제 한 몸 편하자고 주군을 타성에 빠뜨리는 자는 물러나는 게 마땅하다.

4장_ 직업으로서의 보좌

보좌진은 깐깐하게 일 해야 한다. 그리고
그럴수록 합리적 태도와 기본적 예의를 잃지 말아야 한다.
태도는 이념에 우선하고, 윤리는 정치에 우선한다.

보좌진의 직책과 직능

직책에 걸맞는 직능을 100% 책임져 주는 보좌진이 좋은 보좌진이
다. 통상적으로 보좌진의 직책과 직능 간의 역할 배분은 다음과 같
이 이루어진다.

4급 보좌관은 다양한 직능을 수행한다. 직능은 보좌관이란 직책
앞에 수식어를 붙여 나타낸다. 정무, 정책, 수석, 지역구 등의 수식
어들이 붙는다.

정무 보좌관은 각종 선거, 지역구 관리, 자금 및 후원회, 홍보, 공
보, 정치 동향 파악과 분석 등의 직능을 수행한다. 정무 보좌관은
점점 사라지고 있다. 가장 큰 이유는 정무 업무의 특성 때문이다. 정
무 보좌는 의원과 보좌관의 정치적 가치관이 서로 맞을 때 가능하

다. 정치를 바라보는 눈이 서로 다르면 현상을 인식, 분석하고 대응 방향을 정하는 과정 곳곳에서 의견의 불일치가 발생한다. 그래서 정무는 정답이 없고 의원 별로 달라진다. 반면 정책 보좌는 여당과 야당 사이에 다르면 다를까 같은 당 내에선 거기서 거기다. 때문에 정무 보좌는 정책 보좌보다 의원실 선택의 범위가 좁을 수밖에 없다. 정무 보좌관이 희소해지고 대신 수석 보좌관의 개념이 강해지는 이유다.

수석 보좌관은 보좌관이 둘이기 때문에 둘을 구분하기 위해 수석, 차석을 붙이는 경우다. 대개 정무를 제외한 모든 업무를 수행하는 동시에 정책 업무도 일부 맡는다. 수석이 아니면서 정무를 맡으면 당연히 정무 보좌관이라 부를 것이기 때문이다.

지역구 보좌관은 지역구 사무실에서 근무하는 보좌관이다. 지역구 관리와 조직 업무를 주로 맡는 한편, 민원이나 공약도 의원회관 사무실과 협조하여 처리한다.

중요한 것은 인사권과 자금관리권이다. 정무 혹은 수석 보좌관은 이 두 가지 권한을 의원과 공유해야 한다. 첫째 이유는 구체적 업무에서 보좌관이 지휘하기 때문이다. 같이 일할 사람이 '보는 눈'이 있는 법이다. 이 눈이 내린 평가를 최종 인사권자인 의원이 반영하는 건 당연하다. 둘째, 채용하는 것만이 아니라 해고하는 것도 인사다. 해고는 대개 부정적 업무 평가의 결과이기 때문에 모두에게 괴로운 일이다. 해고는 의원이 직접 하기보다 수석 보좌관이 책임지는 것이 바람직하다. 이처럼 해고할 책임이 있다면 채용하는 권한도 당연히 있어야하므로 보좌관이 인사에 관한 1차적 판단을 해야 한다. 요컨대 최종 결정은 의원이 하지만 어떤 능력과 자질을 가진 사람을 뽑을 건지 먼저 보좌관이 판단한 다음, 의원의 최종 결재를 얻는 식의 채용 절차가 통상적이다.

인사권에는 사무실의 화목과 단단한 팀워크를 만드는 책임도 포함된다. 방 분위기가 좋고 나쁜 건 1차적으로 정무나 수석 보좌관의 책임이다. 그러라고 당근과 채찍을 손에 쥐어주는 것이고 그것이 인사권과 자금관리권이다. 자금관리권 역시 마찬가지다. 정치자금법상 국회의원의 회계책임자를 별도로 두도록 한만큼 의원이 직접 자금을 관리하는 일은 없다. 자금의 흐름을 항상 정확히 파악하고 있어야 하는 것은 보좌관의 기본이다. 후원회 계좌에는 얼마, 정치자금에는 얼마, 사무실 경비로는 각각 얼마가 있는지 늘 파악하고 있어야 한다. 토론회를 개최하든, 의정보고서를 만들든, 인터넷 홈페이지를 정비하든 전부 돈이 드는 일이다. 자금 계획을 세우는 것은 곧 업무 계획을 세우는 것과 같기 때문에 보좌관은 당연히 자금 관리의 책임을 져야 한다.

나아가 대부분의 정치자금법 위반 사건을 보면 사건 당시 의원이 알고 있었는지, 모르고 있었는지가 사법적 판단에 중요한 차이를 가져온다. 이른바 전결권의 문제다. 보좌관이 자금관리권을 가진 만큼 전결권의 범위를 잘 정해야 한다. 보좌관에게 전결권을 지나치게 부여해도 사고의 소지가 있고, 전결권을 전혀 부여해 주지 않아도 나중에 문제가 될 수 있다.

정책보좌관 혹은 정책 담당 5급 비서관은 법안, 상임위, 국정감사, 각종 청문회, 예결산, 중앙부처 관련 민원, 지역구 사업 중 중앙부처와 관련된 예산, 공청회나 토론회 등과 관련된 업무를 총괄한다. 두 가지 경우가 있다. 어떤 상임위에 특화되느냐, 아니면 여러 상임위를 두루 경험하느냐 하는 문제다. 왜냐하면 개원 초기 처음 보좌진을 구성할 때 특정 상임위 유경험자로 제한해 채용 공고를 내는 경향이 있기 때문이다. 즉, 지난 대(代)에서 법사위를 한 보좌진을 다음 대 법사위 의원실에서 다시 뽑아 쓰는 것이다. 뽑는 의원 입장에서는 법사위의 경과와 쟁점을 꿰고 있으니 즉시 활용할 수 있다는 장점이 있다. 이 경우 한 상임위에 특화되는 게 좋아 보인다. 그러나 한편으로는 한 상임위만 해서는 다른 상임위 의원실에는 지원조차 어려워지는 문제가 있다. 비유컨대 보좌진의 상임위 정책 업무는 의사와 비슷할까, 기자와 비슷할까? 우리나라 의사는 전문의 체제다. 외과를 전공하면 평생 외과만 본다. 반면 기자는 사회, 경제, 정치, 국제 등 다양한 부서를 두루 경험하도록 한다.

원래 상임위 임기는 2년이다. 2년이 지나면 다른 상임위로 옮기든가, 그대로 있든가 하는데 대부분은 옮기는 게 상례다. 보좌진 입장에서 보면 4~6년 정도 해 봐야 상임위 업무를 마스터했다고 할 수 있다. 6년을 하고 2년마다 바뀌었다면 3개 상임위를 경험해 보게 된다. 이렇게 4~6년 간 최대 3개 정도의 상임위를 경험해 보면 스스로 알게 되는 것이 있다. 상임위 정책을 다루는 원리는 어디나 동일하다는 사실이다. 상임위 정책은 외과를 전공하면 안과 환자는 볼 수 없는 의사의 진료업무가 아니라, 취재 분야가 다를 뿐 사실관계 취재를 해서 육하원칙에 맞춰 기사를 쓰는 기자의 업무와 더 유사하다. 그렇기 때문에 처음 옮긴 3~6개월 정도 해당 상임위의 기본

지식을 죽어라 공부하는 수고만 들이면, 어떤 상임위건 다 거기서 거기고 웬만큼 다 해낼 수 있다. 5년 정도 정책을 맡아 일정한 수준에 이르고 나면 그 때부터 정무를 시작해야 한다. 정무는 정책을 안 해보고는 할 수 없고, 정책은 정무를 해야 성장 발전이 있다.

6급부터 9급까지의 비서는 특별히 직급에 따른 직능의 구분은 없다. 정무, 정책, 비서, 수행 등 모든 업무에서 실무자 역할을 하는 것이 본연의 임무다. 어떤 종류의 실무든 시키는 일은 다 해야 하고 배워야 한다.

운전을 맡는 수행비서는 다른 보좌진과 달리 두 가지 특별한 임무가 있다. 의원의 공, 사생활을 가장 많이 아는 비서라는 특수성 때문에 비밀 유지의 임무와 수석 보좌관의 안테나 역할을 한다. 수행비서는 공사석을 막론하고 의원과 관련된 이야기를 절대 옮겨서는 안 된다. '사소한 일인데 문제 되겠어?'라는 판단조차 해서는 안 된다. 우리가 보기엔 사소한데 상대한테는 중요하게 취급되는 게 원래 정보다. 그러나 의원이 어제 몇 시까지 누구랑 저녁 시간을 보냈는지, 차에 타고는 누구와 통화를 했는데 대충 무슨 얘기를 나누었는지 등을 정무 보좌관에게 틈틈이 보고해주는 게 좋다. 의원의 마음을 읽는 데 큰 도움이 되기 때문이다.

수행비서는 길을 잘 알아야 한다. 거의 걸어 다니는 지도책이 되면 최고의 경지에 이른 것이다. 요즘은 네비게이션이 있어 그것만 보고 찾아 가면 되지 않느냐고 하겠지만, 네비게이션은 도움이 되는 것이지 1시간 걸릴 거리를 30분으로 줄여주지는 않는다. 그런데 의원은 늘 시간에 쫓겨 빨리 가자고 한다. 그러니 언제 네비게이션 보고, 표지판 보고, 신호등 보고 할 틈이 없다. 더욱이 의원들은 대개 대장 노릇에 익숙한 이들이라 차를 타고서도 '이리로 해서 가자, 저리로 해서 가자'고 코치를 한다. 그 와중에 교통법규를 위배하지 않으면서 헤매지 않고 시간 맞춰 이동하려면 길눈이 밝지 않고서는 버티기 힘든 게 수행비서다.

다른 보좌진도 다 힘들겠지만 수행비서는 더 힘들다. '저녁이 없는 삶'이기 때문이다. 의원이란 직업이 본디 낮 일정보다 저녁 일정이 더 바쁜 업종이다. 그러니 수행비서는 밤늦게까지 퇴근을 못 한다. 그것도 차 안에서 대기해야 하는 지루한 시간을 참아내야 한다. 그래서 자기 나름의 시간 죽이는 방법을 터득해야 한다. 독서를 하든 운동을 하든 DMB로 영화를 보든, 저녁 비슷한 무엇이라도 있는 삶을 스스로 개척해야 한다.

'9급 여비서'라는 표현은 호랑이 담배 피던 시절 쓰던 용어다. 요즘은 행정비서란 말을 많이 사용한다. 필자는 총무비서라 부르는 게 타당하다고 생각한다. 우리가 어떤 모임을 만들면, 가장 먼저 총무를 뽑는다. 모임이 제대로 굴러 가기 위한 중추가 바로 총무이기 때문이다. 보좌관이 1주일 동안 의원실을 비워도 업무는 잘 돌아간다. 하지만 총무비서는 하루만 없어도 사무실이 우당탕거리고, 이틀 없으면 모두가 헤매고, 사흘 없으면 암흑에 빠진다. '잘 둔 여비서 하나, 두 비서관보다 낫다'거나, '4급 보좌관과 9급 비서 간에 손발이 잘 맞으면 천국, 둘이 어긋나면 지옥'이란 말이 예로부터 있었던 바, 여비서란 표현만 총무비서로 고치면 백 번 옳은 말이다.

총무비서가 하는 일은 결코 차를 나르거나 전화를 받는 데 그치지 않는다. 사무실 운영비 회계, 각종 국회 지원금 수령 및 영수증 첨부 지출 보고, 인사 서류 처리, 우편물 정리 및 일정 접수, 후원회원 명부 관리 및 후원금 영수증 발급, 후원회를 둔 국회의원의 회계 보고, 일정 짜기 및 회람, 전화통화 및 방문객 기록 유지 관리, 내방객 안내 및 접대, 국회 사무처와의 각종 연락 업무, 국회 및 중앙당 일정 접수 및 전파, 의원이 받아 온 명함 및 지인 DB 관리... 게다가 끊임없이 반복적이고 소모적인 일까지 도맡아야 한다. 이렇게 행정, 서무, 회계 업무를 한꺼번에 수행하는 비서를 총무 비서라 부르지 않으면 뭐라고 부를 것인가?

총무비서는 9급으로 임용하면 된다는 생각은 잘못된 고정관념이다. 수행비서는 7급, 정책은 5급이나 6급, 이런 식으로 직능과 직급을 연동시켜야 할 어떤 이유도 없다. 5급 비서관이 수행을 할 수도, 9급 비서가 정책을 할 수도 있다. 직능과 직급을 연동시키게 되면 반드시 '다수의 횡포'가 발생하게 된다. 대개 지역 사무실에 대해 회관이 다수고, 혼자인 총무나 수행에 비해 정무나 정책은 다수다.

그렇게 다수가 소수에 대해 자기들끼리 뭉치면 의원실의 분위기는 금방 나빠진다. 게다가 갈수록 국회 보좌진의 정책 전문성을 중시한 나머지 이상한 풍조까지 발생하고 있다. 상임위나 산하 기관의 공무원들이 정책 보좌진에게 굽실대니까(?) 마치 자신들이 대단한 사람이나 된 듯 착각하는 것이다. 그러면 정책 보좌진은 의원실의 주역이고, 다른 이들은 대충 조역이나 단역쯤일까? 절대 그렇지 않다.

의원실 보좌진은 서로가 서로에게 의지가 되어야 한다. 의원실의 주역은 의원 한 사람이다. 주역을 '보좌'하느라 다 힘든 보좌진끼리 누가 누구에 대해 우월하고 누가 누구를 소외시키고, 그런 건 나쁜 짓이다. 수석보좌관이 단호히 혼을 내야 한다. 수석보좌관은 제일 고생하는 총무와 수행 비서를 잘 챙겨야 한다. 그래야 다른 보좌진들도 보고 따라 배운다.

우리가 흔히 '의원실'이라고 부르지만 정확하게 말하자면 '의원 비서실'이다. 즉 뭐니 뭐니 해도 비서 업무가 기본이라는 뜻이다. 비서 업무의 핵심이 바로 일정표 짜기다. 선거 캠프에서도 후보 일정을 짜는 비서팀의 권한이 막강하다. 들어오는 일정을 취합해서 의원의 참석 여부를 확인해 확정하는 식의 일정 짜기는 비교적 쉽다. 하지만 능동적으로 일정을 만들거나 선별해서 확정하고 다시 그것을 현장에서 차질 없이 실행되도록 하는 일정 업무는 굉장히 어렵고 힘든 일이다. 의원의 스타일과 선수에 따라 수동적 짜기와 능동적 짜기의 비율이 달라진다. 어느 경우든 의원과 자주 상호 확인함으로써 펑크가 나거나, 중복되지 않도록 꼼꼼히 임해야 하는 일이 일정 업무다.

어떤 이가 좋은 보좌진이 되는가

국회 보좌진이 되고자 하는 이들이 점점 많아지고 있다. 이유는 정확히 알 수 없다. 하지만 자신이 국회 보좌진에 적합한지, 아닌지는 미리 잘 생각해봐야 한다. 어떤 이들이 국회 보좌진이란 일(직업)에 적합할까?

첫째, 정치에 관심이 있어야 한다. '관심 있음'의 반대는 관심 없음이 아니라 혐오다. 정치에 관심이 없던 이도 하다 보면 흥미를 느낄 수 있다. 하지만 처음부터 정치를 혐오하는 이는 보좌진을 하면 안 된다. 정치 혐오감이 넘쳐나는 시대다. 정치인을 욕하고, 정치를 비웃고, 잘 알든 모르든 정치를 질타하고 보는 게 하나의 유행이다. 정치를 혐오하는 이가 보좌진으로 들어오면 처음에는 의원을 우습게 보다가, 좀 지나면 사사건건 불만을 품다가, 종국에는 면종복배(面從腹背)에 이르게 되어 있다.

이처럼 정치를 혐오하는 세상에서 정치면 기사를 열심히 읽거나, 이름을 아는 국회의원이 30명 쯤 되거나, 한국정치사나 한국정치론 강의를 듣고 A학점을 받아 본 적이 있다면 그는 일단 보좌진으로 성공할(?) 가능성이 높다. 정치가 더 나은 세상을 만드는 유일한 수단이라는 믿음을 가졌다면 더 할 나위 없다. 그렇지 않고 눈에 보이는 현상적 정치만 보다 보면 지레 지치고 결국 회의에 빠질 수 있다. 현상은 늘 남루하고 비천하기 때문이다. '세상을 바꿀 수 있는 일', '그런 일을 할 수 있는 몇 안 되는 직장', 여기에 무엇과도 바꿀 수 없는 매력을 느낄 때 국회 보좌진을 할 수 있다. 월급 받고, 진급하고, 생활적 안정이 목표라면 일반 회사에 가는 게 낫다. 그래서 국회 보좌진은 늘 약간 날이 서 있다.

둘째, 앞으로 나서기보다 뒤에서 바라보고 상황을 분석하고 누군가를 배후에서 조종(?)하는 걸 좋아하는 성격이면 보좌진이 천직이라 할 수 있다. 나서는 게 나쁘다거나, 보좌진은 평생 뒤에만 있어야 한다는 말은 아니다.

만약 인간을 개과(科)와 고양이과 둘로 나눈다면 개과는 출마형이고 고양이과는 참모형이라 할 수 있다. 사람이 방에 들어오면 개는 막 달려가서 멍멍 짖으며 자기 딴에 말을 건다. 아는 사람이면 꼬리를 흔들고, 쿵쿵거리며 냄새를 맡고 장난을 치며 놀자고 한다. 반면 고양이는 누가 들어와도 일단 모른 척 한다. 숫제 쳐다보는 척도 안 한다. 그러나 다 알고 있다. 캣 타워에 앉아 사람을 쓱 내려다보면서 관찰한다. 그러다 마음에 들면 슬며시 다가와 은근히 부비고 좀 익숙해지면 눈을 말똥말똥 뜨고 지그시 쳐다본다.

개과가 기본적으로 정치에 맞다. 고양이과는 만나는 사람마다 허리 굽혀 인사하고, 아무하고나 덥석 악수하고, 공통의 화제 거리를 찾아내 상대방의 공감을 얻어낼 때까지 대화를 하고, 결국 나에게 표 달라는 얘기를 아무렇지도 않게 하는 게 너무 힘들다.

온갖 사람들한테 듣는 이야기로 세상을 파악하는 이는 타고난 정치인이고, 새로운 문제에 맞닥뜨렸을 때 책부터 먼저 찾는 이는 천생 보좌진 체질이다. 이러한 차이는 단순한 스타일의 문제는 아니다. 보좌진은 누군가를 보좌하는 게 일이다. 보완적 존재다. 보완한다는 것은 빈 곳을 메우고, 부족한 것을 채우고, 흠을 가리는 한편 장점은 두드러지게 한다는 의미다. 그 점을 스스로 받아들이지 못하면 보좌에 금방 염증을 일으키거나, 해도 건성으로 하게 된다. 글보다 말에 능한 자는 정치, 말보다 글에 능한 자는 보좌진에 맞다. 그래서 국회 보좌진은 대개 말수가 적은 편이다.

셋째, 성격이 급하고 꼼꼼하면 좋다. 급하면 덜렁대기 쉽고, 꼼꼼하다보면 빠르지 못하기 쉽다. 그런데 급하면서도 꼼꼼하라고 하니, 말이 안 되는 소리를 하는 셈이다. 하지만 그래야 한다.

급해야 하는 이유는 국회의원의 성격이 대개 급하기 때문이다. 국회 업무 또한 급하게 돌아가기 때문이다. 아무리 느긋하던 사람도 국회의원이 되면 급해진다. 해야 할 일이 많아질 뿐만 아니라 일 하나하나가 다 벼락치기로 해야 할 것들이다.

공자는 『논어』에서 '군자는 말은 어눌하되, 행동은 민첩해야 한다'고 했다(君子欲訥於言 而敏於行). 말은 신중히 아껴서 하되, 행동 단계에 들어가서는 좌고우면하지 말아야 한다는 뜻 아닌가 싶다. 보좌진이 군자는 아니지만, 공자 말씀은 보좌진에게도 해당되는 진리다.

꼼꼼해야 하는 이유는 내 일이면 놓치거나 흘려도 혼자 피해를 감수하면 그만이지만, 보좌진의 일은 곧 국회(의원)의 일이기 때문에 내가 책임질 수 있는 수준이 아니다. 하나라도 놓치거나 삐끗하면 대형사고가 될 수 있는 곳이 국회다.

요컨대 성정이 급해야 판단을 빨리 하고 결정을 얼른 내릴 수 있다. 단, 급하되 덜렁거리면 안 된다. 물건을 자주 잃어 먹거나, 툭 하면 약속 시간에 늦거나, 변덕이 심한 이는 보좌진에 맞지 않다. 그래서 국회 보좌진은 보통 사람들보다 좀 빠릿빠릿한 편이다.

이처럼 정치에 관심 있고, 배후조종을 좋아하고, 일 처리에 민첩하다면 좋은 보좌진이 될 자질을 갖추었다고 볼 수 있다.

이런 이가 국회 보좌관이 되겠노라 결심했다면 그 다음 할 일은 두 가지다. 의원실을 택하는 것과 원서를 쓰는 것이다. 아무 의원실에나 가서는 안 된다. 자신과 맞아야 한다. 안 맞는 곳에 가게 되면 몸 고생, 마음 고생은 물론 일을 배우지도 못 한 채 이력서만 지저분해진다. 우선은 당을 택한 다음 의원실을 택해야 한다. 당은 자신의 당파성에 맞게 택해야 한다. 당파성이 별로 없으니 아무 당이나

가도 괜찮지 않을까? 그렇다. 틀린 말은 아니다. 다만 당파성도 없이 왜 굳이 국회 보좌진이 되려 하는지 다시 생각해봐야 한다. 경험 삼아 2~3년 일하다 나갈 생각이라면 몰라도.

의원실은 의원을 택한다는 의미도 있고, 어떤 의원실에서 함께 일할 동료 보좌진을 택한다는 의미도 있다. 처음 국회에 들어오는 신참일 경우, 이미 의원회관에 있는 보좌진의 평판을 들어보는 것이 중요하다. 아는 선배나 인맥을 총동원하거나, 정 안 되면 그 의원의 최근 1년 간 신문 기사 스크랩, SNS를 일람하는 것도 도움이 된다. 좋은 사람이 좋은 정치를 한다는 게 필자의 지론이다. 의원의 인품과 됨됨이를 살피는 건 어떤 의원실에 지원하기 전에 꼭 거쳐야 할 과정이다. 의원실의 동료 보좌진도 마찬가지다. 가급적 팀워크가 좋은 의원실을 가는 것이 좋다. 무엇보다 배우는 것이 많다. 빠른 진급보다 일을 빨리 많이 배우는 게 오래 멀리 가는 데 득이 된다. 방 분위기를 잘 알 수 없으면 보좌진의 교체 빈도를 알아보면 된다. 사람이 자주 바뀌는 방은 문제가 있는 방일 가능성이 높다.

지금은 거의 모든 의원실에서 국회 홈페이지에 채용 공고를 내는 추세다. 공고를 낸 의원실 중에서 자신이 갈만한 곳이 나오면 지원원서를 내야 한다. 원서는 크게 세 가지로 나뉜다. 첫째는 이 원서를 국회의원실에 낸다는 의식조차 없는 원서. 둘째, 국회에서 일하고 싶고 그에 필요한 자신의 자질과 능력을 열심히 피력하는 원서. 셋째, 자신이 왜 다른 의원실이 아니라 바로 그 의원실에서 일하고 싶은지, 자신이 생각하는 그 의원의 정치적 발전 비전과 자신이 거기에 어떻게 이바지 할 수 있는지를 서툴지만 열심히 '썰'(?) 풀고 있는 원서.

당신이라면 어떤 지원자를 선발하겠는가? 당연히 세 번째다. 그런데 두 번째 원서가 대부분이다. 어떤 의원실에 갖다 내도 되도록, 이를테면 범용으로 작성된 원서다. 잘 모르겠다. 일반 회사에 지원할 때는 어떻게 하는지, 삼성에 내도 현대에 내도 되는 식으로 자기소개서를 작성해서 제출하는지...

이력서는 범용으로 작성하되, 자기소개서는 의원 지향적으로 쓰는 것이 훨씬 좋다. 의원에 대해 충분히 공부해서 의원의 장단점과 가능성, 홍보 이미지 전략, 상임위 정책 분야에서의 주요 테마, 입법 방향 등을 나름대로 분석한 위에 자신이 가진 어떤 능력, 혹은 앞으로의 노력으로 의원을 어떤 정치인으로 발전시켜 가는 데 기여하겠다는 자기소개가 설사 아무리 조악하고 미숙하더라도 어찌 귀엽고 대견하고 기특하지(?) 않을 수 있겠는가?

삼성전자는 전자제품이 상품이고, 어떤 의원실은 의원이 상품이다. 주력 상품에 대해 별 관심조차 갖지 않으면서, 그 상품을 팔기 위해 기를 쓰고 회사에 취직하려 하는 게 오히려 이상한 노릇 아니겠는가.

보좌진의 직업윤리

'터미널'이란 영화의 말미에 이런 대목이 나온다. 톰 행크스는 아버지가 좋아하던 재즈 연주자의 사인을 받고 싶어 하는데 공항터미널 밖으로 한 발짝도 나갈 수가 없다. 그때 그동안 인간적 신뢰를 쌓은 스튜어디스 캐서린 제타 존스가 임시 입국 허가증을 구해온다.

'제가 아는 승객 중에 힘 있는 분이 도움을 주셨다'면서.

사람은 다들 자신이 톰 행크스라고 생각한다. 그리고 캐서린의 힘 있는 친구가 자기 주변엔 없는지 찾는다. 그래서 보좌진들은 동창회에 나가기도 힘들다. 처음에는 '반갑다, 친구야'로 시작한다. 대한민국 국민 누구나 그러하듯이 정치 혐오감을 스스럼없이 드러내기도 하고 친구의 소속 당에 대해 애정 어린 비판도 하면서 기분 좋게 한잔 한다. 그러다가 두 번, 세 번 만나게 되면 드디어 꺼내놓는다. 자기한테 뉴욕 시내로 나갈 수 있는 허가증을 받아 줄 수 있냐고.

자, 이때 어떻게 하겠는가? ①거절한다. 그리고 더 이상 동창회에 나가지 않는다. 아니면 ②해줄 수 있으면 하고, 없으면 하지 않는다. 동창회도 시간이 되면 나가고, 안 되면 안 나간다. 혹은 ③무조건 해주기 위해 최선의 노력을 다한다. 이어서 동창회 회장을 역임하고 언젠가 직접 출마할 때 이젠 그들이 자신을 도와줄 것을 기대한다. 세 가지 길 중에서 어느 것이 올바른지는 각자 판단의 몫이다.

보좌진은 업무상 정부 부처나 산하 기관 및 단체, 유관 기업 등에 대해 작든 크든 영향력을 갖게 된다. 원래 국회 보좌진만큼 민원, 청탁에 일상적으로 노출되는 직업도 없다. 게다가 톰 행크스나 동창은 곳곳에 있다. 영향력을 가진데다, 민원·청탁 업무에 능하고, 인간관계가 넓다 보면(?) 자신도 모르는 사이에 도덕적 경계심이 둔화되면서 어느새 '끗발'을 부리거나 '갑질'을 하는 상태에 이를 수 있다. '끗발'과 '갑질'은 똑같이 권력관계에서 비롯된다. 하지만 끗발이 노름에서 사용되는 용어일 때 더 높은 끗수가 낮은 끗수를 이기듯이 '끗발'은 권력 간의 우열 그 자체를 의미한다. 그러나 '갑질'은 권력관계를 이용해 을에게 부당 행위를 가하는 것이다. 따라서 끗발을 빌미로 권력을 부당하게 행사하는 게 끗발을 '부리는' 것이고, 곧 '갑질'이다. 이런 '갑질'은 결코 능력이 아니다. 최근 이런 행태가 점점 심해진다는 말까지 들린다.

필자가 말하려는 보좌진의 윤리는 여기서 부터다. '갑질' 중에 최악은 사익을 취하는 행위다. 그것만큼은 절대 금기다. 그런데 사익을 취하려는 '갑질'을 막으려면 먼저 식별할 수 있어야 한다. 어떤 특성을 가질까? 이런 짓은 은밀히 저지른다. 즉, 의원실 누구도 모르게 '을'을 불러 조용히 꾸미는 짓은 틀림없이 사익과 관련된 '갑질'이다. 특히 돈과 관련된 '갑질'은 더더욱 은밀하다. 따라서 보좌진이 '을'과 자주 접촉하는 것 같은데 무슨 일 때문인지 통 모르겠다 싶으면 '을'을 조용히 불러 넌지시 물어봐야 한다. 굉장히 곤혹스런 상황이지만 어쩔 수 없다. 자칫하면 이런 사태는 범죄에 이를 수 있기 때문에 십중팔구 의원을 검찰에 불려가게 만든다. 뒤집어 말하면, 지금 보좌진이 을에게 하려는 부탁, 청탁, 거래가 같은 방 보좌진에게 꺼내놓고 얘기 할 수 없는 것이라면 필경 '갑질'이라 보면 된다. 그 즉시 멈추어야 한다.

작지만 보좌진도 공직이다. 공과 사를 엄격히 구분해야 한다. 사(私)가 자신일 때는 판단하기 쉽다. 견리사의(見利思義)하고 참으면 된다. 문제는 수혜자가 자신이 아닐 경우다. 이때는 판단하기 어렵다. 또 자신을 위한 것이지만 아주 소소한 경우다. 맹자(孟子)는 '취해도 되고 취하지 않아도 될 때, 취하면 청렴에 상처를 입는다(傷廉)'고 했다.

맹자는 청렴에 상처가 난다고 표현한다. 즉 청렴을 일절 훼손하지 않기 위해 아무 것도 취하지 말아야 한다고 말하지 않는다. 다만 취하면 아무래도 청렴에 상처가 생기니 너무 심하게는 하지 말라, 심하면 청렴 자체가 아예 완전히 무너질 수도 있다... 즉 맹자는 청렴을 정도의 문제로 보는 것이다. 국회 보좌진의 윤리 역시 정도의 문제다. 그것이 필자의 입장이다. 민원보다는 청탁을 조심하고, 청탁 중에서도 자신의 사사로운 이익을 위한 '갑질'은 좋지 않으며, 돈과 관련되어서는 어떤 경우에도 안 된다. 다만 누구에게도 피해를 주지 않거나 약자를 돕는 경우일 때는 하되, 정도껏 하는 게 청탁과 '갑질'에 대한 현실적 태도다.

당하는 입장에서 '보좌진의 갑질'이라고 생각할 수 있는 게 하나 더 있다. 행정부 공무원이나 산하 기관, 민간 기업체 대관업무 담당자에게 비업무적 문제로 '싸가지' 없는 태도를 취해서는 안 된다. 사실 자료를 내놓지 않으려는 공무원들과 전화통을 붙잡고 20~30분씩 입씨름을 하다보면 정말 아직도 대한민국 행정부는 독재 시절 관료주의에서 한 걸음도 못 나가고 있다는 생각이 절로 든다. 따라서 업무적으로 전투적인 보좌진은 제 할 일을 다 하고 있는 셈이다.

그러나 정부 출연 연구기관이나 교육기관, 대관업무를 두고 있는 민간 부문에 대해서까지 나이도 어린 보좌진이 함부로 대한다는 소리가 종종 들린다. 밤낮 없이 일에 파묻혀 사는 보좌진의 노고를 한순간에 욕되게 하는 것이 바로 이런 호가호위다. 국회의 역할이 점점 커짐에 따라 일반 국민들의 보좌진에 대한 인식도 형성되어가는 중이다. 이미 TV 드라마를 통해 몇 번 다루어진 적도 있다. 1990년대 의원실 당 5명이던 보좌진이 2000년대 후반부터 인턴을 포함해 9명이 되었다. 지금 대략 3,000명의 보좌진이 국회에서 일하고 있는 셈이다. 이렇게 10년 정도 더 가면 하나의 직업군으로서 보좌진에 대한 사회적 인식이 어느 정도 굳어질 것이다.

필자는 한국의 정치인이 과도하게 비난받고 있다고 생각한다. 정치인을 비난할수록 자신이 더 도덕적이고 지적으로 보이는 줄 아는 풍조가 사회 일각에 분명히 있다. 그러나 정치인 스스로가 잘못한 부분이 많으니 반론도 하지 못한다. 보좌진도 마찬가지다. 아홉 가지를 잘 하고 한 가지만 잘못해도 욕먹기 쉬운 자리가 있는 법이다. 한 번 나빠진 인식은 바꾸기 어렵다. 더욱이 보좌진은 자기 입이 없는 사람이라 스스로 변명도 못 한다.

보좌진은 깐깐하게 일 해야 한다. 그리고 그럴수록 합리적 태도와 기본적 예의를 잃지 말아야 한다. 태도는 이념에 우선하고, 윤리는 정치에 우선한다.

2부

보좌진의 일

보좌진의 본질적 업무는
비서 업무다

보좌관들은 문제 해결 능력이 좋다.
왜 그럴까? 국회에서 그들이 하는 일이 대개
갑자기, 닥쳐서 주어진 것을
빨리 해치워야 하기 때문이다.

보좌진들은 정말 일을 잘 한다. 보좌진이 10명 정도 모이면, 못 할 일이 없다고 보면 된다. 어떤 문제가 발생하면 웬만해선 두셋이 모여 해결하고, 좀 난감하면 대여섯이 모이고, 진짜 골칫거리면 전체가 모인다. 그러면 대개 20분이면 대책이 나오고, 1시간이면 속속 파악된 대안들이 보고된다.

보좌관들은 문제 해결 능력이 좋다. 먼 미래를 내다보는 예측력에 기반한 거대한 프로젝트를 기획하는 능력이나, 숫자를 보고 분석해서 투자의 방향을 결정하는 경영 능력 같은 건 잘 모르겠다. 하지만 갑자기 주어진 과제나 당장 닥친 문제 해결에서는 타의 추종을 불허한다고 필자는 확신한다.

왜 그럴까? 보좌진들이 국회에서 하는 일이란 게 대부분 갑자기 닥친 것을 빨리 해치워야 하기 때문이다.

국회 보좌진의 업무는 세 가지로 나뉜다. 정무, 정책, 비서. 여기선 비서 업무를 가장 앞에 두고자 한다. 많은 보좌진들이 정책 업무를 가장 어려워한다. 각종 질의서 쓰기를 어려워하기 때문이다. 그러나 보좌진으로서 가장 본질적인 업무는 비서 업무라는 점을 확실히 하고 싶다. 늘, 갑자기 닥쳐 재빨리 대처해야 하기에 사람을 아침부터 한밤중까지 긴장시키는 것이 바로 비서 업무이기 때문이다.

뭐니 뭐니 해도 일을 잘 하는 보좌진이 좋은 보좌진이다. 이 장에서는 보좌진의 일 잘 하는 법을 다루고자 한다.

1장_ 의원실의 생명은 팀워크

다들 하나같이 책임감이 강한 사람들이 모일 때 비로소 팀워크가 생긴다.
혼자서 똑똑하고 일 잘해봤자 소용없다. 서로 싸울 뿐이다.
구슬이 서 말이라도 꿰어야 보배인 것은 사람 사이에서도 마찬가지다.

합치니까 강하다

어떤 직장도 마찬가지겠지만, 의원회관만큼 팀워크가 중요한 곳은
없다. 동시에 팀워크가 한 없이 무너져도 또 돌아가는 게 회관이다.
다만 둘의 차이는 천당과 지옥이다. 팀워크가 중요한 이유는 보좌진
이 커버해야 할 노동의 시간대가 의원이 집에서 나와 차에 올라탈
때부터 다시 차에서 내려 집으로 들어갈 때까지이기 때문이다. 아침
6시부터 밤 12시까지 의원은 움직이고 있다. 그 18시간 동안 의원이
해야 할 일이 곧 보좌진이 해야 할 일이다. 의원을 폭탄이라 치면 보
좌진은 폭탄이 안 터지도록 수행비서로부터 총무비서에게로, 총무
비서에서 정무보좌관에게로, 정무보좌관에서 정책보좌관 손으로 넘
겨줘야 한다. 그런데 팀워크가 없으면 어떻게 될까? 어디선가 떨어

뜨리게 되어 있다. 떨어져서 폭발할 때 그 파편은 사방으로 다 튀지, 누구에겐 튀고 누구는 피해 가는 것이 아니다.

또 돌발 상황에 대비하기 위해서도 팀워크는 중요하다. 1990년의 3당 합당은 갑자기 이루어졌다. 삼풍백화점이나 성수대교도 갑자기 무너졌다. 사건은 항상 갑자기 터진다. 그것이 정치든 정책이든 의원실이 대응해야 하는 사건이나 상황일 때, 30분 만에 무언가가 나오는 의원실이 있고, 하루가 지나도 아무 것도 안 나오는 의원실이 있다. 팀워크의 차이 때문이다. 비서관은 상임위 요구 자료를 기억해 찾아주고, 비서는 관련 기사 일체를 스크랩하고, 정책 보좌관은 그걸 종합해서 보도자료로 작성하는 동안 정무 보좌관은 기자들에게 먼저 핵심을 문자로 날린 뒤 몇 시까지 보도자료가 나간다고 알려 놓으면 다음 날 아침 기사에 의원 이름은 백발백중 인용되게 되어 있다.

여기 일 잘하고 성질 더러운 사람과, 성질 좋고 일 잘 못하는 사람이 있다. 두 사람 중에 어떤 사람이 보좌진으로 더 적합할까? 필자는 전자라고 생각한다. 경험적으로 보면 일 잘하는 사람은 깐깐한 경우가 많다. 그런데 좀 깐깐해도 팀워크를 깨는 일은 잘 없다. 반면 성질 좋고 일 못하는 친구들은 팀워크를 떨어뜨리는 경향이 있다. 그 이유는 대개 책임감의 부족이다.

기본적으로 보좌진은 책임감이 강한 사람이어야 한다. 혼자만 책임감이 강해서도 되지 않는다. 책임감 강한 사람과 약한 사람이 같이 있으면 강한 사람만 일 하기 일쑤다. 그래서는 연대감이 아니라 피해의식만 생기고 팀워크가 형성되지 않는다. 다들 하나같이 책임감이 강한 사람들이 모일 때 비로소 팀워크가 생긴다. 혼자서 똑똑하고 일 잘해봤자 소용없다. 서로 싸울 뿐이다. 구슬이 서 말이라도 꿰어야 보배인 것은 사람 사이에서도 마찬가지다. 모두 8명의 등록 직원과 1명의 인턴이 근무하는 의원회관에서 팀워크가 있는 방은 9명 이상의 능력을 발휘하고, 없는 방은 2~3명만 일 하고 나머지는 겉돌게 되어 결국 산산조각이 난다.

수석 보좌관은 무엇보다 리더십이 중요하다. 한 사람 한 사람 책임감이 강한 사람으로 충원하는 일, 그리고 그들을 팀으로 묶는 일이 수석 보좌관의 최대 임무이기 때문이다. 또한 같은 방에서 일어나는 어떤 일도 남의 일이 아니다. 우리의 일이라 생각해야 한다. 폭탄이 지금 누구 손에 가 있는지, 다음 순서는 누구인지를 알고 있어야 자기 순서에 맞춰 준비할 수 있다. 비록 내 일이 아니라 해도 관심은 갖고 있어야 한다. 단, 간섭은 하지 말아야 한다. 그래서 유관무간(有觀無間)이다.

사회 전반에 걸쳐 갈수록 개인주의가 강해지면서 팀워크를 유지하고 서로 유관무간한다는 것이 말처럼 쉽지 않다. 하지만 의원실에 들어온 이상 이곳이 전장이라는 점을 받아 들여야 한다. 거의 모든 참전 경험자들은 자신이 전쟁터에서 버틸 수 있었던 유일한 힘은 전우애였다고 말한다. 애국심? 적국에 대한 증오심? 정의로운 전쟁에 대한 믿음? 그런 고상한 단어는 어떤 의미도 가질 수 없는 곳, 그런 곳에서 군인은 전우애 때문에 전쟁을 치를 수 있고, 보좌진은 인간적 신뢰로 묶인 팀워크가 있기 때문에 격무를 감수할 수 있다.

국회 보좌진이 어느새 어엿한 직업의 하나가 되었다. 인식도 많이 개선되었다. 첫 사회생활을 인턴으로 시작해 4급 보좌관까지 진급해 올라가는 인생 설계가 가능해졌다. 기왕 그렇다면 가급적 밑에서부터 차근차근 단계를 밟아 올라가길 필자는 권한다. 큰 스님 방에 넣을 장작을 패던 불목하니의 하얀 입김과 빨개진 볼을 본 적이 있다. 그 어린 동자승이야말로 고승이 될 자격이 있다. 어느 날 갑자기 국회에 와서 4급 보좌관이 된 이들을 필자는 믿지 않는다. 그들은 하찮은 일의 중요함을 모른다. 반복되는 사소한 일상에서부터 세상사가 결정됨을 알지 못한다. 고승도 불목하니에서 출발했으니, 인턴부터 9급, 7급을 차례로 밟아 올라가는, 결코 짧지 않은 세월을 결코 무의미하게 생각하지도 보내지도 말기를 바란다.

밑에서부터 차곡차곡 일을 배운 보좌관은 다른 후배 보좌진에게 모든 업무를 꼼꼼히 가르쳐줄 수 있다. 보좌진의 업무는 여전히 도제관계를 통해 전수되고 있다. 다른 방법이 없기 때문이다. 그렇기 때문에 이 글도 쓰고 있지만, 회관 업무는 택배로 받은 DIY 조립과 비슷하다. 글로 적힌 조립 매뉴얼만 보고는 완성하기 어렵다. 하지만 '숙달된 조교'의 시범은 한 번만 봐도 금방 이해된다. 더욱이 막힐 때마다 물어볼 수 있는 선생이 옆에 있다면 얼마나 든든하겠는가? 언제 4급이 되나하고 너무 조바심 칠 필요 없다. 실력은 어디 안 간다. 실력도 없는 친구가 자리 욕심만 앞서면 의원 앞에서 열심히 하는 척 하게 되고, 동료들의 눈 밖에 나게 되어 있다. 괜히 욕심 부리다가 쓸 데 없는 불화나 일으키게 되어 있다.

갈수록 국회 보좌진으로 취직하기도 승진하기도 어려워진다. 대학원 석사를 마친 20대 후반~30대 초반의 고급 인력을 인턴으로 뽑는 것도, 인턴으로 뽑아 2년 이상을 '부려 먹고도' 정식 보좌진으로 등록시켜주지 못하는 경우도 비일비재하다. 수석보좌관은 인사 기회가 생길 때마다 가급적 내부 승진을 의원에게 건의해야 한다. 인사 기회가 잘 안 생기는 구조일 때는 몇 가지 활용할 수 있는 방안이 있다.

첫째는 후원회 회계책임자(회책)[2]와 국회의원 회책 직위를 이용하는 것이다. 회책은 법적 지위를 갖는다. 즉, 선관위에 정식으로 신고하기 때문에 정기 급여를 줄 수 있다. 9급이나 7급이 오래 일했음에도 진급을 못 하고 있다면 회책을 겸직케 함으로써 추가적 급여를 지급하는 일종의 보상 방법이다. 둘째는 지역 사무실에 주고 있던 보좌진의 T/O를 유급사무원으로 돌리고 회관으로 가져오는 방법이다. 국회의원의 지역 사무실에는 5명까지 유급 사무원을 둘 수 있다. 후원금을 한도[3]까지 모금해서 정치자금의 여유가 있다면 고려해 볼 수 있는 선택이다. 셋째는 후원회 역시 유급 사무원을 2명까지 둘 수 있다. 후원회 회책을 회관 등록 보좌진에게 맡기면 온전히 2명을 더 쓸 수 있고, 대개 사무국장과 간사라는 직책으로 그 T/O를 활용한다. 어느 것이나 추가 비용이 발생한다. 정치에 돈이 다다익선인 이유는 이런 데서도 찾아볼 수 있다.

---

2) 국회의원은 정치자금을 모금하기 위해 후원회를 둘 수 있다. 후원회는 후원금을 모아 국회의원에게 기부한다. 즉 후원회원들로부터 후원금을 수입하여 국회의원에게 기부금으로 지출하게 된다. 이 수입과 지출을 관리하기 위해 회계책임자를 둔다. 후원회는 국회의원과 형식적으로는 분리되어 있지만, 사실상 의원실에서 후원회 업무를 처리한다. 그래서 보좌진 중에 후원회 회계책임자를 겸직하는 경우가 대부분이다.

3) 국회의원 후원회는 후원금을 평년에는 1억 5천만 원까지, 선거가 있는 해에는 그 2배인 3억 원까지 모금할 수 있다. 대부분의 초선은 한도액까지 모금하기 쉽지 않다.

보좌진이 끈끈한 팀워크로 묶이려면 보좌진 한 사람 한 사람의 높은 책임감과 함께 수석 보좌관의 리더십이 필수다. 방이 팀워크로 똘똘 뭉쳐져 있으면 불목하니를 잘 키워 내거나, 자칫 긴장을 높일 수 있는 인사 적체의 해소 방안을 찾기도 쉬워진다.

어떤 의원실의 팀워크가 좋은지 별로인지는 회의하는 걸 보면 금방 알 수 있다. 회의를 어떻게 하는 의원실이 팀워크가 좋은 의원실일까? 회의를 잘 안 하는 의원실이다. 특히 정해놓고 하는 회의를 안 하는 의원실이 팀워크가 좋다. 팀워크가 좋으면 서로 수시로 대화를 나누는 가운데 일의 80~90%가 처리된다. 그러면 필요할 때만 회의를 하면 된다. 가장 나쁜 회의는 어떤 회의일까? 의원이 주재하면서 의원 혼자 말하고, 의원 혼자 결정하는 회의다. 그것도 주례 회의, 일일 회의라는 식으로 정해놓고 하는 회의다.

시작은 물론 그렇지 않았을 것이다. 자유롭게 자신의 생각을 말하고, 서로 의견을 내어 토론하는 가운데 합리적이고 효과적인 방안을 채택하고자 했을 것이다. 그러나 결코 그리 되지 않는다. 의원이 주재하는 회의는 무조건 의원 뜻대로 가게 되어 있다. 뿐만 아니라 결국엔 의원이 보좌진 한 명 한 명의 업무에 대해 점검, 감독하는 자리로 귀착되고 만다. 아무리 신임을 받는 보좌관도 보좌진이 다 있는 자리에서 의원의 의견에 맞서거나 다른 얘기를 한다는 게 부적절하다. 비서관 이하 보좌진은 말 할 것도 없다.

의원은 회의가 아니라 그냥 지시를 하게 해야 한다. 보좌진들을 다 불러놓고 하든, 수석보좌관만 불러서 하든 지시할 것이 있으면 지시하면 된다. 대신 회의는 의원이 없는 회의를 해야 한다. 그래야 보좌진들이 편하게 자기 의견을 내놓을 수 있다. 이 때 보좌관은 의원의 지시 사항의 취지와 맥락을 정확하게 파악해 회의에 내놓아야 한다. 단순히 자신이 들은 지시를 그대로 옮기는 게 아니라 지시 내용을 해석하고 보완 설명까지 할 수 있어야 한다. 그렇게 회의를 운영해야 자발성이 우러나온다.

그렇지 않고 보좌진이 일일이 의원에게 직접 지시 받고, 일을 하다가 틀려 또 지적 받다 보면 점점 주눅이 든다. 심해지면 의원한테 사사건건 확인을 받아야만 일의 진도가 나가는 답답한 상황에 처한다. 그런데 누구보다 바쁘고 정신없는 의원이 찬찬히 설명을 해 줄 수가 없다. 오히려 자신의 말귀를 못 알아듣는다고 짜증을 낼 수도 있다. 그런 과정이 반복되다 보면 의원이 보좌진을 완전히 불신하는 상황까지 간다. 앞에서도 말했듯이 보좌진이란 의원을 안심시키기 위해 일하는 존재다. 그런데 이리 불안하게 만들어서야 피차 괴롭다.

지역구는 의원 정치의 뿌리

세상 어디에나 갈등은 있다. 팀워크가 탄탄한 방이 되느냐, 갈등으로 가득찬 방이 되느냐는 대개 두 군데에서의 가능성만 주의 깊게 다루면 어느 정도 예방할 수 있다. 갈등의 첫 번째 가능성은 회관과 지역 사무실 간에 있고, 두 번째 가능성은 회관 내에 2명의 보좌관 또는 비서관이 함께 근무하는 상황일 때 생긴다.

우선 두 번째 가능성부터 짚기로 한다. 앞에서도 얘기했지만, 수석 보좌관의 리더십이 팀워크에는 중요한데, 회관 내에 두 명의 보좌관(혹은 비서관)이 같이 근무하는 경우, 각자 자기가 따르는 상급자를 중심으로 보좌진이 둘로 나뉘어 대립하는 경우가 종종 있다. 즉 수석보좌관의 리더십이 차석 보좌관에게 관철되지 않는 곤혹스런 상황이다. 그 경우, 필자는 수석 보좌관이 문제를 풀어야 할 당사자라고 생각한다. 수석 보좌관이 수석 보좌관답다면 생기지 않을 일이기 때문이다. 의원의 신임 하에 의원실에 대한 지휘권을 위임받고 있고, 차석 보좌관을 업무적으로나 인간적으로 존중하며 수시로 의견을 조율하고 있다면 자신보다 차석 보좌관을 더 따르는 보좌진은 애초에 나올 수가 없다.

수석 보좌관이 다 잘 했는데도 그런 보좌진이 있다면, 그건 차석 보좌관을 괜히 시기하고 있는 건 아닌지 스스로 돌아볼 필요가 있다. 존경과 사랑, 충성과 복종, 상명과 하복, 그런 데 너무 집착하지 않는 게 정신건강에 이롭다. 못 믿고 삐치고 삐딱하게 보는 것만큼 자기 삶을 피폐하게 만드는 어리석은 짓은 없다.

회관과 지역 사무실 관계는 그것보다 훨씬 복잡한 문제다. 같은 의원을 보좌하는 사무실이지만 거의 화성과 금성처럼 두 개의 사무실은 다르다. 우선 리듬이 다르다. 회관의 시계는 빨리 가고, 지역 사무실은 천천히 흘러간다. 회관은 낮이 일하는 시간이고, 지역은 해가 저물면서 일이 시작된다. 회관과 지역 사무실 보좌진을 서로 교환해 근무시키면 둘 다 처음엔 힘들어한다. 지역 보좌진은 회관에서 숨이 막혀 죽겠다고 하고, 지역에 간 회관 보좌진은 멍해져서 내가 지금 뭐 하는 건지 돌아버리겠다고 한다.

두 번째 차이는 회관의 일감은 서류고, 지역 사무실은 사람이란 점이다. 문서를 읽고 파악하고 다시 문서로 작성해서 넘기는 게 하루 종일 회관에서 하는 일이다. 반면 지역은 사람이 찾아오고, 만나고, 그들의 얘기를 들어주고, 부탁이 있으면 알아봐 주고, 술을 마시며 그들이 어떤 사람인지 하나하나 이해해야 한다. 애당심은 어느 정도인지, 의원에 대한 애정은 있는지, 사람들 사이에서 리더십은 어느 정도인지를 관찰해야 한다. 이렇게 일을 하는 리듬과 일감이 다르다보니 서로가 서로를 이해하지 못하는 경우가 빈번하다.

회관은 지역 사무실 보좌진들이 도대체 무슨 일을 하냐고 의심하고, 반대로 지역은 회관에 대해 '선거는 결국 지역에서 치르는 거야'라며 시큰둥해한다. 근무하는 실무진의 성격도 다르다. 회관이 상대적으로 고학력에 전문성을 갖춘 30~40대라면, 지역 사무실은 지역 출신의 인간관계가 넓은 40~50대 이상의 인력이다.

등록 보좌진이 총 5명이던 시절, 회관은 당연히 국회 사무처에 등록한 보좌진 그리고 지구당은 등록하지 않은 유급사무원으로 명확히 구분되었다. 조직 활동을 하는 데 군이 공무원증이 필요한 건 아니기 때문이다. 공무원증을 가져야 상임위, 입법 활동을 할 수 있고 그래야 중앙부처 공무원을 맞상대할 수 있기 때문이다. 그러한 관행이 깨진 것은 보좌관과 비서관이 각각 2명으로 늘어나면서 그 중 한 명씩의 T/O를 지역 사무실로 아예 주거나, 회관 보좌진을 지역에 내려 보내기 시작하면서였다. 즉 유급사무원을 보좌진으로 대체함으로써 정치자금을 절약할 수 있게 된 것이다. 거기다 지역에서 경선을 통해 공천이 결정되면서 지역구 관리가 가장 중요한 일이 되어버린 탓도 있다. 그러면서 과거엔 비교적 분명히 구분되던 회관과 지역 사무실 실무진의 지위가 더 이상 다를 게 없어졌다. 거기다 예로부터 회관은 왠지 화이트칼라, 지역 사무실은 블루칼라. 예컨대 회식을 해도 회관은 참치회로 접대 받고 지역 사무실은 삼겹살에 소주 먹는 걸로 인식한다. 물론 그건 사실일 수도, 괜히 그렇게 보는 오해일 수도 있지만 인식이 그렇다는 게 중요하다.

 이래저래 지휘 계통이나 업무 협조, 특히 인사 문제를 놓고 갈등할 가능성이 갈수록 커지고 있다. 해소하는 방법은 결코 간단치 않다. 모두가 공평하다고 느낄 상황을 만드는 게 어렵다. 나이, 부양가족의 수, 노동 강도와 시간, 업무의 중요성... 거기에 의원실이 평소 보유하는 정치자금의 규모까지, 고려할 변수들이 너무 많기 때문이다. 이 문제는 어쨌거나 의원과 수석 보좌관 둘이 머리를 맞대고 결정하는 수밖에 없다.

 하지만 모두가 동의할 수 있는 분위기를 먼저 조성하는 것이 갈등을 미연에 방지하는 데 도움이 된다. 우선 회관 보좌진의 자세가 중요하다. 회관은 지역 사무실에 대해 무조건 겸손해야 한다. 의원이 어디서 당선되어 오는가? 지역구[4]다. 국회에서 의정활동을 하고, 입법을 하고, 뭘 하든 결국은 지역구민에게 인정을 받아야 재선이 된다. 그 지역구를 매일매일 지키는 최전방 전초기지가 지역 사무실이고 그곳에서 근무하는 전우들이 바로 지역 사무실 식구들이다. 절대 자신들은 바쁘게, 무언가 전문적인 일을 하는 반면, 지역은 느릿

---

4) 2004년 정당법 개정 이후 현재 법정 지구당의 최소 단위는 광역시 · 도당이다. 지금은 정확히 말하자면, '국회의원 지역 사무실'이다. 그러나 여전히 지구당이라 관행적으로 부르고, 지구당 사무국장이라 부른다.

느릿 사람들과 한담이나 나누면서 월급 받는 사람들로 인식해선 안된다.

회관은 지역 사무실을, 지역 사무실은 회관을 서로 경험해보아야한다. 교환근무제를 실시하는 것도 좋은 방법이다. 한두 달씩 회관에 올라가 근무해보면 회관이 얼마나 바쁘게 돌아가는지, 반대로 겉보기와 달리 지역 일이 얼마나 피곤한지 서로 알 수 있다. 실제 지역일은 밑도 끝도 없다. 어디까지가 업무고 어디서부터 사생활인지 구분되지 않는다. 밤늦도록 일하고 오히려 휴일이 더 바쁜 게 조직사업이다.

평상시 교류도 자주 해야 한다. 수도권일 경우, 지역 사무실과 회관은 최소 한 달에 한 번 정도는 회의를 같이 하고 회식도 하는 게좋다. 1년에 한두 번은 멀리 MT를 가는 것도 필요하다. 특히 정무보좌관은 지역 사무실 동향을 거의 실시간으로 파악할 정도가 되어야 하고 그러자면 주기적으로 왕래하는 게 좋다. 지역 사무실 식구중에 사소해 보이는 일까지 전화로 보고, 문의, 상의할 누군가를 확보해 두는 것도 좋은 방법이다. 소통이 일상적으로 이루어지고 있어야 한다는 점에서 회관과 지역구 식구 모두 메신저에 항상 로그인해있도록 해야 한다.

기본적으로 의원의 일정표는 회관에서 짠다. 이때 지역구 사무실도 접수된 초청장, 단체장의 공식 일정, 지역 행사, 이런 저런 단체들의 활동, 면담을 요청한 민원인 등을 정리한 일정표를 만들어 매일 오후 5시~6시경에는 회관으로 보내줘야 한다. 요즘은 스마트폰의 일정 관리 앱을 활용해 의원 본인과 회관, 지역 사무실에서 각각 입력해 자동 취합한 다음, 최종 확정된 일정만 표로 정리하는 식으로 한다. 그래서 지역 일을 회관이 알게 하고, 회관 일은 지역이 알수 있게 해야 한다.

무엇보다 회관 보좌진은 선거에 확실히 열중해주어야 한다. 선거는 지역에서 알아서 치르라는 투의 태도는 절대 안 된다. 실제 평소 회관에서 아무리 일을 잘 해도 선거 때 지역 민원이나 공약 정도만 책임져주면 되는 것이라 여기는 보좌관은 결코 의원의 오른팔이 될수 없다. 뭐니 뭐니 해도 의원이 가장 신경을 곤두세우는 일은 자신의 재선이다.

공약과 민원은 팀플레이로

지역 사무실에 등록된 보좌진이 없을 경우, 공약과 민원 업무는 회관에서 신속하고 꼼꼼하게 처리해줘야 한다. 중앙부처 공무원들을 상대해 진행해야 할 일은 회관이, 시(구)청이나 주민과 협력할 일은 지역 사무실이 맡는 식으로 공조가 원활히 이루어져야 한다. 또한 항상 어디까지 진행되고 있는지 현황을 체크하고 있어야 한다. 바쁘다 보면 자칫 까먹고 때를 놓쳐 낭패를 보는 일이 흔히 공약 업무에서 일어난다. 공약은 예산과 직결되어 있고, 예산은 때를 놓치면 다음 해로 넘어가기 때문이다.

민원은 청탁과 혼재되기 십상이다. 하는 사람 입장에서 보면 민원과 청탁은 구분되지 않는다. 그러나 받는 사람 입장, 즉 보좌진의 관점에서 민원과 청탁은 엄연히 다르다. 민원은 무엇인가 억울한 경우다. 부당하거나 불합리하거나 부조리한 일로 인한 불이익, 피해, 손해를 본 상태에서 민원이 생긴다. 반면 청탁은 무언가 이익을 보려는 것이다. 남들과 공정하게 경쟁해야 할 일에 뒷배를 봐 달라거나, 도와달라거나, 결정권자와 연결해달라거나 하는 경우는 청탁이다.

물론 하는 쪽에서는 다 억울한 민원이라고 말한다. 절대 청탁이라고 하지 않는다. 그래서 청탁으로 보여도 당사자에게 '이건 청탁이라 해결해 드릴 수가 없는데요.' 라고 말할 수 없다. 하지만 받는 보좌진의 입장에선 앞뒤를 정확히 새겨들어 사안의 성격 판단을 먼저 하는 게 좋다. 인지상정이겠지만 억울함을 풀어주는 일엔 발 벗고 뛰어야 한다. 하지만 이익을 보려는 일에는 섣불리 끌려들어가지 않도록 조심해야 한다.

이래저래 민원 업무는 골치 아플 수밖에 없다. 일반인들은 국회의원을 '끗발' 부릴 수 있는 지위라고 보는 경향이 여전히 있다. 국회의원을 소위 '빽'이라 여긴다. 그러다 보니 나한테 조금만 정성이 있으면 '빽'을 써서 해결해 줄 수 있는 걸, 정성이 없으니 안 해주는 것이라고 삐친다. 실컷 알아봐 주고도 결국 해결 안 되면 욕먹는 게 민원이다. 또 안 되는 걸 '빽' 써서 해결해 줘도 문제다. 요즘은 어디서 말이 나갈지 모르는 인터넷 시대다. 관공서 쪽에서 말을 흘릴 수도 있고, 민원인이 우쭐해서 오줄없이 떠벌리고 다닐 수도 있다.

다음으로 주의해야 할 것은 자기 민원을 마치 의원의 민원처럼 던지는 경우이다. 물론 지역 사무실 식구 입장에선 민원인도 결국 지역구민이고, 다 표가 되는 사람이니 해결해 줄 수 있으면 좋은 것 아니냐고 생각할 것이다. 그런데 과연 모든 민원은 해결해 주기만 하면 다 표가 되는가? 그럴 수도 있고, 그렇지 않을 수도 있다. 투표의 4대 원칙 중에 비밀투표의 원칙만큼 잘 지켜지는 것도 없는데 누굴 찍었는지 무슨 수로 알겠는가?

그것보다는 일의 공사 구분이 더 중요하다. 보좌진으로 일하면서 공과 사를 구분하지 못하면 반드시 사고 치게 되어 있다. 호가호위(狐假虎威)는 보좌진이 빠지기 쉬운 자기 파멸의 지름길이다. 예컨대 보좌관이 친구의 민원이나 부탁을 공무원 신분을 이용해 해결해 주면 될까, 안 될까? 당연히 안 된다. 안 되지만, 그래도 안 해줄 수가 없다. '알아만 봐 달라'는 부탁까지 거절하면 너무 야박하기 때문이다. 사람이 살면서 너무 맑아도 주변에 사람이 없는 법이다.

그러나 의원한테 접수되어 의원이 지시한 민원도 아니고, 단순히 알아보는 데서 그치지 않고 진짜 해결까지 해달라는 민원은 절대 해결해 줘선 안 된다. 그건 넘어서는 안 될 금도다. 그럴 땐 해결하려 덤비지 말고 알아본 다음, 왜 안 되는지까지만 설명해주고 손 털어야 한다. 그렇지 않고 온갖 민원을 다 들고 와서 해달라고 조르는 사람이 있다면 단호히 내쳐야 한다. 왜 그렇게까지 모질게 해야 할까? 그런 사람은 평상시 민원 핑계로 동네 여기저기서 소소하게나마 향응 접대 받으며 거들먹거리고 다녔을 것으로 봐야 한다. 거기다 만의 하나 사고라도 터지면 그 사람 손에 의원의 정치 생명이 걸려 버린다. 대개 그런 친구는 둘 중 하나다. 워낙 도덕관념이 약하고 사특하거나, 아니면 기본 개념 없이 그저 좋은 게 좋다는 식의 마음 여린 사람이다. 어떤 경우든 그런 사람은 검찰 조사실 들어가면 술술 다 불게 되어 있다.

정의로운 민원도 있다. 정확하게 보자면 민원이 아니라, 파사현정 (破邪顯正)이다. 예컨대 철거지역 세입자의 민원은 단순한 집단민원이 아닐 가능성이 크다. 정부의 잘못된 정책이 없는지 눈을 부릅뜨고 살펴보고 잘못이 있으면 기를 쓰고 바로잡아야 한다. 이것이 정치의 존재 이유다. 군대나 학교 폭력의 희생자 가족, 관광인 줄 알고 따라갔다가 엉터리 물건을 비싸게 사 들고 온 어르신들, 알바비를 떼인 고등학생 등 풀어주지는 못해도 들어는 줘야 할 안타까운 이들의 사연은 우리 주변에 여전히 많다. 그래서 민원이 들어오면 가장 먼저 판단할 일이 이익의 문제인지, 정의의 문제인지 구분하는 것이다. 이익이 개입될수록 민원이 아니라 청탁이다. 하지만 말처럼 쉽게 구분되지 않는 경우도 많다. 원래 이익과 정의는 함께 가다가도 어느 순간 갈림길에 설 수 있기 때문이다.

이제 소위 '김영란법'[5]이 통과되어 앞으로 대부분의 청탁 행위는 그 자체로 불법화되었다. 특히 청탁의 알선까지도 불법으로 명시됨에 따라 어느 누구도 청탁을 받을 수도 연결해줄 수도 없다. 그런데 "선출직 공직자 등이 공익적인 목적으로 제3자의 고충 민원을 전달하는 행위"는 이 법을 적용하지 않는다는 예외 규정을 넣음으로써 국회의원은 민원을 중계할 수 있는 유일한 곳이 되었다. 이에 따라 보좌진은 민원이 공공의 이익에 부합하는지 판단해야 하고, 중계할 때에는 어떤 대가도 취하지 않도록 더더욱 유의해야 한다. 그러나 대가를 취하지 않는 것은 쉬우나 공익과의 부합 여부를 판단하기는 어

---

5) '부정청탁 및 금품 등 수수의 금지에 관한 법률'

렵다. 공익 속에 사익이 있고, 사익 속에 공익이 있기 때문이다. 이용 승객의 편의 향상, 철도공사의 수익 증대라는 공익과 인근의 지가 및 아파트 가격을 상승시키는 사익을 동시에 내포하는 전철 역사(驛舍) 신설 민원은 공익인가? 사익인가? 그런 예는 수도 없이 많다.

법이 시행될 2016년부터 국회 보좌진 앞에는 두 가지 길이 놓일 것이다. 하나는 과거 어느 때보다 더 물밀 듯 민원과 청탁이 밀려오는 상황에서 민원인으로부터 무성의하다거나, '두고 보자'는 식의 책망을 듣지 않도록 동분서주하는 길. 다른 하나는 '김영란법'이 시행되는 만큼 '공익적 목적'의 고충 민원만 전달하는 데서 그쳐야 하며, 명시된 15가지 불법 청탁 유형에 대해서는 국회도 어찌할 수 없음을 들어 냉정하게 선을 긋는 길.

2015년 현재 시점에서는 아직 시행령이나 법 자체의 개정 가능성이 열려 있기 때문에 단정할 수는 없으나, 민원업무는 보좌진에게 점점 더 무거운 짐이 될 것이다.

2장_ 정치자금과 후원회, 조심 또 조심

정치자금 회계는 가급적 보좌관이 직접 다루거나 꼼꼼
하게 감독해야 한다. 정치자금법이나 정치자금의 실제 운용 업무가
복잡하고 어렵기 때문이다.

정치에 있어 자금은 가장 민감한 문제다. 엄격히 그리고 조심스럽게 다루어야 한다. 상임위 질의서를 잘못 썼을 경우 한 번 깨지고 말면 그만이지만, 선관위 업무가 한 번 잘못되면 의원이 검찰에 불려가기도 한다. 정치에 있어서 검찰은 피하는 것이 제일 좋다. 기소되는 자체가 정치적으로 타격이다. 게다가 검찰은 정치인 수사를 절대 허술하게 하지 않는다. 유죄를 입증하기 위해 기를 쓰고 물고 늘어진다. 때문에 정치자금 회계는 가급적 보좌관이 직접 다루거나 꼼꼼하게 감독해야 한다. 정치자금법이나 정치자금의 실제 운용 업무가 복잡하고 어렵기 때문이다.

특히 법인, 단체, 노조로부터의 후원금을 다룰 때 조심해야 한다. 정치자금법상 법인은 후원금을 낼 수 없다. 정확히 말하면 법인 명의로 후원금을 입금하면 안 된다. 예컨대 어떤 법인의 대표가 후원

금 10만원을 내면서 법인 명의로 입금하면 법 위반이다. 그러나 대표의 이름으로 입금하면 합법이다.

그런데 2010년 청원경찰의 단체인 '청목회' 사건에서 문제가 된 세 가지 범죄행위가 있다. 첫째, 소위 '쪼개기'로서 설사 개인 명의로 입금했더라도 법인, 단체, 노조의 자금으로 후원금을 내면 불법. 둘째, '뭉치기'라고 하는 바 각자 자기 돈이라도 사전에 특정 의원을 지정해 후원금을 모아 주기로 하고 조직적으로 결의, 갹출, 입금하거나 영수증 발급 및 수령 업무를 처리해도 불법. 셋째, '입법의 대가'로서 후원금을 받은 의원이 법인, 노조, 단체에 유리한 법을 제출하거나 통과시키는 행위가 수반되어도 불법. 따라서 어떤 한 사람이 아무 목적 없이 자신의 돈으로 낸 순수한 후원일 때만 합법이라는 판결이 나온 것이다. 그러나 대의민주주의 원리와 정치자금법의 '몇 몇 큰 손의 후원이 아니라 개미군단의 소액 후원을 장려한다'는 소액다수주의의 취지에서 보면 '뭉치기'를 정치자금법 위반으로 볼 수 있는가에 대해 의문이 있다.

청목회는 평균 200만원 수준의 월급을 받는 청원경찰들을 위한 법률 개정을 하려고 했다. 입법의 공공성에 비추어 볼 때, 사회적 약자의 자구적 노력으로서 입법 추진을 과연 범죄로 볼 수 있는가 하는 문제도 분명히 존재한다. '후원의 대가로서 입법은 범죄'라는 법원의 판단에도 논리적 허점이 있다. 입법에 따른 혜택의 범위가 모호하기 때문이다. 모든 의원은 임기 4년 동안 수많은 법에 대해 발의, 표결, 찬성과 반대를 하게 된다. 그리고 모든 법은 누군가의 이익이거나 불이익이 된다. 따라서 어떤 법으로 인해 혜택을 받는 국민의 범위는 개별 법안에서는 특정 가능하지만 4년 동안 발의, 통과시킨 법안 전체로 놓고 보면 혜택의 대상은 전 국민이 된다. 즉 국민 누구나 후원을 하면 그 의원이 만든 어떤 법안 때문에 이익이나 불이익을 받을 수 있다. 그러면 그게 다 불법인가? 이렇게 보면 남는 문제는 장기적이고 개별적인 후원은 적발하기 어려울 뿐이며, 단기적이고 집단적인 후원은 적발하기 쉽다는 차이점 외에 후원은 궁극적으로 죄다 불법이라는 결론에 이른다. 소액 다수주의의 원리도 무너지고, 깨끗한 정치를 위한 후원제도의 기본 정신도 이리 되면 다 무너진다. 이렇게 소액 후원을 위축시키게 되면 가난한 정치인은 정치하기 더 어려워지고, 조직되지 않은 사회적 약자들은 단결하기가 점점 더 어려워진다.

그러나 할 수 없다. 법이 개정되기 전까지는 정치자금을 담당하는 보좌진은 철저하게 개별적으로 내는 형식이 아니면 법인, 단체, 노조의 후원금은 받지 말아야 한다. 특히 그들 조직과 관련된 법을 다룰 때 절대 후원금과 연계시켜서는 안 된다. 다만 '뭉치기'로 오인될 개연성이 있을 경우, 국회의원 후원회 계좌로 넣지 말고, 중앙선관위 정치후원금 센터(https://www.give.go.kr)를 이용하도록 안내하는 게 그나마 내는 쪽이나 받는 쪽이나 피차 안전한 방법이다.

정치자금법상 정치자금의 수입원은 정당 지원금, 후원금, 의원의 재산으로 모두 세 군데다. 정치자금 외에 보좌진이 취급하는 자금이 하나 더 있다. 국회 사무처에서 나오는 각종 경비다. 사무처 경비에는 '정책 자료 발간 및 홍보물 유인비'(대개 의정보고서 제작 비용), '입법 및 정책개발비', 매달 지급되는 각종 사무비용 등이 포함된다.

보좌관은 선관위에 보고해야 하는 '정치 자금'과 선관위는 아니지만 의원에게는 보고해야 하는 '비정치자금', 또 의원 보고조차 필요 없는 사무실 '비용'까지 세 종류를 잘 구분해 관리해야 한다.

선관위에는 1년에 한 번 국회의원 회계보고서와 두 번 후원회 회계보고서를 제출한다. 국회의원 회계보고의 수입은 사실상 후원회로부터의 기부금이 전부이고, 지출 항목도 그다지 복잡하지 않다. 영수증만 잘 챙기면 회계보고 업무는 비교적 간단하다. 그래서 대개 회관 총무비서가 맡아 처리한다. 반면 후원회의 회계보고는 꽤 복잡하다. 평소 후원금이 모금 한도인 1억 5천만 원 정도 걷히는 의원실의 경우 많게는 1,000여명이 후원금을 넣는다. 여러 개의 수입 통장에 찍힌 후원금 내역은 매달 초에 한 달 치씩 한꺼번에 정치자금 회계프로그램에 입력하게 된다. 연말에는 후원금을 낸 이들이 연말 정산을 받을 수 있도록 후원금 영수증을 일일이 발급해 보내거나, 자기 프린터로 출력할 수 있도록 안내해준다. 1월에는 선관위 제출용 회계보고서를 작성한다. 보고서 작성 과정도 간단치 않다. 한 해를 마감하면서 통장과 회계프로그램 입력 내역을 대조해보면 이상하게도 서로 맞지 않기 일쑤다. 회계보고서 작성 과정이 워낙 복잡하기 때문에 후원회 회계보고서 작성 순서를 알아두면 그나마 쉽게 할 수 있다.[6] 이 업무는 보좌관이 직접 하거나, 가장 꼼꼼한 보좌진에

---

6) 후원회 회계보고서 작성 순서는 다음과 같다.
- 모든 수입 통장의 잔고를 확인해 총계를 구한다.
- 수입 지출 기간을 확인하고 수입지출총괄표 상의 잔액을 확인해 회계 프로그램 상의 잔액과 동일한지 대조한다.
- 만약 틀리면 전회 보고 시 잔액이 잘못되지는 않았는지 전년도 회계보고서와 대조해야 한다. 그게 아니면 입력 내역을 통장 원본과 일일이 대조 확인한다.

게 맡기고 보좌관이 확인하는 것이 안전하다.

후원금은 많이 걷을수록 좋지만 갈수록 정치 혐오감이 만연하면서 모금이 어려워지고 있다. 일단은 의원의 지인과 수교한 명함은 전부 DB화한 다음 주기적으로 의정보고 겸 근황을 알리는 이메일을 보내둬야 한다. 그러다 11월 초중반쯤 후원 안내문을 우편으로 보낸다. 후원금의 대부분은 연말정산시 세제 혜택을 받기 위해 12월에 들어오기 때문이다. 후원인 가운데 특별히 신경을 써야 하는 대상은 고액 후원자들이다. 1회 30만 원 이상, 연간 300만 원 이상 후원자는 매달 별도로 명단을 정리해 감사 전화를 하도록 의원에게 보고해야 한다. 원래 후원회는 후원금 모금을 위한 법적 형식이지만, 이를 지역구 조직 사업에 활용할 수도 있다.[7]

- 수입지출총괄표와 통장 잔액의 합계가 '대충' 맞으면, 재산명세서에 예금분과 차액을 현금 보관분으로 잡아 입력한다. 이때 입력하는 잔액이 통장 잔액을 초과하면 안 된다.
- 재산명세서를 맞춘다. 예금 보유는 통장 잔액으로, 현금 보유는 회계 프로그램 잔액에서 통장 잔액을 뺀 액수로 기입한다.
- 선관위에서 교부한 후원회 회계보고서 작성 예시를 보면서 본격적인 서류를 작성한다.
- 수입부를 출력하기 전에 먼저 이름 뒤의 공란(직업)을 메운다. 다음 '수입 내역 입력'에 가서 전회 보고시 이월 금액을 삭제하고 회계 시작일 D-1일자로 전회 보고 시 잔액을 입력해 준다. 그렇게 하지 않으면 전전회 잔액이 계속 출력된다. (자동 업데이트가 안 되는 것으로 프로그램 상의 오류에 해당함)
- 수입부 각목과 지출부 각목을 출력한다.
- 지출 증빙서류를 첨부하고 일련 번호를 기재한다.
- 고액 후원금 기부자 명단은 Excel로 전환해 출력한다. (회계프로그램 수입계정에 후원금 결제 대행업체 명의로 입력되어 있거나, 금액 수정이 안 되어 있는 경우에 해당한다.)
- 감사의견서와 심사의견서를 작성한다. 막도장을 새겨 위임받아 보관해두는 게 좋다.
- 영수증 복사본과 통장 사본을 첨부한다.
- 보고서 전체를 먼저 팩스로 선관위에 넣어준 다음, 이상이 없다면 지역 사무실로 각종 도장들과 함께 내려 보내 선관위에 제출한다. (만약 틀린 부분이 발견돼 고쳐야 할 경우 즉석에서 도장을 다시 찍을 수 있도록 하기 위함)

7) 자세한 내용은 4부 '지역구 조직화 방법'의 후원회 부분을 참조.

3장_ 문제는 계파관계다

계파로 권력을 취했으면 그걸 공익을 위해 사용할 줄 알아야 한다.
도랑을 치거나 마당을 쓰는 공공재의 공급이 있을 때,
잡아가는 가재나 주워가는 돈이 용인되는 법이다.

예컨대 의원이 원내대표 선거 후보로 나섰다고 상상해보자. 후보
는 의원 명단을 펼쳐 놓고 한 사람 한 사람 점고하듯 지지 여부를
가늠하게 된다. 만약 소속의원이 100명이고 총 3명의 후보가 나왔
다고 치자. 후보 각자가 자기 표라고 예측한 숫자를 어느 기자가 다
알아내서 다 합한다면, 몇 표 쯤 나올까? 아마 200에서 250표쯤일
것이다. 그 이유는 다음과 같다.

후보는 세 가지를 생각한다. 자신도 한때는 유권자였기 때문에 의
원들이 어떤 기준에서 판단할 것인지를 대충 안다. 이 의원은 나와
인간적 관계가 있기 때문에 날 지지할 거야, 저 의원은 내가 되면 무
언가 얻는 게 있으니 나를 찍을 거야, 그 의원은 나랑 평소 같은 계
파에 속하니 당연히 내 편일 거야.... 이렇게 셋 중 하나라도 걸리면
지지로 분류한다. 2배~3배의 숫자가 나오는 이유는 그 때문이다.

물론 실제로는 그렇지 않다. 셋 중 하나만 ○이면 ×로, 둘이 ○면 △로, 셋 다 ○면 비로소 ○로 분류하는 게 합리적이다. 셋 다 ×면? 그런 의원이 한 명이라도 있다면 아예 출마하지 말았어야 한다.

이는 여야 마찬가지다. 의원들만 치르는 유일한 선거인 원내대표 경선을 치러보면 의원들의 정치적 처신 원리를 이해할 수 있다. 흔히 언론은 의원들의 처신을 계파 논리로만 분석하는 경향이 있다. 당내 경선이 닥치면 의원들을 계파별로 분류하는 데 모든 정보력을 동원한다. 그러나 반드시 그렇지는 않다. 얼핏 보면 계파적 행동 같지만, 그 외에도 두 가지 원리가 더 작용하고 있다. 즉 인간관계와 실질적 이익 그리고 거기에 계파 논리가 더해진다.

정무 보좌관에게 있어 의원의 정치적 판단을 가늠하는 능력은 기초에 해당한다. 즉 의원이 다른 어떤 의원과 맺는 인간관계, 이해관계, 계파관계를 다 파악해야 의원이 어떻게 행동할지 예측가능하고, 예측이 가능해야 정무보좌가 가능하다.

여기서 인간관계는 사적인 부분이라 그러면 그런가보다 하고 생각하면 된다. 이익관계는 같이 지내다보면 저절로 알 수 있기 때문에 미리 걱정할 필요 없다. 문제는 계파관계다. 국회의원은 계파활동을 해야 하는가, 말아야 하는가? 한다면 어느 정도로 해야 하는가? 무엇보다 어떤 계파에 설 것인가? 정치에서 계파는 분명 진지하게 고민해 볼 문제다. 그럼에도 쉬쉬하는 분위기가 있다. 그러나 분명 정무 보좌관의 업무 중 하나이고, 이 책이 '암묵지'를 다루기로 한만큼 필자의 생각을 상술하고자 한다.

계보, 계파, 정파

지금은 대개 계파란 용어를 쓴다. 과거엔 계보란 말이 많이 쓰였다. 일부에서 '계파는 퇴행적이지만 정파는 생산적이지 않느냐?'라는 말도 한다. 용례로 보면 계보는 특정 인물을 중심으로 한 모임이다. 계보는 보스와 계보원 간에 공천권과 당직, 정치자금을 배분하는 관계다. 정파는 정치 노선을 공유하는 것이 우선이다. 계파는 계보와 정파의 중간쯤이다. 특정 인물을 중심으로 하는 성격도 약간 있고, 일정하게는 노선도 공유하는 모임이다. 계파는 공천과 당직까지는 몰라도 정치자금은 더 이상 배분하지 않는다. 계보는 몇 대(代)에 걸쳐 지속되는 경향이 있고, 계파는 길어야 두 대를 가지 못하며, 정파는 개념으로만 보면 대가 바뀌는 것과 무관하다고 보아야 한다.

여당은 기본적으로 대통령의 당이다. 언론에서 '친이'니 '친박'이니 일컫는 데서 알 수 있듯이 대통령쯤은 되어야 계파를 거느릴 수 있다. 반면 야당은 본디 당수의 당이다. 다만 여당과 달리 내부에 중간 보스들이 이끄는 소계보가 존재했다. 후농(김상현)계나 KT(이기택)계가 그 예다. 즉 야당이 계파정치는 더 활성화되어 있다고 볼 수 있다.

왜 그럴까? 여당은 청와대, 행정부, 당 등 권력의 규모와 범위가 야당보다 크고 넓다. 반면 야당은 당권이 전부다. 당권 경쟁이 치열해질 수밖에 없다. 생존경쟁이 치열한 환경에서는 홀로 있기보다 무리를 짓는 게 유리하다. '무리 짓기'는 필연적이고, 계파 역시 필연적이다.

현실적으로 계파는 엄연히 존재하고, 대부분의 의원들은 계파 행동을 한다. 그런데 정작 쉬쉬한다. 정치 내부에서 계파에 관한 담론은 일종의 금기다. 왜 그럴까? 그 역시 무리 짓기의 한 속성인데, 무리로부터 얻는 이익은 동시에 무리 외부로부터 불공정하다는 비난에 직면할 수 있기 때문이다.

계파정치의 금도

시간이 흐를수록 과거만큼 계파의 힘은 강하지 않다. 내부를 향한 계파의 힘이 강하면 1인 보스 정치라 불렀고, 외부를 향한 계파의 힘이 강하면 줄 세우기 정치 혹은 패권주의라 불렀다. 계파의 내부를 향한 힘이 약해진 이유는 공천 및 정치자금 제도의 변화, 카리스마적 지도력의 부재 때문이다. 외부를 향한 힘이 약해진 이유는 전반적으로 분권화된 정치제도 때문이다. 그래서 같은 계파란 말을 쓰더라도 내용적으로는 몇 단계로 나눠진다.

가장 낮은 수준의 계파(1단계)는 어떤 지도자가 인간적으로 좋아서거나, 정치철학이나 정치행태가 서로 비슷하거나 해서 모인 경우다. 즉, 정치적 이익 때문에 모인 것은 아닌 계파다. 다음은 당권을 쥔 지도자로부터 당직을 부여받은 계파(2단계)다. 이들은 지도자가 당권을 쥐고 있거나, 다시 쥘 가능성이 있는 동안에만 유지된다. 그 위에는 어떤 지도자 덕분에 공천을 받은 의원들의 모임인 계파(3단계)가 있다. '덕분'의 범위는 비례대표의 경우엔 전적이고, 지역구인 경우는 커도 절반을 넘지 않을 정도다. 가장 높은 4단계는 공천권 이상으로 지도자가 대통령권력까지 도달한 뒤 청와대나 내각에서 같이 일한 경험을 공유하는 구성원들의 계파다.

1단계는 구성원이 의원들에서 그치지만, 2단계는 의원에다 원외 위원장까지 포함된다. 3단계는 중앙당 당직자, 정치 지망생, 조직 활동가까지 망라한다. 4단계는 대통령까지 배출했기 때문에 지지층이 사회적 수준에 이른다. 사회적 수준이라 함은 일정한 정치 성향을 공유하는 광범한 세력이나, 지역적 지지 기반을 갖는다는 뜻이다. 계파의 힘은 당연히 4단계가 가장 크다. 이를테면 4단계의 계파를 가진 후보와 3단계나 2단계의 계파 후보가 경선에서 붙으면 십중팔구 4단계가 이긴다. 이 점이 계파 문제의 사실상 핵심이다. 그동안 제1야당의 당내 경선에서 한 번의 예외도 없이 높은 단계의 계파는 낮은 단계의 계파를 이겨왔다. 계파에 대한 1차적인 비난은 거기서부터 시작된다. 그렇다면 반대로 이렇게 한 번 질문해보자.

첫째, 사회적 지지 세력이 특정 계파의 하부조직으로 작동하고 있으니 처음부터 만들지 말라고 할 수 있는가?

둘째, 국민참여경선이 정당 내부의 의사결정에 사회적 지지 세력을 동원하는 통로가 되고 있으니 폐기해야 한다고 할 수 있는가?

셋째, 사회적 지지 세력까지 갖고 있는 계파가 참가하면 원천적으로 불공정해지니 아예 후보를 출마시키지 말라고 할 수 있는가?

세 가지 자문에 대한 자답은 이러하다.

첫째, 특정 계파에 대한 사회적 지지 세력이란 표현은 사실 정당한 호명이 아니다. 김대중 대통령의 지지층은 곧 호남지역민이라 부르는 것처럼 일종의 폄하이기 때문이다. 그들은 노무현 대통령의 지지층이기 이전에 80년대부터 90년대 중반까지 대중적 학생운동을 통해 민주화시대의 후반부를 이끌었던 세대들이다. 노무현이나 '친노'가 이들을 만들어 낸 게 아니라, 거꾸로 이들이 노무현과 만난 것이다. 대략 최대 35만 명 정도의 정치 참여의지가 높은 이들 지지 세력은 노무현 이후 자신들의 지도자를 아직 못 만났기 때문에 여전히 머물러 있는 것일 뿐, 일개 계파가 전유할 수 있는 집단이 애초에 아니다.

둘째, 모든 제도가 그렇듯이 국민 참여 혹은 오픈 프라이머리는 그 자체로 좋거나 나쁜 것이 아니다. 1968년 돼지를 몰고 시카고 전당대회장에 나타났던 미국 민주당 당원이나 학생운동가들은 당 중진들의 밀실 공천 행태에 반대했다. 2002년 한국 민주당이 오픈 프라이머리를 도입하지 않았다면 당시 노무현 후보는 대선 후보 경선 출마 자체를 하지 않았을지도 모른다. 아래로부터의 공천권을 성취한 제도로서 프라이머리, 거기서 한 발 더 나아가 정당 행사에 국민적 관심을 유발함으로써 광범한 정치 참여를 이끌어낸 오픈 프라이머리의 제도적 효과는 분명히 개혁적이다. 문제는 당의 골간으로서 당원 조직화를 등한시하는 것이고, 제도가 생기자 아예 거기에다 전략을 맞춰 사조직 강화에 열중하는 정치 행태다. 지구당 관리에 돈 든다고 아예 지구당을 없애버린 개혁이 과오였듯이, 경선에 참여하는 국민이 '순수'하지 않다고 해서 국민참여경선이라는 제도 자체를 없애는 것도 해법은 아니다.

셋째, 오죽하면 그렇게까지 했을까 싶지만 선거에 누구더러 출마 자체를 하라 말라 하는 것은 말이 안 된다. 계파를 등에 업고 번번이 당권을 쥐는 게 부당하다고 생각하면 방법은 하나뿐이다. 선거에 나가 이기면 된다. 언론이나 외부자는 그래도 되지만, 정치 내부자는 대안을 만들고 실현할 실력을 갖추는 것이 할 일이지 힘도 없으면서 당부당을 따지는 건 의미 없다. 정의는 힘이 있을 때 실현할 수 있다.

이처럼 4단계의 계파가 부리는 전횡(?)에 대한 비판은 신랄하지만, 계파가 가진 힘의 원천이 무엇인가를 봤을 때 그 해법은 쉽지 않다. 나아가 계파주의 일반에 대한 비판에 대해서도 짚어볼 필요가 있다.

첫째, 우선 계파는 계파 이기주의로 흐를 수밖에 없기 때문에, 당 내 불화의 원인이 된다는 비판이 있다. 실제 특정 계파가 당권을 쥐면, 반대 계파는 당권파의 의사결정에 사사건건 어깃장을 놓는 행태가 있다. 그래서 계파는 척결하고 해체해야 한다고 주장한다.

그러나 척결할 방법이 없다. 계파란 본질적으로 경쟁에서 상대를 누르기 위한 무리 짓기다. 그런데 경쟁은 당과 당 사이에만 있는 게 아니라 당 내부에도 존재한다. 앞서 말했듯이 경쟁에 이기기 위한 무리 짓기는 자연 질서나 다름없다. 게다가 계파를 없애려면 모든 계파를 동시에 없애야 한다. 이를테면 3, 4단계의 계파는 안 되고, 1, 2단계는 괜찮다고 할 수는 없다. 언제 1, 2단계가 3, 4단계로 발전(?)할지 알 수 없는 노릇이기 때문이다. 그러므로 계파 결성과 활동 금지를 원천적이고 일률적으로 강제할 수단이 없는 한, 계파 해체를 주장하는 건 무기력한 외침에 불과하다.

계파가 엄연히 존재하는 조건에서 계파 정치를 하지 않으려 했던 정치인이 맞이한 결과를 우리는 기억한다. 당권을, 그것도 두 차례나 쥐었던 만큼 자신의 계파를 만들려면 얼마든지 만들 수 있었음에도 불구하고 계파 결성은 물론 자신의 지지자 조직도 스스로 막았다.

그 결과 그는 대선 후보 경선에서 힘도 못 써보고 연거푸 무너졌다. 실패는 그 전과 이후에도 변주되었다. 정당이라는 조직으로 뒷받침되지 않은 채 국민적 인기만 지녔던 대선 후보급 인사들의 부침이 보여주는 교훈은 하나다. 조직되지 않은 지지와, 동원될 수 없는 인기는 계파 정치의 '밥'이라는 사실이다. 계파 정치를 없애든가 자신도 계파 정치를 하거나 길은 두 가지지만, 전자는 갈 수 없는 길이다. 그렇다면 답은 나와 있다. 그게 현실이다.

둘째, '계파 패권주의'와 '당이 아니라 계파의 이익을 우선시한다'는 비판이 있다. 야당이 매번 큰 선거에서 지는 이유가 바로 그 때문이라는 지적은 정녕 날카롭다. 그렇게 보이는 이유는 아마 이럴 것이다. 특정 계파의 수장이 대선 후보가 되면 다른 계파들은 사실상 선거에 손을 놓는다. 그러면 당 차원에서 선거운동에 전력투구하는 게 아니라 후보 혹은 계파 수준에서만 안간힘 쓰다 끝난다. 나아가 이렇게 될 걸 알면서도 자기들끼리만 뭉쳐 경선에서 이기고 보자는 계파는 당권과 대선 후보를 차지할 수만 있다면 정작 본선에서 져도 그만이라는 속셈을 갖고 있을 거다. 왜? 당내 헤게모니만 쥐고 있으면 계파원들이 계속 국회의원이 되는 데 지장 없을 테니까…

그러나 이러한 비판은 반은 맞고 반은 틀린 말이다. 2002년 노무현 후보는 당이 도와줘서 이겼던가? 당은 오히려 경선으로 뽑은 자기 후보를 교체하자고 덤벼들었다. 당에서 선거자금을 내주지 않아 캠프가 거지꼴로 선거를 치렀다는 소문도 돌았다. 또 반문할 수 있다. '노무현 후보의 승리는 당의 수수방관에도 불구하고 이룬 것이고, 당이 도와줬으면 더 쉽게 이겼을 것이다.' 과연 그럴까?

2007년 정동영 후보는 선거 테마로 '가족행복시대'를 내걸고 각 선거구마다 '가족행복위원회'를 꾸려 지역위원회 위원장과 별도의 위원장을 선임했다. 2012년 문재인 후보는 선거일 며칠 전 광화문 광장에서 안철수 후보와 공동 유세를 이끌어내는 데 성공했다. 그러나 민주당의 어떤 정치인도 단상에 올라오지 못하도록 막았다. 왜 그랬을까? 그것이 능동적 선거전술이었기 때문이다. 당을 표방하기보다 당으로부터 후보를 차별화하는 게 중도층을 잡기 위한, 옳든 그르든 당시 그들의 대선 시기 전술이었기 때문이다.

또 그래도 그것은 선거 '전술'이고 실제로 의원들이나 당원들은 밑에서 열심히 뛰었어야 하지 않는가? 반드시 그렇지 않다. 선거법 상 대선에서 지역구 국회의원이나 당원들이 할 수 있는 선거운동은 사실상 별로 없다. 관심이 대통령 후보에게 가 있지 국회의원 따위(?)는 관심 없기 때문에 거리 유세를 나가도 별로 쳐다보지 않는다. 선거운동원의 수도 총선과 달리 1/3로 줄어 한 지역구당 10명 정도다. 중앙당이나 광역시·도당 당직자들은 대선에서도 당연히 열심히 한다. 다만 경선 때부터 후보와 함께 호흡을 맞춰 온 참모들이 캠프를 사실상 지휘하는 것만 다를 뿐이다. 요컨대 당 차원에서 대통령 선거운동을 열심히 하지 않는 게 계파주의의 또 한 가지 문제라는 지적은 그다지 타당하지 않아 보인다.

아마 한국의 정당정치가 제대로 되려면 대선 후보는 당의 후보여야 하며 선거 정책 공약도 당 차원에서 결정하고 후보는 다만 이행을 책임지는 대리인(agent) 역할이어야 한다고 보는 입장에서는 그럴 수 있다. 그러나 같은 대통령제인 미국도 우리처럼 후보는 정당에서 뽑되, 선거는 후보가 중심이 되어 치른다. 의원내각제처럼 정당이 집권해 정부를 구성하는 권력 구조가 아닌 한, 당이 대선 선거운동을 주도하기란 실제로는 무리해 보인다.

다음으로 대선 본선에서 질지언정 경선에서 자기 계파 후보를 무조건 당선시킴으로써 정작 본선 경쟁력이 더 뛰어난 후보를 내지 못하게 한다는 비판을 살펴보자. 본선 경쟁력이 더 뛰어날 것으로 생각해 어떤 후보를 지지했던 이들에게는 꽤 설득력이 있는 계파 비판 논리다. 여기에서 본선 경쟁력이란 결국 여론조사로 나온 지지율이다. 지지율로 보면 2007년은 누구도 본선 경쟁력이란 말 자체가 민망할 정도로 당시 한나라당 이명박 후보에 비해 다들 미미한 수준이었다. 2012년은 일반국민 여론조사에서 1위 후보가 경선에서도 1위를 했다. 다만 안철수 후보와는 박빙이었다. 그러나 문재인 후보와 안철수 후보는 경선을 치르지 않았다. 담판으로 이루어진 단일화를 놓고 계파의 폐해를 논하긴 어렵다.

여기까지가 틀린 부분이다. 하지만 맞는 절반은 여전히 맞는 말이다. 계파 패권주의나 당보다 계파 이익을 우선한다는 비판에 대해선 현실적인 대책이 찾아져야 한다. 필자가 생각하기로는, 계파 문제는 두 가지 방법으로 극복되어야 한다.

첫째, 운동이든 정치든 그것은 사람이 모여 어떤 가치를 추구하는 집합적 행위다. '사람이 모인' 건 조직이고, '가치를 추구하는' 건 정책에 해당한다. 즉 정치는 조직과 정책으로 구성되는데, 조직을 잘 하는 집단과 정책을 잘 하는 집단이 붙으면 어디가 이길까? 당연히 조직이다. 진보정당이든 제1야당이든 늘 조직이 강한 집단이 정책이 강한 집단을 이겨왔다. 그렇다면 제1야당과 여당 사이에서는 어떠한가? 마찬가지로 여당의 조직이 야당의 조직보다 훨씬 탄탄하기 때문에 집권당이 되어왔다. 조직에 몰두하느라 정책 개발에 어둡고, 민생 문제를 등한시하고, 사회적 약자를 편드는 정치를 하지 못한다. 그러나 동시에 조직에서 강해야 이긴다는 경험적 진리가 통하는 한, 계파라는 무리 짓기 전략은 사라지지 않을 것이다. 하지만 점점 정책이 선거의 중요한 투표 요인으로 등장하게 된다면?

이미 대선의 흐름이 그렇다. 대선의 쟁점을 보면 1997년은 정권교체, 2002년은 정치개혁, 2007년은 경제 개발, 2012년은 경제민주화와 복지였다. 즉 정치에서 경제로 또 경제도 발전주의적 기조에서 분배나 경제 정의의 문제로 옮겨가고 있는 것이다. 특히 2012년 대선의 경제민주화나 보편적 복지 논쟁은 정책 경쟁의 수준이 점점 높아지고 있음을 보여준다. 무상급식에 최저임금에 각종 연금과 수당까지 직접 체험해 본 일반 국민들이 점점 늘어나면서 이제 막연한 구호 수준에서 내놓는 공약으로는 씨알도 먹히지 않을 것이다. 따라서 정책 경쟁에서 이기기 위해서는 뛰어난 정책통을 찾아 나설 수밖에 없고, 공천권을 쥔 계파도 내부자 배치가 아니라 외부인사 영입으로 눈 돌리지 않을 수 없다.

둘째, 결국 계파는 존폐가 아니라 정도의 문제다. 계파 활동을 하되, 다만 어떻게 해야 올바른가의 문제이다. 필자가 보기에 기준은 딱 하나다. 성욕이나 식욕이 그러하듯 절제하는 것이다. 계파를 결성하든, 계파와 계파 간의 경쟁을 하든, 어떤 경우에도 하나의 계파가 6 이상은 갖지 말아야 한다. 당권파와 비당권파가 항상 6:4 정도로 지분을 나누는 게 계파의 존재가 불가피한 정당정치에서 지켜야 할 금도다. 당권 경쟁에서 이긴 쪽이 전권을 행사하고, 진 쪽은 깨끗이 물러나 있어야 한다는 식의 책임정치론(?)도 있지만, 정치에서 비판과 견제의 부재 상태를 기대할 수는 없다. 물론 나눠야 하는 지분에서 공천권은 논외다. 지금은 당원 및 국민 참여 등 아래로부터의 공천이기 때문이다. 계파 정치에서 지분의 핵심은 대선 후보직과 당직, 원내직이다. 그 전체를 하나로 보고, 이긴 쪽이 진 쪽에 대해 4의 몫을 인정해야 한다. 양김시대 김대중 총재조차도 그 원칙은 반드시 지켰다. 특히 비례대표 공천에서 지분 배분의 금도는 지켜져야 한다. 물론 제도화(권역별 비례대표제나 석패율제의 도입)가 된다면 가장 좋겠지만, 안 되더라도 당권파의 전리품인양 독식해서는 작은 전투에서 이기고 큰 전쟁에서 지는 비극은 반복될 수밖에 없다.

계파 활동의 보좌

계파의 존재가 필연적이라고 해서 계파가 정당화되지는 않는다. 언론이나 국민은 이미 계파를 부정적으로 바라보고 있다. 정치에 관심이 많은 시민이나 당 지지자들은 심지어 얄미워한다. 왜 그럴까? 계파가 자기들만 잘 되고, 지지층이나 국민들은 잘못 되게 만들기 때문이다. 지지층은 자신들의 수장을 판판이 당권 혹은 대통령 후보로 만드는 계파가 정작 본선에 나가서 깨지고 들어오는 작태가 한심스럽다. 골목에서는 군림하면서 나가기만 하면 지고 오니 경멸스럽기까지 하다.

일반 국민들이 볼 때 계파는 '자기들끼리 싸움질 하는 것'들이다. 국민을 위해 하는 일이 없다고 본다. 민생법안을 앞장서 만들기를 하나, 정책대안을 놓고 집단적 모색을 하나, 현장을 다니며 민심에 귀 기울이기를 하나, 가재를 잡았으면 도랑도 쳐야 하는데 공공선의 실현에는 도통 관심이 없다. 계파는 내부 분파 활동만 하기 때문이다. 바로 여기가 계파의 수장과 당수 혹은 대선 후보가 달라져야 할 지점이다. 계파는 본질적으로 사익을 위한 조직이다. 어쩔 수 없다. 단, 계파로 권력을 취했으면 그걸 공익을 위해 사용할 줄 알아야 한다. 도랑을 치거나 마당을 쓰는 공공재의 공급이 있을 때, 잡아가는 가재나 주워가는 돈이 용인되는 법이다.

강을 건넜으면 배는 거기다 두고 계속 길을 가야 한다. 계파는 당권이나 대선 후보직을 거머쥘 때까지 만이다. 계파가 방해가 되면 계파를 버리고, 계파원이 손가락질 받으면 계파원을 내쳐야 큰일을 할 수 있다. 여전히 계파 수장 역할에만 머물러서는 성공한 당의 리더도, 대선 후보도 될 수 없다. '직업이 당 대표'가 되는 게 고작이다.

의원의 계파 활동이 공공연한 영역은 아닐지라도 보좌진의 입장에서 특히 정무 보좌에 있어 치지도외할 수는 없다. 의원이 당 지도부에 진입할 반열에 있을 때는 더 말 할 나위 없다. 계파활동을 하되 어떻게 하면 부정적 인식을 최소화할 수 있을까? 외부에 공개되는 계파 활동을 많이 할수록 좋다. 외부에 공개할 활동은 공익과 결부된, 예컨대 정치 개혁과 정책적 대안 모색 등의 내용으로 할 수밖에 없기 때문이다. 그래서 계파보다 정파가 발전적이라고 하는 것이다. 의원들의 모임과 병행해 보좌진들끼리 모이는 서브 미팅을 꾸리고, 계파의 평소

논지에 부합하는 행사를 기획하고 준비하는 게 바람직하다.

동시에 의원이 계파에 속해 있더라도 계파 활동에 해당하는 정치 행위에서 선과 악, 혹은 정의와 불의, 합리와 불합리를 나누지 않도록 조언해야 한다. 그러한 것들은 대개 관점의 차이에서 비롯된 얘기들이지, 어느 한 쪽이 옳다고 평가받을 수 있는 문제가 아니기 때문이다. 국민들은 계파라면 무조건 싫어하지, 어느 계파를 더 좋아하거나 싫어하지 않는다. 오히려 지나친 계파 의식이 문제다. 자기 계파만 옳다고 생각하여 사사건건 계파투쟁을 일삼다가 끝내는 분당과 합당을 되풀이하는 당은 연패하는 반면, '공천 학살'이라는 소리까지 들어가며 내부 권력 투쟁을 하지만 절대 장독만은 깨지 않았던 당이 1997년, 2002년 대선과 2004년 총선을 제외한 모든 선거에서 이기고 있다는 사실을 잊어서는 안 된다.

당직은 교양필수

당직은 반드시 거쳐야 할 과정이다. 계파 역시 정당정치의 상수다. 그래서 당직과 계파는 늘 상관관계에 있다. 당직은 제안을 받은 경우든, 자원을 한 경우든 계파정치의 영향을 받게 마련이다. 대개 대선 후보와 당 대표의 비서실장, 대변인, 사무총장은 당권파의 몫으로 봐야 한다. 후보나 대표의 의중을 누구보다 잘 알고 있어야 하기 때문이다. 중앙당의 상설위원회나 특위는 반드시 그렇지 않다. 정책위 의장이나 정책연구원장은 이럴 수도 저럴 수도 있다. 정책연구원장은 2년 임기제가 점점 정착되어가는 중이다. 연구원 자체를 당으로부터 자율적인 기관으로 존중해주는 추세이다.

　원내대표가 새로 선출되면 원내 대변인과 부대표단이 함께 구성되는데 대변인은 여야 간 협상의 쟁점 특히 법안의 내용에 대해 잘 알고 있어야 한다. 수석 부대표는 협상 실무를 맡기 때문에 상대적으로 중책이지만 그 외 부대표들은 당이 돌아가는 상황을 잘 알 수 있다는 이점 외에 요직이라 할 수는 없다. 당직을 맡아 당의 의사 결정 과정에 참여하고, 실무력을 키우는 동시에 중앙당이나 원내대표실의 당직자들과 함께 일해 보는 경험은 정치적으로 성장하는 계기인 것은 분명하다. 하지만 이 대표, 저 대표 밑에서 이런 저런 당직을 돌아가며 계속 맡는 것은 자칫 '자기 정치'나 '대중 정치'를 하려는 정치인에게는 마이너스가 될 수 있다. 누구 사람으로 찍히게 되면 용 꼬리는 될지 모르나 닭 머리가 되는 건 포기해야 할지도 모르기 때문이다.

4장_ 홍보와 공보

홍보는 의원과 선거구민 간의 직접 대화이고 공보는 의원과 언론과의 관계이다.
정치를 똑바로 하고, 공보를 겸손하게 하면 기자가 쫓아다니게 되어 있다.
물론 쉬운 일은 아니다. 그래서 공보는 가장 고난도의 보좌다.

홍보는 재미있게

최대의 무기, 의정보고서

국회의원은 의정보고서를 우편으로 발송할 때 1년에 두 번 요금을
70% 할인 받을 수 있다. 그래도 한 선거구의 각 세대마다 우편 발송
을 하려면 1천만 원 정도 든다. 거기다 의정보고서를 풀 컬러 12면
정도로 제작하면 디자인과 인쇄비까지 또 2천만 원 정도 든다. 큰
비용을 투자해 만드는 대단히 중요한 홍보물이 의정보고서다.

의정보고서는 크게 두 가지 형식이 있다. 선거 때 공보물처럼 책자
형 12면 혹은 16면으로 만들거나 아니면 타블로이드 신문처럼 4면
혹은 8면으로 제작한다. 디자인도 이미지를 위주로 하고 카피는 줄
이는 방식과 반대로 이미지보다 빽빽할 정도로 카피를 많이 넣는 방

식도 있다. 이 두 가지 중 어느 쪽을 선택하느냐 하는 기준은 지역구 민의 성향이다.

도시, 고학력 유권자 중심의 지역구에서는 이미지 위주의 책자형이 좋다. 그들은 기본적으로 국회의원의 의정보고서를 자화자찬이고, 선전이라고 어느 정도 단정해놓고 본다. 그런데 거기에 카피를 새까맣게 많이 넣으면 욕심 부리다 더 망치는 짓이다. 시원시원하게 제목과 리드(요지), 그리고 무엇보다 인상 좋은 사진과 분위기가 있는 스냅 샷을 배치함으로써 의원이 호감 가는 사람이라는 정도의 이미지만 전달해도 성공이다.

반대로 농촌, 고령, 저학력 지역에서는 카피를 자세하게 넣어서 업적과 치적, 공적과 자랑, 자화자찬을 맘껏 늘어놓아도 된다. 그래도 그 분들은 읽는다. 자기 마을 앞에 다리가 생기고, 진입로가 확장될 것이라는 계획과 예산 및 공약을 꼼꼼히 기억해두었다 마을 이웃들에게 진지하게 전달한다. 그래서 글씨는 좀 커야 하고, 신문처럼 보이게 함으로써 공신력을 높이는 것이다.

정보보다 이미지 전달을 목적으로 하는 도시형 의정보고서는 유권자 일반이 품는 정치인에 대한 불신의 벽을 먼저 넘는 게 1차 과제이다. 그래서 필자가 권하는 방식은 편지다. 이미지를 비주얼로 보여주는 게 아니라, 카피로 느끼게 하는 방법이다. 솔직하고 허심탄회한 어조로 조곤조곤 정치의 고단함과 지역 발전을 위한 진지한 고민, 그동안 뛰어다니며 그나마 얻어 낸 약소한 성과 등을 담담히 써 내려간 편지 글만큼 진심 어린 홍보물은 없다. 의외로 열독율도 높다. 신문 1면 통단 광고를 빡빡한 카피로 메우던 파스퇴르 우유 광고의 효과를 연상하면 된다.

그럼 이미지도 넣고 이런 편지글처럼 카피도 넣어서 호감도 얻고 업적도 자세히 홍보하는 의정보고서를 만들면 되지 않겠는가? 안된다. 시면 시, 소설이면 소설이어야지, 시구로 쓴 소설은 유치하고 소설처럼 말이 긴 시는 지루한 법이다.

도시형 의정보고서가 지녀야 할 톤은 겸손과 유머 감각이다. 안 그래도 정치인에 대한 이미지는 무겁고 딱딱하다. 잔뜩 무게 잡고 자기 자랑을 늘어놓는 식은 안 된다. 정치인의 홍보물에서 은은히 묻어나는 인간적 면모, 은근한 유머 감각, 그래서 필요하면 '셀프 디스'도 서슴지 않을 정도의 여유와 도량을 발견할 때 유권자들은 호감을 느끼게 된다. 그런 점에서 의정보고서의 디자인은 홍보기획사에 당연히 맡겨야 하지만, 카피까지 쓰게 하는 건 바람직하지 않다. 기획사의 카피는 천편일률이라 커피로 치면 그저 쓴 맛만 나는 커피가 된다. 좋은 커피에 풍미가 있듯 좋은 카피엔 의원의 인간적 풍모가 드러나야 한다. 의정보고서의 카피는 의원을 잘 아는 보좌진이 작성하는 게 맞다.

책자형 의정보고서 기획은 선거 때 제작하는 공보물의 기획과 같다고 보면 된다. 한 가지 다른 것은 의정보고서의 표지에 내용 전체를 아우르는 제목을 단다는 점이다. 지난 1년 동안 의원의 정치적 성과를 한 마디로 정의한 것이 바로 제목이다. 의원의 정치철학과 의정활동의 결과를 동시에 아우르는 단어나 문장이면 된다. 그리고 그 제목에 어울리는 사진을 옆에 배치한다. 뒤표지에는 의원의 표준 사진을 넣는다. 표준 사진은 말 그대로 의원의 홍보물에 빠짐없이 사용하는 사진으로 대개 선거 포스터에 쓰는 사진이라고 보면 된다. 다음으로 중요한 면은 앞표지를 넘겼을 때 바로 보이는 왼쪽의 2면 이다. 여기에는 동적인 사진을 쓰는 게 좋다. 달리고 있거나, 사람들과 함께 파안대소를 하고 있거나, 움직이면서 자연스럽게 찍힌 스냅샷이 인간적이면서 정감이 있기 때문이다.

인터넷, 정치의 약이자 독

인터넷을 통한 홍보 플랫폼의 형식은 계속 바뀌어 왔다. 모바일의 등장으로 PC 체제 자체가 뒤로 밀리는 경향까지 있다. 그러나 총선 수준에서는 여전히 홈페이지나 블로그가 유용하다. 모바일 체제에선 앱이나 모바일 홈페이지가 주된 형식이다. 앱은 후보 측에서 제작해 스토어에 올리고 유권자들이 내려 받아 설치해야 한다. 그런데 그런 수고를 감수할 지지자 내지 부동층이 총선의 한 선거구 유권자 규모에서는 그리 많지 않다는 문제가 있다. 앱이 어느 정도 활용되려면 총선보다 더 높은 관여도와 유권자 규모를 갖는, 광역단체장 선거 이상은 되어야 한다.

홈페이지든 블로그든 가장 염두에 둬야 할 것은 비용 대비 효과다. 어느 것이든 돈을 쏟아 부어 지나치게 거창하게 할 필요는 없다. 몇 가지 이유가 있다. 우선 홈페이지 제작관리업체의 영세성 때문에 예기치 않게 문을 닫기 일쑤다. 그럼 또 바꿔야 한다. 거기다 의원의 정치 경력이 쌓여갈수록 기존 홈페이지에 코너를 추가하기도 하고, 당내 선거를 치르게 되면 아예 새로운 홈페이지를 만들기도 하기 때문에 한 개의 홈페이지를 영구히 가져가기가 어렵다. 그래서 아무리 돈 들여 만들어 놓아도 기껏 2년 정도가 수명이니 큰 돈 들일 필요가 없다는 뜻이다.

그래서 쉽게 구축하고 이전하기도 쉬운 블로그가 홈페이지보다 더 많이 활용되고 있다. 특히 모바일 시대가 되면서 홈페이지는 물론이고 블로그마저 예전에 비해 시들해져가고 있다. SNS에 가면 어떤 의원의 '육성'을 바로 들을 수 있는데, 홈페이지나 블로그의 '선전'을 보러 오지는 않기 때문이다. 자랑 섞인 선전이 아니라 소통이 홍보수단으로서 더 중요한 시대가 된 것이다. 다만 홈페이지는 아카이브 기능을 갖기 때문에 길게 갈 정치인이라면 하나는 갖고 있는 게 좋다.

블로그가 됐든 트위터나 페이스북 같은 SNS가 됐든 누가 어떤 메시지를 올리느냐가 중요하다. 특히 SNS는 의원이 직접 하는 것이 중요하다. 바빠서 제한적이더라도 의원이 직접 올리면서 별도의 관리자(의원실)가 있는 것과, 직접 올리는 육성 없이 관리자가 혼자 꾸려나가는 SNS는 천지 차이다. 싱크로율이 매우 높은 가케무샤(분신)를 내세우는 것도 방법은 방법이다. 그러나 진짜와 너무나 닮아 아내조차 속아 넘어갈 수도 있어야 분신이듯이, 의원의 마인드를 정확히 읽고 그걸 문장화할 정도는 되어야 대리 육성을 낼 수 있다. 함부로 참칭하는 것은 대단히 위험하다.

트위터의 장점은 속도와 확산성에 있다. 그러나 팔로우어와의 관계가 수직적이다. 따라서 팬을 거느린 인기 정치인에게 적합한 SNS다. 일반적인 의원들은 페이스북이 낫다. 페이스북은 논리적인 글은 물론이고 홈페이지나 블로그에 올리기에는 어색한 감상적인 글도 쓸 수 있는데다, 사진이나 동영상까지 쉽게 올릴 수 있기 때문에 장점이 많다.

문제는 페이스북을 하려면 시간이 많이 든다는 점이다. 의원이 페이스북을 하게 되면 당연히 한도인 5,000명까지 친구를 맺게 된다. 그 중 10%의 친구만 포스팅을 해도 하루 500건이다. 그걸 일일이 보고 최소한의 반응이라도 하려면 엄청난 시간이 소요될 수밖에 없다. 그래서 페이스북의 페이지를 개설, 관리하는 쪽으로 넘어가게 된다. 시간을 줄이려면 쌍방향이 아니라 일방향 소통을 할 수밖에 없기 때문이다. 그러나 페이지는 다시 블로그와 다를 바 없어진다는 악순환에 빠지게 된다.

트위터든 페이스북이든 정치인이 SNS에 너무 빠져 있는 것도 바람직하지 않다. 첫째는 자기 강화 현상 때문이다. 보통 사람도 자신이 SNS에 올린 글에 대한 다른 이들의 반응이 궁금해진다. 하물며 정치인은 그 반응에 극히 민감하기 마련이다. 그런데 대중은 어떤 정치인이 마음에 들 때 팔로우잉을 하거나 '좋아요'를 누르고 댓글을 단다. 즉 어떤 정치인의 SNS에 모이는 대중들은 전부 자신을 좋아하는 이들 뿐이다. 이렇게 자신을 좋아하는 대중과 그들의 반응에 일희일비하는 정치인이 SNS으로 묶이면 팬덤화 현상이 나타날 수밖에 없다. 정치인은 팔로우어와 '친구'들로 이루어진 사이버 세계와 현실세계를 동일시하게 되고 자신과 비슷한 가치관을 가진 사람하고만 소통함으로써 자기 신념을 강화한 나머지 국민 일반의 정서와 동떨어진 편향에 빠지기 쉽다. 결국 지나친 SNS에의 몰입은 정치인이 가져야 할 현실감각이나 균형적 사고를 해친다.

둘째는 요즘 기자들은 거의 모든 정치인들의 SNS를 스크린 한다고 보면 될 정도로 SNS가 취재대상이 되어 있다. 그런데 개가 사람을 무는 게 아니라 사람이 개를 물 때 기사가 되는 법인지라, 올린 글이 튀어야 기사가 된다. 이렇게 기사가 나가면 처음 한 두 번은 찬반과 논란에 휩싸이며 화제의 중심에 서는 재미도 있다. 그런데 자칫 그게 독이 될 수 있다. 즉, 누구누구는 늘 막말을 해대는 소위 '싸가지' 없는 정치인이라고 찍히는 수가 있기 때문이다. 더욱이 정치인의 말이 너무 앞서면 뒷감당이 어려워지는 법이다. 열 번의 말에 최소한 한 번의 실천이 같이 가 줄 때 그 정치가 오래 간다. 안 그랬다간 '저 친구는 입만 살아 가지고…'라는 소리를 듣게 되거나, 정치가가 아니라 정치평론가로 전업해야 하는 수도 있다.

SNS를 직접 하면서도 말이 품위 있고 내용은 정곡을 찌르고 말한 만큼 행동으로 지키는 정치인이 있다면 그는 대통령이 될 것이다. 네 가지 중에 두어 가지만 되어도 좋은 정치인이다. 그만큼 정치에 있어서 SNS는 강력한 무기이지만, 자신에게 위험하기도 하다는 점을 잊어서는 안 된다.

동영상은 셀프로

종이 홍보물에서 가장 중요한 것은 사진이다. 글이 아니다. 인터넷 홍보에서 가장 중요한 것은 동영상이다. 잘 짜인 메뉴가 아니다. 홈페이지나 블로그에 들어오는 사람은 무슨 IT 전문가가 아니다. 그냥 먹고 살기 바쁜 평범한 사람이다. 다만 정치에 관한 관심이 좀 더 있는 정도다. 그가 찾아 온 이유는 간단하다. 이 정치인이 어떤 사람인지, 믿어도 될지 자기 눈으로 직접 확인하기 위해서다. 사람은 사람을 직관적으로 알아보는 능력을 갖고 있다. 무엇을 보고 알아볼까? 학·경력만 봐도 50% 이상 알 수 있고 얼굴(관상), 목소리, 행동거지나 태도, 연설 내용까지 알게 되면 거의 80~90% 맞출 수 있다. 이를 한꺼번에 전달할 수 있는 매개가 바로 영상이다. 영상을 늘 많이 그리고 최신판으로 확보해서 유권자들이 쉽게 접근할 수 있도록 해야 한다. 그러기 위해서는 보좌진이 직접 찍고, 편집하고, 게시할 줄 알아야 한다. 다른 사람을 시키게 되면 돈 들고, 시간이 들어서 상대 후보와의 속도 경쟁에서 진다. 요즘은 장비가 좋아서 누가 찍어도 양질의 결과를 얻을 수 있다. 특히 총선 규모에서는 디카의 비디오 기능으로 찍은 후 홈 메이드 편집 영상이면 충분하다.

표준 사진을 정해 언론사에 프레스 키트(press kit)로 제공할 때는 점잖게 찍은 포즈여야 하지만, 홍보물에 가급적 쓰지 말아야 할 사진 역시 딱딱한 얼굴과 뻣뻣한 자세다. 선조들의 초상화를 보면 점 하나 그냥 그려진 것이 없다. 대상자의 인품, 인성, 지향한 목표 등 그의 삶을 한 장으로 기록하는 것으로 여겼기 때문이다. 그래서 인물이 들고 있는 장신구, 입고 있는 옷의 무늬까지 의미를 하나하나 부여해서 그렸다. 이런 초상화가 바로 홍보용 사진이다.

사진은 그림과 같이 필요한 것들을 그려 넣을 수 없다. 따라서 인상이 중요하다. 요즘처럼 사진 찍을 일이 많지 않았던 윗세대들은 자기 얼굴 사진에 대한 고정관념을 갖고 있다. 정면을 응시하면서 굳게 입술을 다물고 있는 무표정의 사진, 즉 증명사진이 자기 얼굴을 정확히 표현하고 있다고 생각하는 것이다.

그렇지 않다. 영정에도 무표정한 사진 대신 웃고 있는 사진을 쓰는 시대다. 사람은 어떤 사람을 기억할 때 인상으로 기억한다. 인상은 이미지다. 어떤 이미지가 호감을 줄까? 당연히 웃는 얼굴이다. 웃느라 입가와 눈가에 주름이 지고, 말하느라 입이 벌어져 이가 보이고, 그렇게 살아 움직이는 360도 공간 속의 얼굴 이미지를 우리는 한 사람의 인상으로 기억한다.

자연스럽게 대화를 나누고, 무엇인가를 향해 박수를 치고, 반갑게 악수를 나누고, 함께 춤을 추거나 운동을 하는 모습이 담긴 사진을 보면 하나같이 공통점이 있다. 표정이다. 표정이 살아 있는 사진, 그런 사진만이 홍보물에 올라 갈 자격이 있다.

증명사진 비슷한 사진을 쓰는 데가 딱 한 군데 있다. 모든 홍보물의 뒤표지에 약력과 함께 싣는 사진이다. 그러나 그것 역시 살짝 미소를 머금은 따뜻한 표정의 사진으로 써야 한다. 심지어 명함에도 부드러운 미소를 띤 사진이 좋다. 의원이 웃고 있을 때 찍힌 스냅샷, 이것이 최고의 홍보용 사진이다.

공보는 겸손하게

기자는 기자다

홍보가 의원과 선거구민 간의 직접 대화라면 공보는 의원과 언론과의 관계이다. 정치에서 알려지지 않은 행위란 애초에 없었던 일이나 다름없다. 어찌 보면 공보가 정치 그 자체로 보일 때도 있다. 정치가 부박해지는 원인이기도 하고, 정치인이 잘난 척을(?) 해야 하는 숙명적 이유이기도 하다. 공보는 정치 그 자체인데 자칫 하면 경박해

보이니, 어떻게 해야 할까? 겸손하게 하는 수밖에 없다.

그러나 공보는 정치의 하위 개념이다. 정치인은 피아노와 같아서 건반 도는 도 소리 나게 되어 있고, 파는 파 소리, 시는 시 소리 나게 되어 있다. 내공과 식견, 마키아벨리가 말하는 비르투가 있다면 그게 어디 안 간다. 따라서 공보는 솔직 담백해야 한다. 괜히 공보라고 해서 기자 쫓아다닐 필요 없다. 정치를 똑바로 하고, 공보를 겸손하게 하면 기자가 쫓아다니게 되어 있다. 물론 쉬운 일은 아니다. 그래서 공보는 가장 고난도의 보좌다.

공보가 어려운 이유는 또 있다. 기자에게 의원들은 취재원일 뿐만 아니라 평가 대상이기도 하다. 그 평가는 의원과 관련된 기사에 반영된다. 글이란 묘해서 같은 내용을 갖고도 뉘앙스가 다를 수 있어서 독자들이 볼 때 호감을 느끼게도 반감을 갖게도 할 수 있다. 기자들은 결코 바보가 아니다. 정치인의 사람 됨됨이가 진중하고 말이 가지런하고 행동거지가 신실하여 객관적 판단력을 갖고 있을 때, 찾아와 취재도 하고, 기사에 인용도 하고, 나아가 상시적으로 돌아가는 정치 전반에 대해 의견도 나누는 상대로 인정해준다. 결코 밥 사주고, 술 사주며 굽실거리는 게 공보라고 착각해서는 안 된다.

기자를 상대하는 일은 비서관 이상이 되면 무조건 해야 한다. 비서관 시절엔 정책적 내용을, 보좌관은 정책과 정무적 내용 모두를 기자와 대화할 수 있어야 한다. 갈수록 기자를 피하는 경향이 보좌진들 사이에 퍼지고 있다. 기자들이 '사스마와리'라고 부르는 취재를 돌다 의원실로 들어오면 파티션 너머로 잠깐 고개를 빼 '의원님 안 계신데요' 하고는 다시 숙여버린다고 한다. 기자임을 밝히며 명함을 내밀어도 '그래서 어쩌라고?'라는 듯이 멀뚱히 쳐다보는 바람에 민망해서 나와 버린다는 기자도 있다. 기자는 특별한 볼 일이 없어도 의원실이 취재처이기 때문에 찾아온 것이다. 그럼 최소한 인사를 나누고 명함을 주고받은 뒤 앉을 자리를 권한 다음, 어떤 특별한 취재 때문인지 아니면 의원이 있나 그냥 궁금해서 지나다 들른 건지 재주껏 눈치 채야 한다. 그리고 그에 맞게 비서관이나 보좌관 혹은 의원에게 연결해야 한다. 기자 응대를 자기 일이 아닌 듯이 피하려 하는 비서나, 제대로 대화를 풀어나갈 수 없는 보좌관·비서관은 안 된다.

기자를 사귀는 법은 두 가지다. 학교 동문회 같이 일상적인 인간 관계 속에서 만나게 된 기자들을 사귀어 두는 방법, 그리고 업무적 관계에서는 기자들도 담당 상임위가 지정되어 있으니, 상임위 출입 기자들을 알아두는 방법이다. 의원이 당내나 원내 선거에 나가게 되면 의원을 전담하는 마크맨이 생긴다. 이때도 기자들을 두루 알아둘 좋은 기회다. 이렇게 알아두게 되면 그냥 보도자료를 뿌리는 것보다 특정 언론, 특정 기자를 찍어서 단독 보도를 줄 수 있다.

보도자료로 뿌릴 것인지, 단독으로 줄 것인지 부터가 쉽지 않은 판단이다. 사안이 셀수록 단독으로 주는 것이 좋다. 하지만 센 사안이 많지 않다는 게 문제다. 그래서 보도자료로 일괄적으로 뿌리는 게 대부분이다. 사안이 세냐, 약하냐의 판단이 중요한데 자꾸 보도자료를 내봐야 알 수 있다. 평소 친한 기자가 있으면 그 기자의 감각과 판단에 의뢰해보는 것도 한 방법이다.

정책 관련 기사는 국방위, 국토위, 산자위같이 실물을 다루는 상임위에서 많이 나온다. 숫자를 다루는 기재위, 정무위는 종합지보다 경제지가 잘 받는다. 흔히 인기 상임위냐, 비인기 상임위냐를 구분할 때 기준은 두 가지다. 하나는 후원금이 잘 모이느냐 아니냐, 그리고 언론에서 기사를 잘 내주냐 아니냐.

그만큼 자신의 의정활동이 기사화되는 데 의원들은 민감해 한다. 이를테면 열 개의 좋은 질의서보다 한 개의 기사화를 더 좋아한다고 할 수 있다. 당장 재선되는데는 속 내용만큼이나 겉포장이 더 필요한 국회의원의 입장에선 그것이 인지상정이다. 따라서 보좌진은 항상 질의 할 핵심(소위 '야마')을 잡았을 때 그것이 기삿감이 될지 말지부터 먼저 생각해보는 버릇을 가져야 한다.

정무 보좌진으로서 특히 공보를 담당했을 때 명심할 몇 가지 준칙이 있다. 첫째, 기자는 기자임을 잊지 말아야 한다. 기자는 알면 쓰게 되어 있다. 흔히 '오프'라고 하는 오프더레코드를 걸고 하는 말이라면 아예 하지 말아야 한다. 기사로 쓰진 않더라도 일단 정보 보고는 올리게 되어 있다. 기자들은 그날 보고 들은 모든 이야기를 일단 글로 써서 보고한다. 데스크에서 보기에 기사가 된다 싶으면 쓰라고 한다. 그러면 안 쓸 수가 없다. 특히 매체가 많아지면서 속보 경쟁이 치열하다. '내가 안 써도 어디선가 십중팔구 쓰게 되어 있으니 차라리 내가 먼저 쓰는 게 낫다'고 생각하는 게 요즘의 언론 생태계다.

둘째, 언론을 이용해서는 안 된다. 소위 '언론 플레이'와 경계선이 모호하지만, 언론 홍보 효과를 최대화하기 위한 언론 플레이와 달리 거짓이나 그럴듯한 얘기를 꾸며 상대를 공격하거나 자신을 방어하는 경우로, 흔히 마타도어라 부른다. 언론을 도구로 삼아 마타도어를 뿌리게 되면 언젠가는 반드시 언론으로부터 되갚음을 당하게 되어 있다.

셋째, 말진을 가벼이 여겨서는 안 된다. 대개 언론사들은 여당에 4명, 야당엔 3명 정도의 기자를 출입시키고 있다. 그들은 다시 반장–잡진–말진으로 구분된다. 이 중 말진이 제일 부지런하다. 문제는 말진 중에 출입 경력이 짧고 배경에 대한 사전 지식이 없을 경우, 취재원의 말을 잘못 이해한 채 기사를 쓰는 경우가 있다는 점이다. 정치 기사란 단어 두 개만 있어도 쓰는지라 더더욱 그런 사고가 자주 생긴다. 그렇다고 말진을 무조건 피해서는 안 된다. 기사를 제일 많이 쓰는 것도 말진이요, 취재원을 제일 많이 만나는 것도 말진이기 때문이다. 그들이 정확히 이해할 수 있게 자초지종 친절히 설명하는 게 최선책이다.

넷째, 팩트와 분석을 정확히 구분해야 한다. '꾸미(組의 일본어 발음)'라고 부르는 그룹 단위로 만났을 때든, 저녁마다 여의도 여기저기서 열리는 정보시장에서 합석하게 됐든, 의원의 정치적 근황이나 동정을 체크하기 위해 찾아온 기자와 마주 앉았을 때든 항상 팩트를 말할 때는 조심해야 한다. 아니, 웬만하면 팩트는 말하지 않는 게 좋다. 그냥 '내 생각은, 내가 보기에는, 내가 추론하기로는' 어떻다는 식으로 말하는 것이 좋다.

사실 정무보좌관은 기자 만나는 일이 업무의 반이다. 그들은 대개 고수들이다. 그래서 정치 전반을 꿰뚫어 보거나 종횡으로 관찰하는 데 능하다. 기자들은 바로 그 분석을 듣기 좋아한다. 기자들은 매일매일 '일용할 양식'을 구하는 데 급급한 나머지 나무만 보고 숲을 놓치고 있다며 한숨짓는다. 이럴 때 오랫동안 정치를 지켜봐 온 정무보좌관이 맥을 짚어주면 '머릿속이 싹 정리가 된다'며 좋아한다. 그게 또 정무보좌관의 능력이고 존재 이유다. 어차피 분석과 예측이 중요한 능력인 만큼, 전언으로 듣거나 직접 알게 된 팩트는 그냥 듣고 잊어버리는 게 낫다. 어차피 정치는 긴 것이고, 하나하나의 팩트는 기자에겐 중요할지 몰라도 정치 분석에서는 중요한 게 아니다. 그런 점에서 '찌라시'를 필자는 권하지 않는다. 정 궁금하면 처음 6개월 정도 보고 아예 쳐다보지도 말아야 할 게 바로 찌라시다. 그런 걸 자꾸 보면 정치를 음모론적으로 보게 되고, 잡스런 생각이 과학적 분석을 방해하게 되고, 소소한 팩트에 지배되어 흐름을 놓치기 때문이다. 정치를 바라보는 눈을 갖는 데 무슨 대단한 비결은 따로 없다. 그저 신문과 정치학 서적을 손에서 놓지 않는 정도면 충분하다.

보도자료는 명쾌하게

정책 보도자료는 단순명쾌하게 써야 한다. 간단하게 쓴다는 건 이해하기 쉽게 쓴다는 의미다. 왜? 기자들은 국감 시즌이 되면 하루에 수백 건의 보도자료 메일을 받는다. 골라 볼 수밖에 없다. 메일 리스트를 죽 읽어 내려가면서 어느 의원실인지를 먼저 본다. 야구에서 타자로 치면 타율을 보는 것이다. 그 다음은 제목이다. 제목이 눈에 확 들어와야 한다. 자기들끼리 하는 말로 '야마'가 '섹시'해야 열어본다. 어떻게 써야 이해하기 쉬울까? 핵심이 명료하고, 의미 전달이 쉬우며, 짧고, 임팩트가 있어야 한다. 많은 보좌진들이 자기가 질의서를 써 놓고도 자기 질의서의 핵심이 뭔지 한 마디로 말 하라면 제대로 말 못한다. 질의서에 빠져버린 것이다. 질의서를 쓰는 동안 머리가 실타래처럼 얽히고설키기 일쑤이기 때문이다.

누군가가 질의서를 스크린 해주면 '질의서 익사'를 막는 데 도움이 된다. 그런데 대개 보면 최종적으로 완성될 때까지 잘 안 내놓으려 한다. 괜히 어설프게 꺼내놓았다가 창피 당할까 두려워하기 때문이다. 그럴 필요 없다. 차라리 초안이 작성되면 자기가 먼저 상급자에게 보여주는 게 좋다. 미처 생각하지 못 했던 게 나오고, 질문에 답하다 보면 자기 생각도 어느새 정리된다. 그게 훨씬 시간도 아끼고 더 좋은 질의서를 쓰는 방법이다. 이런 식으로 질의서부터 깔끔하게 나와야 한다. 질의서가 똑 떨어지면, 보도자료도 저절로 명쾌해진다. 무슨 말인지 도무지 이해할 수 없는 보도자료는 기자들이 바로 고개를 돌려 버린다. 기자들은 3초 이내에 이해되지 않으면 안 쓴다. 그들의 머리가 나쁘거나 인내심이 없어서가 아니라, 독자대중이 금방 이해할 수 없기 때문이다.

좋은 질의서는 좋은 보도자료를 만드는 출발점이다. 그러나 그걸로 충분하지는 않다. 핵심만 잘 잡혀도 질의서는 되지만 보도자료가 되는 건 아니다. 보도자료는, 보도의 가치가 있는 '뉴스'여야 한다. 기자들이란 보좌진이 '이게 핵심이야!' 하고 짚어주면 '그래서 어쨌다는 거지?'를 바로 생각한다. 독자들이 기사를 보았을 때 분개하거나, 깜짝 놀라거나, 재미있어 해야 한다. 동시에 뉴스여야 한다. 이게 제일 아쉬운 대목인데, 가장 종합적이고 논리적이고 잘 정리가 되어 있어도 누군가가 앞서 파편적이고 단편적이고 어수선하게라도 보도자료를 내고 그게 기사가 되어 버렸으면 말짱 헛것이 된다. 새로운 얘기가 아니면 뉴스가 아니다. 아무리 분개, 깜놀, 재미가 있어도 소용없다.

단연 보도의 가치가 높은 건 폭로다. 부정, 비리, 예산 낭비나 업무의 비효율성 등 등, 모든 언론은 이런 것들에 목을 맨다. 이런 걸 터뜨려야 특종을 하기 때문이다. 그러나 요즘 국회에서는 더 이상 특종이 잘 나오지 않는다. 기자들도 특종을 하는 게 아니라 물 먹지 않는 데 더 급급하다고 말한다. 폭로가 안 나오는 이유는 행정부가 내부 단속을 너무도 잘 하거나, 국회를 방어하는 데 이골이 났기 때문이다. 폭로거리가 없어지면서 보도자료는 정책과 정보, 두 가지 내용이 주가 되고 있다. 정부의 어떤 정책이 문제점이 있다거나, 부족하다거나, 비합리적인 부분이 있다거나 하는 지극히 우아한(?) 내용이다. 문제는 그래서는 기사화가 된다는 보장이 없다는 점이다. 언론들은 입만 열면 정쟁을 비난하고 정책 국회가 되어야 한다고 하면서도 정작 정책이나 법안을 보도자료로 내면 잘 받아주지 않는다. 섭섭하지만 할 수 없다. 이럴 때는 사례를 찾아내 뒷받침하는 게 좋다. 사건도 좋고, 수치나 통계도 좋고, 현장이 있는 것도 좋다. 그것까지 만들어서 정책적 보도자료를 만들자면 시간과 노력이 몇 배나 더 들지만, 어쩌겠는가?

정보는 주로 요구한 자료에서 찾아낸 데이터를 말한다. 해마다 연예인 고액 납세 순위 명단이랄지, 미성년자 주식 보유 현황이랄지, 가십 같기도 하고, 쓰레기 같기도 한 기삿감을 보도자료로 던져주는 것이다. 그리고 얻는 건 '어느 의원실 자료에 따르면' 하고 이름 석 자 나가는 게 전부다. 어떤 경우든 보도자료는 짧을수록 좋다. 쓰다 보면 할 말이 많아진다. 그러나 보도자료에 다 담으려 하다간 아예 안 보는 수가 있음을 명심해야 한다. 보도자료는 미끼라고 생각하면 된다. 미끼를 물어오면 그때 자세한 내용이 담긴 질의서 원본을 보내주면 된다.

보도자료 본문에는 큰 제목과 소제목을 붙여야 한다. 제목만 보고도 내용이 머리에 쏙 들어올 정도로 달아주면 좋다. 약간 과장해도 무방하다. 기자들이 이해해준다. 오히려 너무 사실에 입각해 평이하게 쓰면 기자의 시선을 끌지 못한다. 인터넷 기사 제목들이 툭 하면 '경악, 반전, 충격'으로 붙이는 데는 다 이유가 있다. 제목은 한 페이지에 두 개 정도로, 짧고 임팩트 있게 단다. 본문은 쓸 데 없이 편집으로 재주 부리지 말아야 한다. 글씨체나 급수, 밑줄, 굵게, 우사, 좌사, 온갖 기교를 부리며 이 대목을 꼭 봐 주세요. 저 대목은 꼭 읽어주세요 라고 아우성을 치면 칠수록 오히려 가독성만 떨어진다.

질의서도 그렇지만, 보도자료 작성은 기사 작성의 원리와 동일하다. 네 가지가 들어가야 한다. '문제의 핵심→현황→원인→대안'인데 우선 글의 앞에서부터 지금 문제의 핵심이 뭔지 바로 치고 들어가야 한다. 소위 두괄식이라고 하는 글쓰기 방법이다. 그 다음 문제의 현황을 쓴다. 이어 문제가 왜 생겼는지를 쓰면서 누구의 책임인지, '나쁜 놈'이 누구인지를 제시한 다음 해결책 내지 대안을 제시하는 것으로 끝낸다. 그러면 뒤에서부터 글을 잘라 나가도 중요한 내용 순으로 살아남는다. 그렇게 쓴 글이 잘 쓴 기사고 보도자료다. 그런데 흔히 말하려는 내용이 한꺼번에 뒤죽박죽, 앞뒤로 왔다 갔다, 우왕좌왕 하기 일쑤다. 머릿속에 내용들이 너무 꽉 차서 그렇다. 그럴 때는 동료 보좌진에게 자기가 쓰려는 보도자료의 내용을 한 번 말로 설명해보면 좋다. 처음 듣는 사람이 쉽게 알아듣게 하려면 어떻게 말해야 할지, 대화를 나누는 사이에 스스로 정리가 되기 때문이다.

방송 출연

TV, 라디오, 잡지, 신문 등에 인터뷰를 하게 될 경우가 있다. 섭외와 응낙 여부부터가 중요하다. 섭외는 보통 작가가 하는데, 의원에게 바로 들어가는 경우는 의원이 직접 결정할 테니 보좌진은 걱정할 것 없다고 생각할 수 있다. 진짜 그럴까? 그렇게 하면 안 된다. 섭외는 의원실을 통해, 가급적 정무 보좌관과 하도록 해야 한다. 의원이 직접 받아버리면 거절해야 할 때 거절하기 어려워진다. 다른 일정과의 조정이나 같은 날 같은 주제로 복수의 방송에서 인터뷰 하지 않는다는 금기 사항 때문에라도 그렇다.

그러나 출근 시간대의 라디오 인터뷰 출연은 청취율이 높기 때문에 무조건 출연하는 것이 좋다. 출연하되 무턱대고 해서는 안 된다. 조심해야 할 것이 있다. 인터뷰가 아니라 취재를 하려고 덤비는 경우다. 예컨대 '오늘 의총에서 결론이 어떻게 날 것 같습니까?' 이런 취재는 멋모르고 곧이곧대로 답하면 안 된다. 함부로 아는 체를 한다거나 앞질러 가거나 오버를 하게 되면 당내에선 물론 객관적으로도 '입빠른 사람'으로 찍힐 수 있기 때문이다.

아니면 '당의 누가 이런 말을 했는데 당내 의원들의 반응, 혹은 당신의 의견은 어떻습니까?'라면서 인터뷰이를 마치 정치 평론가로 만들어 버리는 경우다. 사전에 받아 본 질문지에 이런 질문이 있으면 작가에게 어필해서 바꾸거나 없애야 한다. 질문지에는 없다가 실제 인터뷰에서 물을 경우 슬쩍 동문서답하도록 의원에게 조언해야 한다.

1:1 토론 형식이라면 상대 패널이 누구인지도 고려할 변수다. '깡패'는 피하는 게 좋다. 행여 열폭해 맞장을 뜨게 되면 같은 '깡패'가 되고, 더러워서 피하게 되면 왜 안 싸우고 피했냐고 욕먹을 수 있다. 물론 의원의 스타일이 우선이다. 의원이 정치를 싸움닭처럼 하겠다면 할 수 없다. 그러나 '사나운 개 콧잔등 아물 날 없다'고 생각하면 싸움박질 토론은 피하는 것이 상책이다.

2:2 혹은 3:3 TV 토론은 더 많은 준비가 필요하다. 토론 내용도 내용이지만, 토론 기법이나 이미지 전략에 더 신경 써야 한다. 인간의 정치적 두뇌(Political Brain)는 이성적이 아니라 감성적이기 때문이다. TV토론을 볼 때 시청자가 정보를 가장 많이 받아들이는 감각기관은 눈, 귀 그 다음이 머리 순이다. 따라서 논리 구사가 탁월하지 않은 이상, 토론자의 발언 내용보다 말하는 태도나 목소리, 표정 등이 더 기억에 남는 법이다. 대중 정치인으로 성장하고자 하는 의원일 경우 연설 솜씨와 함께 TV 토론이 중요한 만큼 관련 전문 서적을 별도로 공부해두는 게 좋다.

모든 방송 출연에 앞서 해당 프로그램의 작가로부터 질문지를 먼저 받아야 한다. 아침 출근 시간대면 저녁 퇴근 시간 전까지, 저녁 퇴근 시간대면 점심 전까진 받는다. 답지를 작성해서 완성된 Q&A는 의원이 충분히 연습할 수 있도록 방송 출연 한 두 시간 전에는 보고해야 한다.

답지를 작성할 때 부딪치는 첫 번째 벽은 황당한 질문이다. 작가들은 관련 이슈에 대해 하루 종일 올라왔던 인터넷 기사를 검색해 질문을 만든다. 그런데 작가들의 수준이 천차만별이다. 맥락을 알고 작성한 질문은 아무리 약점을 찌르고 들어와도 콘텍스트 안에서 답이 가능하다. 그러나 앞뒤 사정을 모르고 어디서 이상한 인터넷 기사를 보고 만든 질문은 답하기 난감하다. 팩트 자체가 틀렸거나 관점 자체가 왜곡되어 있다는 이야기부터 먼저 하고 답을 해야 하는데 10~15분짜리 짧은 방송 인터뷰의 경우 시간도 낭비고, 해도 괜히 변명처럼 들리기 일쑤다.

두 번째는 고약한 질문이다. 대한민국 언론이 매체에 따라 정치 편향이 있는 건 기지의 사실인 만큼 어느 정도는 각오하지만, 프로그램에 따라 해도 너무 하다 싶은 질문도 많다. 황당하거나, 고약한 질문에 대해선 절대 그냥 답을 작성하지 말아야 한다. 작가에게 전화를 해서 예의를 지키되 정확하게 이게 왜 황당하거나 고약한 질문인지를 설명한 다음, 맥락에 맞게 혹은 공정한 질문으로 바꿔주도록 주문해야 한다. 그러면 대개 조율이 가능하다. 그렇게 조율된 질문으로 답을 작성하지 않으면 의원의 인터뷰 자체가 엉망이 되거나 이상해진다.

세 번째는 미리 준 질문지와 무관하게 진행자가 제 마음대로 질문을 던지는 경우다. 이런 경우엔 방송이 끝난 후 작가에게 반드시 전화를 해서 경고(?)해야 한다. 그럴 거면 처음부터 사전 질문지가 없다고 해야 하는 게 룰이다. 질문지를 주고 거기서 절반 가까이 달라지면 반칙에 해당한다. 작가들도 자신들의 원고대로 하지 않는 진행자를 싫어한다.

방송 인터뷰는 반드시 실시간 모니터링을 해야 한다. 내용은 물론이고 의원 답변의 전달력을 유의해 듣기 위해서다. 보좌진이 써 준

답대로 했냐, 안 했냐는 중요하지 않다. 중요한 건 청취자에 대한 전달력이다. 청취율을 의식한 진행자는 질문을 공격적으로 하게 되어 있다. 공격적 질문에 대해 의원이 너무 에둘러 가면 빙빙 겉도는 답이 된다. 듣는 사람 입장에선 지루하다. 반면 너무 방어적으로 답변하게 되면 짜증 섞인 대응으로 들리게 된다. '저하고 지금 싸우자는 거예요?'라는 답이 그런 예다. 그래서 인터뷰가 어렵다. 청취자의 귀에 쏙쏙 집어넣기 위해서는 글이 그렇듯이 문장이 길면 안 된다. 단문과 단문으로 착착 넘어가야 한다. 중문에 복문에 조건 절에 병렬문으로 나가면 도대체 무슨 말을 하는 건지 듣고도 모른다. 에~, 또~, 다만, 아니 등의 평소 습관적 말투가 나타나면 그것도 고쳐야 한다.

말하는 톤도 중요하다. 축 처지는 말투, 만사 귀찮다는 듯 심드렁한 목소리는 금물이다. 인터뷰이의 목소리는 무조건 활력에 가득 차 있어야 한다. 전날 밤 과음은 금물이다. 푹 자고 일찍 일어나 신문이나 책을 소리 내어 읽음으로써 목을 풀어 잠긴 목소리가 방송에 나가지 않도록 해야 한다. 그렇게 하다 보면 자신감이 붙고 나중엔 유머와 재치, 촌철살인까지 구사하게 된다. 인기 인터뷰이가 되는 길이다.

5장_ 대정부질문은 대국민연설이다

대중적이고 명쾌한 대정부질문은
첫 문장부터 끝 문장까지 일이관지하는 주제가 뚜렷해야 한다.
대강만 들어도 소위 '야마'가 뭔지 느낌이 딱 와야 한다.

　매 회기가 시작되면 가장 먼저 교섭단체 대표 연설부터 한다. 그 다음이 대정부질문이다. 국무위원이 답변을 하고 의원들이 질문을 한다. 통상 정기국회에서는 6일 동안이지만, 임시국회에선 보통 3~4일 간인데 기본적으로 정치/외교·통일·안보/경제/사회·교육·문화 분야로 나눈다.

　대정부질문은 두 가지 의미가 있다. 하나는 대중 정치인이 되고자 하는 의원에게 이보다 더 좋은 연습 기회가 없다. 정당연설회가 없어지고 거리 유세조차도 잘 하지 않는 요즘의 선거운동 풍습 때문에 의원들의 대중 연설 솜씨가 갈수록 떨어지고 있다. 과거 연설식에서 일문일답식으로 바뀌어 옛날만큼 박진감은 없지만 그래도 300명의 의원과 정부 각료들 앞에서 연설할 기회는 흔치 않다. 다른 하나는 대정부질문이 갈수록 가볍게 취급되고 있지만 그래도 정론관 기자들이 듣고 평가를 한다. 그 평가가 아주 정확하다. 될 성 부른 떡잎이 데뷔하기 가장 좋은 무대가 바로 대정부질문이다.

의원이 마이크 울렁증이나 무대 공포증이 있으면 몰라도 신청해서 기회를 얻을 수만 있다면 대정부질문은 자주 하는 게 좋다. 분야는 정치가 가장 좋다. 왜냐하면 대정부질문이란 정부 정책에 대해 장관을 상대로 따져 물으면서 비판하고 대안을 제시하는 게 아니기 때문이다. 여기는 영국이 아니고 여의도는 웨스트민스터가 아니다. 총리가 당수고, 장관이 의원인 의원내각제에서나 가능한 일을 한국에서 기대하거나 요구하는 자체가 허망한 노릇이다.

경제나 사회교육문화 분야에서 정책을 따지면 장관들은 '네, 의원님의 지적을 유념하여 향후 잘 반영토록 하겠습니다'라고 답한다. 총리더러 답하라면 '제가 그 분야는 잘 모르니 해당 부처 장관에게 물어주시면 고맙겠다'라고 한다. 이처럼 답들이 하나같이 공허하기 짝이 없어서 뭘 묻고 답한다는 자체가 무의미하다.

따라서 대정부질문은 답을 기대하지 말고 그냥 자기가 할 말을 하면 된다. 국민들이 TV를 통해 들었을 때 귀에 쏙쏙 들어오게, 그리고 들으면서 '그래 맞아, 아주 그냥 속이 시원하구만' 하는 소리가 절로 나오게 하는 게 최상이다. 정치 분야가 그래서 좋다.

문제는 의원 쪽에도 있다. 모든 의원들은 자기가 얼마나 날카롭고, 남들이 미처 생각 못 한 것까지 다 보고 있는지 드러내고 싶은 욕심이 있다. 그래서 원고에다 뭘 자꾸 더 집어넣으려고 한다. 질문하기 직전까지 아침에 넣고, 점심 때 고치고, 저녁에 다시 빼기를 반복한다.

그런데 그렇게 만든 원고를 들고 들어가면 질문이 예리하고 전문성 있어 보이는 게 아니라, 일반 국민들 눈엔 오히려 무슨 소린지도 모를 지엽말단을 놓고 장관이랑 입씨름이나 하는 걸로 비칠 뿐이다. 파고들수록 어려워지고, 답변은 두루뭉술해지기 때문이다.

의원들이 대정부질문 형식이 갖는 한계를 모른 채, 의욕만 앞세우더라도 보좌관은 흔들리지 말고 주장해야 한다. '대중의 눈높이에서, 간단명료하게, 사태의 핵심을 집어내어, 국민이 듣고 싶어 하는 소리를 들려주는 연설이 대정부질문이다. 즉 대정부질문은 대국민연설이다'라고.

대중적이고 명쾌한 대정부질문은 첫째, 첫 문장부터 끝 문장까지 일이관지하는 주제가 뚜렷해야 한다. 대강만 들어도 소위 '야마'가 뭔지 느낌이 딱 와야 한다. 둘째, 논리 구성이 기승전결로 착착 이어져야 한다. 문제가 있고, 갈등이 있고, 절정이 있고, 반전이 있고, 해결 대안을 제시하는 원고가 좋다. 셋째, 질문은 최소화하는 게 좋다. 자기 하고 싶은 말 다 해놓고 마지막에 '장관의 견해는 어떻습니까?'라고 묻는 식이다. 총리나 장관의 답변은 대부분 하나마나 한 소리다. 구체적 사실에 대한 정확한 답변이 필요하다면 대정부질문이 아니라 상임위 때 질의하는 게 맞다.

대정부질문이 정치 분야면 정무보좌관이, 정책 분야라 하더라도 정무와 정책 보좌관이 공동 작업을 하는 게 옳다. 모름지기 정책은 정무적 감각을, 정무는 정책을 알아야 서로 좋은 정무와 정책 전문가가 될 수 있다. 그렇듯이 정무와 정책이 잘 어우러져야 좋은 원고가 나오는 법이다. 흔히 정무 혼자 질의서를 쓰면 원고는 유려하지만 콘텐츠가 약하고, 정책이 혼자 쓰면 각론에 빠져 그래서 뭐라는 것인지 총론을 알 수 없는 원고가 나오기 쉽다. 둘이 서로 논의해가며 주제를 정하고, 소재를 찾고, 논리를 구성해, 문장화하고 수정 보완하고 의원과 조율해서 강독까지 마치는 순으로 진행한다.

옥의 티라고 실컷 원고 잘 써들고 가서 주어진 시간(15분) 내에 못 마쳐 마이크가 꺼진 상태에서 부랴부랴 마무리를 하는 대정부질문은 무조건 감점이다. 설사 30초를 일찍 끝내더라도, '끝까지 경청해주셔서 감사합니다'까지 마이크로 나가야 한다. 사전에 타이머로 재면서 리허설을 몇 차례 해서 원고 분량을 조절해야 한다. 이때 30초 정도 여유를 두어 14분 30초 분량에 맞추는 게 안전하다. 장관의 답변을 듣고 애드리브 질문이 나갈 수도 있고, 어찌 하다 보면 30초 정도 시간을 뺏길 수도 있기 때문이다.

6장_ 위원회 활동

행정 편의주의, 비밀주의, 권위주의를
부수어 깰 사람은 국회 보좌진밖에 없다

상임위, 의정활동의 꽃

정책은 점점 더 정치의 중요한 영역이 되고 있다. 동시에 국회의원
의 정책 활동이 이처럼 무기력해진 때도 없다. 국감이 부활한지 얼
마 되지 않은 1990년대 초반, '언론이 뽑은 국감 스타'는 대단한 영예
였다. 국감에서 폭로한 부정 비리는 으레 신문 1면과 9시 뉴스의 톱
을 차지했다. 그때와 비교하면 지금은 약소하다. 국감 기사라고 해봤
자 의원 이름 한두 줄 나는 게 전부다. 정부는 자료 제출조차 잘 하
지 않는다. 사이비 시민단체가 뽑는 국감 우수의원은 거의 사기극이
라 영양가가 없다. 오히려 지금 필요한 정책 활동은 오랜 시간과 인
력, 돈이 필요한 '국가 운영의 대안적 프로그램 개발' 정도는 되어야
한다. 단발성의 한 건을 터뜨리는 것으로 재미 보던 시대는 끝났다.

가장 중요한 건 상임위 질의에도 의원의 철학과 관점이 녹아 있게 하는 일이다. 흔히 '○○○ 의원실 자료에 따르면'으로 시작하는 기사는 의원 눈속임용에 불과하다. 자기 이름이 기사에 들어가면 의정 활동을 열심히 하는 의원으로 보일까 싶어 좋아할 테지만, 그런 기사 100번을 나가도 국민의 기억에는 남지 않기 때문이다.

사안 자체가 사회적 파장이 있어야 한다. 그리고 집요하게 파고들어야 한다. 그래서 문제가 무엇인지, 누가 잘못하고 있는 건지, 왜 해결은 쉽지 않은지, 해결 방법은 어떤 것인지 등 기승전결이 있어야 한다. 그래서 정책도 기획이 필요하다. 어떤 분야 혹은 어떤 문제의 꾸러미에 대해 명확한 목표를 갖고 파고드는 정책 활동이라야 비로소 국민에게 인상을 남길 수 있다.

어떤 상임위에 새로 배속되면, 보좌진은 상임위 관련 공부를 한다. 2000년대 중반부터 도입된 업무설명회도 그런 공부 방법의 하나다. 그 전엔 학습 커리큘럼을 짜서 관련 분야 교수, 연구자, 시민단체 활동가들을 강사로 하는 공부모임을 구성해서 의원과 보좌진들이 같이 세미나를 하는 게 유행했다. 업무설명회는 어찌 보면 보좌진을 위한 게 아니라, 부처 공무원들을 위한 자리 같다. 오리엔테이션이란 게 원래 시각을 틀 지우는 과정인데, 비판−감시−견제해야 할 부처 공무원한테 오리엔테이션을 받는다는 사실이 아무래도 이상한 노릇이다. 누가 뭐라고 해도 상임위 활동은 날카로운 문제의식과 그것의 근거를 확인하고 시정하는 과정이다. 보좌진은 끊임없이 문제의식을 가져야 한다. '정말 그럴까? 진짜 아무 문제가 없을까? 다른 의견이나 입장은 없는가?'를 묻고 또 물어야 한다.

상임위는 많이 아는 게 중요한 게 아니다. 많이 알기로야 한 부처에서 10~20년을 일한 공무원을 보좌진이 어떻게 능가할 수 있겠는가? 중요한 것은 관점이다. 대단히 미안한 말이지만 국회 보좌진은 행정부 공무원을 잠재적 범죄자(?)로 간주해야 한다. 어쩔 수 없다. 그것이 행정부라는 막강한 권력을 지닌 기관을 감시 견제하도록 헌법으로 임무 지워진 입법부의 기능이다. 행정 편의주의, 비밀주의, 권위주의를 부수어 깰 사람은 국회 보좌진밖에 없다는 절박함을 가슴에 늘 지니고 있어야 한다.

예결위, 국정 전반에 대한 공부

예결위는 특히 공부를 하고 시작해야 한다. 예산회계법을 숙지하고, 예산총칙과 편람부터 읽어둬야 한다. 특히 총칙이 중요하다. 총칙엔 국정운영의 철학과 기조가 담겨 있다. 우선 예산안 편성에 나타난 국정운영의 방향이 올바른 것인지부터 검토해야 한다. 예산안을 다루는 데 있어 가장 중요한 것은 역시 철학이고 가치다. 그 다음이 과연 총칙에서 말하고 있는 국정운영의 방향대로 실제 예산이 편성되어 있느냐를 점검하는 것이다. 누구를 비판할 때, 적의 칼로 적을 베는 것만큼 아픈 게 없다. 이를테면 '총칙대로 짜여지지 않은 예산'이란 비판만큼 뼈아픈 지적이 없다.

예산회계법에서 금지한 예산 편성과 운용도 알고 있어야 한다. 워낙 행정편의주의적인 이용(移用)이나 전용이 많기 때문에, 대충 넘어가는 경향이 있지만 이용이나 전용이야말로 국회의 예산 심의 의결권을 침해하는 행정부의 월권행위인 만큼 그 불요불급(不要不急)을 따져야 한다.

의원의 정치색에 맞는 주제를 골라야 한다. 재정학이나 공공경제학을 전공하지 않은 이상 대부분의 의원은 국가 예산이나 거시 경제 정책에 있어 문외한이다. 괜히 어설프게 아는 척하다간 예산 부처에서 잔뼈가 굵은 장관에게 우롱당할 수 있다. 그렇다고 자기 지역구와 관련된 민원성 질의를 늘어놓거나 상임위에서 노상 하던 이야기를 예결위에서 다시 우려먹는 것도 창피한 노릇이다.

예산이란 기실 국정운영의 철학이 담긴 정부 운용 계획서다. 그 철학을 얘기하면 된다. '신자유주의 시대에 있어서 국가가 견지해야 할 공공성의 범위는 어디까지인가, 그러한 관점에서 봤을 때 이 예산안이 지닌 근본적 오류는 무엇인가, 어떤 부분은 국가의 공적 역할에 역행하고 있고 어떤 부분은 더 보강되어야 하는가?' 등등 끝없이 이야기 거리가 나올 수 있다. 그 얘기를 예산안에 기초해 풀어 가면 그것이 곧 훌륭한 예결위 질의서다. 나아가 질의에 의원 고유의 정치 철학이 담기면 더욱 빛이 날 것이다. 그런 질의는 의회의 감시와 견제 앞에 방어적일 수밖에 없는 공무원마저도 감동시킨다.

질의서는 비수다

물을 수 있다는 자체가 권력이다. 입법부인 국회가 행정부에게 유일하게 우월적 지위에 서는 경우가 딱 하나 있다. 상임위 회의장에서 장관을 상대로 의원이 질의할 때이다. 상임위 회의장에서 의원이 마이크를 잡는 순간, 장내가 일순 긴장감에 휩싸이도록 만들어야 한다. 무엇보다 질의는 비수여야 한다. 적의 명줄을 단숨에 찔러 들어가는 자객의 비수같이 날이 바짝 서 있어야 한다. 그런데 날이 점점 무뎌지고 있다. 너무나 옳고 지당한 지적이지만, 누구의 잘못이랄 게 없어서 장관이 '네네 알겠습니다' 하고 대답해버리면 그냥 끝나는, 하나마나한 질의는 할 필요가 없다. 비수 같은 질의가 많아지려면 제도를 바꿔야 한다.

일본 교토의 니시성에는 방으로 들어가는 실내 마루에 '까마귀발'이라는 장치가 설치되어 있다. 아무리 뛰어난 닌자가 경공술을 구사해도 발이 닿는 순간 '삐걱' 소리가 나는 일종의 경고 장치다. 마당에 깔아 둔 하얀 자갈도 그냥 예쁘라고 깔아 둔 게 아니다. 이런 식으로 행정부는 곳곳에 자갈과 까마귀발을 설치해놓고 있다.

그들은 무엇을 가장 두려워할까? 두 가지다. 하나는 국회로부터의 자료 요구. 다른 하나는 내부 제보자. 이 둘을 철저히 봉쇄하고 있다. 자료는 '군사·외교·대북관계의 국가기밀'이 아닌 한 내놓게 되어 있지만, 요즘은 조금만 불리하다 싶어도 자료 자체가 아예 없다고 하거나 영업 비밀, 개인 정보, 금융 및 세무 정보 등등 온갖 핑계를 붙여 제출하지 않는다. 또 과거엔 비록 극소수지만 양심적 내부 고발자(whistle blower), 노동조합, 부당 해고를 당한 임직원들이 내부 정보를 야당의 강직한 국회의원을 찾아와 제보했다. 그러나 이제는 모든 업무를 전산화하면서 자체 보안을 엄청 강화시켰다. 그 바람에 자료의 유출 가능성이 원천 차단되고 있다.

그러니 국회 보좌진들이 적장의 침실까지 뚫고 들어갈 방법이 점점 사라지고 있다. 남은 방법은 사고가 터졌을 때 현장으로 바로 찾아가는 조사이거나 청문이다. 몰래 숨어 들어가는 게 아니라 정문을 불시에 활짝 제치고 들어가야 한다. 상시 국감의 개념을 가을에 두 차례로 나누어 실시하는 식이 아니라, 상임위 의결에 따라 언제든 바로 실시할 수 있는 '무시(無時)' 국감으로 재정의해야 한다. 자료 제출 거부에 대해서는 지금도 '국회에서의 증언·감정 등에 관한 법률'에 따라 본회의 혹은 상임위 의결로 고발할 수 있다. 문제는 의결을 좀체 하지 않는다는 점이다. 여당 의원들이 소극적이기 때문이다. 국회의 권능을 더 이상 추락시키지 않기 위해서라도 한 번은 징계와 고발 조치를 법대로 취해야 한다. 그래야 행정부의 '까마귀발과 자갈'을 무력화할 수 있다.

귀납이 아니라 연역

제도 개선이 언제 될는지 알 수 없는 일이고, 이런 열악한 상황 하에 놓인 보좌진은 어떻게 해야 비수 같은 질의서를 쓸 수 있을까? 대개 보좌진들이 정책 업무 중 질의서 쓰기를 어려워하는 이유는 하나다. 질의서란 게 논문과 같기 때문이다. 논문의 출발점은 퍼즐(puzzle)이다. 잘 이해가 안 되는 수수께끼 같은 일. 그걸 찾아야 그 수수께끼의 인과관계를 파고들며 질의서가 써지는데 그 퍼즐 찾기가 어렵기 때문이다. 그래서 질의서를 쓰라고 하면 일단 신문 기사부터 검색한다. 거기서 중요하다 싶은 사안을 찾아낸 다음 그와 관련된 자료 요구를 한다. 자료에서 뭔가가 잡히길 기대하며, 자료를 안 내놓으려는 부처 공무원과 밀고 당기기, 이른바 '밀당'을 시작한다.

이 밀당은 낚시꾼에게 던지는 물고기의 입질과 비슷해 낚시꾼으로 하여금 찌에서 눈을 못 떼게 한다. 그러다 시간이 다 되어서야 자료를 툭 던져준다. 그러나 기름 빼고 따귀 뺀 자료엔 먹자 할 게 없다. 보좌진은 미쳐버린다. 머리를 쥐어뜯으며 허겁지겁 다른 '야마'를 찾아 헤매지만, 하늘에서 떨어질 리 없다. 받은 자료 중에서 적당한 걸 찾아내 적당히 문제를 지적하고 적당히 대안을 제시하는, 무난한 질의서를 내놓는 것으로 두 손 들게 되어 있다.

어쩌다 이렇게 되었을까? 주말 낚시꾼과 달리 고기잡이가 직업인 어부를 생각해보자. 어떤 어부가 뛰어난 어부일까? 물고기마다 오는 철이 다르고, 다니는 길이 따로 있다. 따라서 철 따라, 물고기 다니는 길목 따라 다른 그물을 다른 깊이로 칠 줄 알아야 진짜 어부다. 요컨대 아무 데나 그물을 막 던지는 게 아니라, 그물 칠 곳을 알고 치는 어부가 훌륭한 어부다. 그래서 늙은 어부는 물빛의 변화나, 햇빛에 반사되어 반짝거리는 물결, 띠처럼 길게 여울지는 물의 색만 봐도 지금 무슨 물고기가 지나는지를 짚어낸다고 한다.

논리학에서 말하는 귀납법과 연역법으로 비유하자면, 아무 데나 그물을 던지고 끌어 당겨서 걸려 올라오는 물고기를 잡는 건 귀납법이다. 그러나 이 귀납법은 물고기가 잡혀 올라올 확률이 낮다는 단점이 있다. 반면 고기가 다닐 만한 곳에 그물을 치는 방법은 연역법이다. 연역법의 핵심은 물고기 길목을 찾는 것이자, 혐의자를 찾아 그들 중 유력 용의자를 압축해 들어가는 기술에 있다. 연역법은 씨알이 문제지 고기를 잡을 확률은 훨씬 높다.

물고기가 다니는 길목에다 그물을 치기 위해선 어떻게 해야 할까? 우선 최소한 3년 치 상임위 회의록을 읽게 되면 대충 어떤 것들이 쟁점이었는지 알 수 있다. 그 다음엔 매일 상임위 관련 기사를 읽고 스크랩해야 한다. 매우 귀찮은 일인데 쉽게 해결하는 방법이 있다. 해당 부처에 장관 보고용 신문 스크랩 파일이 있다. 협조를 구하면 매일 아침 메일로 받을 수 있다. 그러나 이 두 방법을 통해 얻는 건 기본 정보에 불과하다. 하지만 어떤 게 쟁점이 되는지, 전반적인 흐름은 어떻게 되는지를 먼저 이해해야 한다.

그 다음에는 부처나 기관, 회사를 직접 방문해 보는 게 좋다. 현장감이 생긴다. 가서는 평소 자료를 요구하거나 문의하면서 통화를 했던 직원들과 안면을 터 두면 다음에 통화할 때 훨씬 살가워진다. 거기서 나오는 사보, 노보 등 각종 출간물은 어떤 종류든 입수해 임직원이 쓴 글을 눈 여겨 봐야 한다.

그 기관과 갑 혹은 을의 관계를 맺고 있는 기관 혹은 회사가 어딘지, 그 소속 직원도 한 둘 정도는 알아두어야 한다. 해당 분야의 전문가라 할 수 있는 교수, 연구원, 기자들을 알아 두는 건 기본이다. 그들의 책이나 기고문을 읽고 패널로 나오는 세미나나 토론회를 방청한 뒤 인사를 나누어 두면 나중에 뭐든 물어보거나 확인할 때 긴요하다.

이렇게 1년 이상 한 상태에서 국감이 다가올 때쯤 노트를 꺼내서 어떤 기관을 범죄자로 가정하고, 그가 저질렀을 만한 범죄 목록을 죽 적어내려 가보자. 즉 입증하고자 하는 가설들을 설정해보는 것이다. 가설은 하나의 이론(Theory)을 세우는 것과 같다. 무엇을 왜, 어떻게, 그래서 누가 부당 이익을 보았다는 논리 구성이 반드시 들어가야 한다. 그래야 의미가 부여되기 때문이다. 실컷 질의서 써주고, 보도자료 냈는데 다 읽어 보더니 '그래서 뭐?'라는 반응이 나오면 헛수고다. 그런 경우가 왕왕 있다. 의미 부여를 제대로 못했기 때문이다.

한 가지 더 중요한 것은 '범죄의 구성'이다. 정책의 합목적성, 효율성, 합리성 뭐 이런 걸 따지는 질의서는 그냥 쓰면 된다. 그건 앞서 말한 쟁점과 흐름을 파악하다 보면 나온다. 그것 갖고는 '결정적 한 방'이 안 나오기 때문에 연역법을 쓰는 것이다. 따라서 죄가 될 만한 '껀수'를 찾아야지 하나마나한 소리 하는데 굳이 탐정놀이를 할 필요는 없다. 그런데 하다 보면 범죄적 사실 파헤치기라는 본래 목적을 잊어버리고, 고상하게 정책 타령을 하고 있는 자신을 발견하게 된다. 정책도 범죄적 사건으로 구성해 치고 들어가야 답변하는 장관이 바짝 긴장한다. 우아하고 고상하게 백 날 말해봤자 앞에서만 굽실거리고 돌아서면 말짱 도루묵인 데가 행정부다.

의미 부여와 범죄의 구성이 안 되는 가설은 빨리 포기해야 한다. 그동안 해온 노력이 아깝다고 부여안고 있어봤자 시간만 버린다. 분명히 심증은 가는데 아무리 뒤져도 물증이 안 나온다 싶으면 다음에 다시 파기로 하고 다른 가설로 얼른 넘어가야 한다. 심증을 갖고 매의 눈으로 주시하다 보면 언젠가 반드시 물증도 잡히게 되어있다.

자료 요구하는 법

자료 요구는 정책의 시작이다. 자료 요구권은 국회의 가장 큰 권력이다. 아니, 큰 권력이었다. 더 이상 행정부가 자료를 내놓지 않는다. 그래도 보좌진은 받아내야 한다. 자료를 잘 요구해야 한다. 요구 자료를 국회로부터 접수하는 예산기획실 공무원들은 목록만 딱 봐도 의원실의 실력을 가늠할 수 있다고 한다.

초보거나 새로 상임위가 바뀐 첫 해는 우선 지난 2년 치 국감 자료집의 목차를 입수해서 자세히 관찰하는 것으로 시작한다. 보다 보면 겹치는 게 나온다. 이 방 저 방에서 공통적으로 요구하는 내용이 있게 마련이다. 해당 상임위에서 중요하고 기본적인 테마라는 의미다. 몇 개 의원실에서 요구한 자료 목록을 잘 합치면 빠뜨리는 것 없이 해당 주제를 세부까지 망라하는 요구 목록을 만들 수 있다.

자료 요구 목록은 구체적일수록 좋다. 대학 기말 고사 문제처럼 '무엇에 대해 논하시오'라는 식의 자료 요구를 해서는 안 된다. 공무원은 대단히 영악한 선수들이라 애매하거나 모호한 표현의 자료에 대해서는 무조건 '그런 것 없는데요'라는 답이 돌아오게 되어 있다. '어떤 문제에 대한 자료 일체 혹은 제반 관련 자료' 식의 포괄적 요구도 금물이다.

큰 항목으로 주제를 말하고 세부 항목으로 1) 2) 3) 하는 식으로 하나하나 구체적으로 특정해주어야 한다. 통계 자료를 요구한다면 아예 도표 양식을 작성해 주고 그 빈 칸을 채워오라고 하는 자료 요구가 가장 좋은 방식이다. 자료를 작성할 공무원을 컴퓨터 오퍼레이터라고 생각하고 쿼리나 산식을 적어 준 다음, 공무원은 숫자만 입력해 엔터키를 쳐서 나온 답을 보내 달라는 식으로 요구한다. 그래야 이런 저런 핑계를 대거나 달리 해석할 여지가 없어져 어물어물하지 못한다.

이렇게 어렵게 받은 자료조차 '그래봤자 자료'에 불과하다. 부처에서 제출한 문서 자료만 갖고서는 아무리 잘 써도 그 질의서는 뻔하다. 공자님 말씀이 되어 버린다. 대단히 정책적이고 우아한 질의서가 나오겠지만 그런 질의에 행정부는 겉으론 '아이고, 네~' 하고는 돌아서 속으론 피식 웃는다.

자료 요구는 기본만 해놓고 자료에 기초해 전화를 해대야 한다. 10건의 문서로 받은 자료보다 한 통의 전화가 훨씬 많은 정보를 물어다 준다. '자료를 받았는데요, 보다 보니 제가 잘 모르겠는 게 있어서요, 해당 업무에 최고 전문가시니까 제가 좀 여쭤볼게요' 하고는 슬슬 감아야 한다. 거기서 들은 얘길 갖고 다시 다른 부서에다 전화를 건다. 어떤 업무도 한 부서에서만 이루어지는 업무는 없다. 최소한 두 세 부서가 관련되어 있기 마련이다. 그렇게 한 사안을 각각 다른 부서에다 빙빙 돌려가며 물어보면 점점 깊숙이 알게 되는 동시에 한 사안의 서로 다른 측면을 간파할 수 있다. 어느 지점에선가 서로 다른 말이 나오게 되어 있다.

대개 그 지점에 우리가 찾고자 하는 진실이 숨어 있다. 안 주는 자료 내놓으라고 전화해서 승강이 할 시간에 차라리 전화로 이 부서, 저 부서 실무자들과 통화하면서 묻고 또 묻는 게 훨씬 건지는 게 많다. 그런 점에서 어떤 기관의 부서별 구내 전화번호가 나와 있는 한 장짜리 전화번호부를 입수해서 책상머리에 붙여두는 것이 좋다.

7장_ 입법

입법은 하지 않고 현장을 좇아다니는 것만으로
자신의 선명성과 진보성을 입증했다고 생각한다면,
그건 정치인의 자세가 아니다.
정치는 문제를 제기하는 게 아니라 문제를 해결하라고 있는 것이다

입법권의 방치

80년대 융성(?)했던 재야운동권은 90년대 들어 제도정치권에 진입하기 시작한다. 그것은 단순히 운동권 인사의 출세욕 때문이거나, 당시 야당 지도자의 세 불리기 목적에서 비롯된 것은 아니다. 그 둘은 공유하는 목적이 있었기 때문이다. 그들의 목적은 민주적 정권교체였고, 수단은 선거였다.

제도정치권에 들어온 재야운동권은 여전히 사회운동과 깊은 관계를 맺고 있었다. 노동·농민 등의 부문운동, 일정한 범위의 지역을 매개로 여러 종류의 운동 세력이 모인 지역운동, 90년대 중반 이후 계급 계층을 단위로 한 전통적 운동과 달리 중산층·지식인들이 주도하는 새로운 운동의 지평을 연 시민운동 등이 그것이다. 물론 양

자 간의 관계를 일률적으로 규정하기는 어렵다. 하지만 선거 시기가 되면 특히 운동과 정치는 격렬한 화학적 반응을 일으키곤 했다. 오죽하면 야당세력과 어떤 관계를 설정한 것인가를 놓고, '후보단일화', '비판적지지', '독자후보'의 세 가지 노선으로 갈라지기까지 했다.

그 정점은 92년 대선이었다. 민주당과 사실상 재야운동권을 망라한 '민주주의민족통일전국연합'이 김대중 후보를 범민주단일후보로 추대하는 데 합의함으로써 선거 '연합' 차원에까지 이른다. 정치조직으로서의 정당과 운동조직으로서의 '전국연합'이 조직 대 조직 차원에서 결합한다. 그러나 대선에선 패배했고, 이후 정치세력화를 추구한 운동권 일부는 그 방법을 놓고 기존 정당에의 참여와 독자 정당 창당으로 노선이 분화된다. 이 두 흐름은 97년 정권교체와 2000년 민주노동당 창당으로 각각의 목적을 달성하기에 이른다.

그 가운데 문제도 드러난다. 기존 정당에의 참여는 정권교체는 이루었지만 다수 국민의 사회경제적 삶의 실질적인 개선에 기여한 바는 의문스러웠고, 독자 정당 창당은 계급적 관점에 선 정책 개발이라는 측면에서는 단연 독보적이었으나 그것을 실현할 정치적 힘은 부족했다. 정치적 힘을 가진 이들은 정책에 관심이 적었고, 정책에 강점을 가진 이들은 의석이 충분치 않았던 것이다. 그 결과 정치가 가진 강력한 힘인 입법권이 제대로 활용되지 못하였다.

90년 중반부터 시작한 시민운동과 일부 진보적 국회의원들 사이에 간헐적으로 이루어진 정책적 협력 외에, 재야운동권이 제도정치권으로 진출했음에도 불구하고 사회경제적 민주주의의 진전에 기여한 바는 확실히 빈약하다고 할 수밖에 없다. 운동에서 출발했음에도 불구하고 한국 정치가 드러내는 가장 후진적인 양상은 바로 이 점이다.

물론 이렇게 된 데는 한국정치의 특이한 균열이 작용하고 있다. 바로 분단과 지역주의의 문제다. 사회경제적 의제에 따른 정당 지지나 투표행위가 왜곡되는 현상이다. 사회적 약자 편에 서는 정책이 반공주의적 이데올로기 공세에 의해 저지당하거나, 경제적 이익이 투표 요인으로 작용하기보다 출신 지역에 따른 투표가 더 보편적이었다. 그 결과 정당체제가 정치적 권위주의와 자유주의 사이에서 형성되어, 좀체 보수주의와 진보주의 간의 체제로 재편성되고 있지 않다. 그나마 2010년부터는 경제 민주화나 복지를 쟁점으로 한 선거전이 일부 나타나고 있다. 이는 앞으로 점점 더 정책 투표가 이루어질 것이라는 예고로 볼 수 있다. 정책 투표는 일상적인 정책 경쟁과 입법 투쟁으로 발전할 것이다.

앞으로 어떻게 해야 입법권이 제대로 발휘될 수 있을까? 입법은 절대 개별 의원 수준에서 해결되지 않는다. 법안의 발의에는 최소 10명, 통과에는 최소 150명의 의원이 필요하다. 즉 집합적으로 움직여야 법안은 통과되고, 법안이 통과된 이후에도 집요하게 행정부의 실행을 독려하고 채근해야 정책 집행에 이를 수 있다. 그러므로 정책과 입법은 1차적으로 의원들의 집합체인 정당이 나서야 한다. 나아가 정당이 정권을 획득해 어떤 정책을 실행함으로써 그 효과를 국민들이 체감할 때, 비로소 정책은 투표 요인으로 자리 잡을 것이다.

문제는 정당이 지금 약화 일로에 있다는 사실이다. 개별 보좌진들은 아마도 입법에 당의 도움이나 당적 차원에서의 역량 투여를 본적이 없을 것이다. 입법은 철저하게 개별 의원실의 일이지, 당과는 거리가 멀다. 정당 차원에서 입법 혹은 정책과 관련이 있는 부서는 정책위원회와 당 산하 정책연구원이다. 그러나 연구원은 중앙당의 실무를 뒷받침하는 조직이 된지 오래다. 여당의 연구원이 좀 더 선거 전략이나 조사에 특화된 기능을 갖는 반면, 야당은 정치적 주제에 대한 연구에 그치고 사회·경제 정책 분야 각론은 찾아보기 어렵다. 여당은 기본적으로 정부가 있기 때문에 그로부터 자료와 정보를 제공받음으로써 야당보다는 구체적 내용을 갖고 있다.

정책위원회는 야당이 여당에 대해 현저하게 밀린다. 우선 여당의 정책위원장은 원내대표와 런닝메이트제로 선출된다. 거기다 정부 부처와 분야별로 당정협의를 갖기 때문에 정책위 의장의 권한이 크다고 할 수 있다. 반면 야당은 당 대표에게 선임 권한이 있지만 대개 전직 관료 출신들로 선임하기 때문에 야당 고유의 특색이 살아 있는 정책 생산은 좀처럼 찾아볼 수 없다.

정당의 정책 역량을 강화하기 위해서는 정책위와 연구원을 본연의 임무로 돌리는 게 방법이다. 그러자면 대선 준비가 지금보다 훨씬 일찍부터 시작되어야 한다. 지금은 대선 후보가 결정되어야 공약 개발이 시작된다. 정당의 선거가 아니라 후보의 선거로 진행되기 때문이다. 대선 후보의 공약은 대선 캠프의 정책팀으로부터 나오지, 절대 중앙당에서 나오지 않는다.

정책위나 연구원이 평소부터 정책 개발과 입법 노력을 하도록 만들어주어야 한다. 그러자면 당 대표와 대선 후보를 일찍부터 일치시켜서 중앙당의 자원을 정책 공약 개발에 돌려서 당의 정책 플랫폼이 곧 후보의 공약이 되도록 하는 게 가장 이상적이다. 그러나 지금 여야 공히 수평적 분권주의가 정당 민주화라 생각하는 나머지 당권 대권 분리 원칙을 당헌에 규정하고 있다. 물론 당권 대권 분리는 대통령 혹은 대선 주자의 총선 공천권 행사를 차단함으로써 권력 집중이나 여당의 정권 시녀화를 막자는 의도도 있다.

다른 방법은 원내정당의 진짜 모습인 정책정당이 제대로 이루어지도록 하는 길이다. 2004년 '오세훈법'을 통한 정당개혁에서 금과옥조가 원내정당론이었다. 원내정당이 되면 국회의원들이 정쟁을 강요하는 당의 보스로부터 자유롭게 의원들의 자율적 판단으로 의정 활동을 하게 될 것이고, 정책 입법 활동이 강화되어 정책정당으로의 발전이 촉진될 것이라는 주장도 함께 펼쳤다.

그런데 당수(대선 주자)에 의한 통제가 소속 의원들을 정책 입법 활동에 더 열중케 하느냐, 방치하도록 하느냐는 각자의 주장에 불과하며 결과로서 측정할 수 없는 문제다. 이를테면 김대중 총재 당시 민주당의 정책위가 주최한 정책토론회는 그 회수가 수백 차에 이를 정도였다거나, 동교동계에 속한 의원이라도 국정감사를 제대로 못 하면 공천을 안 주겠노라 공언했다는 증언이 있다. 반면에 2000년대 후반 이후 국회에 제출된 의원입법의 발의 건수는 해마다 증가하고 있다거나, 정책 전문성을 가진 보좌진이 점점 다수를 차지하고 있다는 등의 사실도 그 반대 논거로 제시할 수 있다. 따라서 원내정당론이 실제 정책정당화를 가져왔는가 하는 문제에 대해 누구도 그렇다, 아니다 답하기 어렵다.

그럼에도 불구하고 정책이 중요하다는 주장은 넘치지만, 지금 우리 정당들이 정책정당이라고 단언하는 논자가 없다는 점에서 정책 정당화는 여전히 요원한 과제이다. 필자는 그 원인이 정책 개발에 대한 보상구조가 없기 때문이라고 생각한다. 보상구조 중에서도 사전적 보상의 가장 대표적 제도가 비례대표 선발이다. 여야 공히 비례대표는 정책 전문성을 가진 이들을 우대했던 게 관례였다. 그러나 언제부턴가 비례대표 의원이 정책 전문성과 무관하게 상대 당을 공격하는 정쟁에 앞장서는 싸움꾼이나, 계파정치의 선봉 역할을 하고 있다. 뿐만 아니라 비례로 등원하자마자 지역구를 잡기 위해 분주한 모습도 흔해졌다. 이는 비례대표의 취지에 반하는 행태다. 이렇게 되면 정책 개발에 도움이 될 만한 인재들이 아니라 정치꾼만 당 주변에 꼬일 것이다.

사후적 보상 구조 역시 부재하다. 예컨대 어느 의원이 민생에 도움이 되는 법안을 통과시켰다 치자. 아마 그 의원은 2~3년간에 걸쳐 문제의 발굴, 자료 수집 및 조사, 이해관계자로부터의 의견 청문, 법안 성안(成案), 동료의원들로부터의 동의 서명, 상임위 제출, 때로는 국회 차원에서의 공청회, 정부 측의 찬반 논란, 상대 당의 이견이나 반대에 대한 설득과 협상, 언론으로부터의 검증, 상임위 표결, 법사위 통과, 마침내 본회의에서의 과반 획득까지 천신만고를 겪었을 것이다. 그러나 이런 오랜 시간과 노력에 대해 어떤 보상이 주어지는가? 재공천을 보장해주는가? 고위 당직에 선임해주는가? 경제관료 출신 의원들이 정책위의장에 선임되는 일 외에 일반 의원들이 정책을 파고들어서 성과를 낸들 어떤 보람을 누렸을까?

적어도 지금까지는 정책에 공을 쏟아 봤자 큰 득은 보지 못한다는 인식이 지배적이다. 다만 실적이 너무 없으면 혹시 불이익을 받을지 모르기 때문에 하기는 한다. 그래서 건수 위주로만 발의하고 동의한다. 거기까지다. 괜히 여야 간 정쟁이나 사회적 논쟁에 휘말려 결실을 맺을 수 없는 예민한 법안에는 아예 손을 대려 하지 않는다. 입법에서 성과를 낸 의원들에게는 당 차원에서 당직을 부여하거나, 재공천에서 그 업적을 반영해주도록 제도화해야 한다.

정책 정당으로 발전하는 길은 이렇게 당과 개별 의원 차원, 두 개의 길로 모색할 수 있다. 순수하게 의원들의 자발성에만 기대해서는 정책 생산이란 게 워낙 어렵기 때문에 어지간해서는 조금 하다 말거나 계속 하는 '척'만 하고 있기 일쑤다. 이렇든 저렇든 정책정당화가 안 되면 사회와 조응하는 정당체제의 수립 역시 요원할 수밖에 없다.

브랜드 : 입법을 통한 진보

입법이 점점 중요해지고 있다. 그럼에도 불구하고 실상은 '건수 올리기' 식의 법안 발의만 점점 많아지고 있다. 법안 발의 및 통과 건수가 시민단체의 의정활동 평가에서나 공천심사에서 정량 평가 항목으로 들어가기 때문이다. 어떤 보좌관들은 개원하자마자 재빨리 전대(前代)에서 자동 폐기된 법안 중에 쓸 만한 것을 찾아 자기 의원을 대표발의자로 하여 제출한다. 최초 법안 발의자로 데뷔 겸 발의 건수 올리기를 위한 눈속임이다.

법안은 단순히 몇 십, 몇 백 개의 조와 항으로 이루어진 문서가 아니다. 국회의원은 국민을 대표한다. 그 대표의 한 방식이 바로 입법이다. 물론 정확하게는 국민의 전부가 아니라 일부를 대표한다. 어떤 일부를 대표하는가에 따라 그 의원의 색깔이 결정된다. 그런 점에서 매일 의원실로 공동발의 도장을 받으러 가져오는 대부분의 법들이 쓸 데 없는 것들이다. 색깔이 보이지 않기 때문이다.

그냥 법적 정합성을 제고하기 위한 법은 정부입법으로 해도 된다. 그러나 상대적 진보를 지향하는 야당 의원이 군이 그런 법안을 발의하기 위해 뛰어다닐 필요는 없다. 법안은 의원의 브랜드를 만들 수 있는 좋은 방법이다. 수많은 정치인이 있지만, 그들 모두가 대중 정치인으로 성장하지는 못한다. 대중 정치인으로 성장하기 위해서는 반드시 필요한 두 가지가 있다. 스토리와 브랜드. 그러나 이 두 가지는 아무나 쉽게 갖지 못한다.

스토리는 어떤 의원에 대한 이런 저런 얘기 거리다. 드라마틱한 이야기일수록 스토리가 있는 정치인이다. 브랜드는 업적이다. 국회의원으로서 일군 성과가 뚜렷할수록 확실한 브랜드를 가진 정치인으로 꼽히게 된다. '김대중'이나 '노무현'은 스토리가 강한 정치인이다. 아무나 경험하지 못할 드라마틱한 정치 역정을 걸어왔기 때문이다. 스토리는 만들고 싶다고 해서 쉽게 만들어지는 게 아니다. 반면 브랜드는 마음먹기에 따라 특정 분야나 사회적 관심사가 큰 이슈를 발굴한 다음 집요하게 노력한다면 만들 수 있다. 보좌진은 법안을 양의 문제로 볼 게 아니라 질적으로 접근해야 한다. 어떤 의원 하면 특정 분야에 전문성을 갖고 입법을 한 것으로 유명하거나, 사회적 관심사가 높은 법을 통과시킨 주인공으로 연상된다면 '브랜드'가 생긴 것이다.

갈수록 '스토리'라고 할 것이 없는 정치인이 많아진다. 독재에 맞서 싸우던 영웅의 시대가 지나고 범인(凡人)의 시대가 되었기 때문이다. 따라서 브랜드 만들기가 어쩌면 대중 정치인으로 발돋움할 수 있는 유일한 길이 되었다. 오세훈(정치개혁법), 박영선(반재벌) 노회찬(삼성 '떡값' 명단 공개), 손학규(협동조합기본법, '저녁이 있는 삶') 등이 그런 예다.

그럼에도 불구하고 정당 차원에서 특히 야당이 당적 브랜드가 될 만한 법안을 내놓는 걸 거의 볼 수가 없다. 여기에는 잘못된 이해와 역량의 미확보 문제가 있다. 사회경제적 약자 혹은 소외 계층에 대한 관심은 진보성의 핵심이다. 약자이기 때문에 편 들어주어야 하고, 소외되어 있기 때문에 관심을 가져야 한다. 국회의원이 되면 입법권이나 정보 접근권, 회기 중 불체포 같은 형사상의 특권 외에도 언론의 취재원이 됨으로써 여론을 형성하는, 일반인이 누릴 수 없다는 의미에서의 특권도 생긴다. 그리고 이러한 특권을 약자와 소외층을 위해 써 줄 것을 요구받는다. 특권은 동시에 의무다.

이를테면 이명박 정권 초기 촛불집회를 경찰이 물대포로 진압할 때, 그 현장에 국회의원들이 앞장섬으로써 폭력적 진압을 막아 달라는 식의 요구가 있었다. 용산 참사의 남일당, 한진중공업의 크레인, 쌍용차의 굴뚝, 세월호 유족들의 광화문... 그동안 현장은 숱하게 많았다. 그렇게 그들과 함께 현장에서 싸우는 것을 자기의 존재 증명처럼 생각하는 경향이 진보적 의원들에게 있다.

그러나 그런 방식은 몇 가지 문제가 있다. 우선 당장 방패 혹은 감시자로서 국회의원을 활용하는 것은 국회의원이 가진 특권 가운데 극히 일부만을 사용하는 하나의 방편에 불과하다. 정작 국회의원의 가장 큰 권한은 입법권이다. 방패는 결코 '폭력 경찰' 전부를 막아줄 수 없고, 감시자는 민변 변호사도 할 수 있지만, 입법권을 행사해 광우병 우려가 있는 미국산 쇠고기를 수입금지하는 제도적 장치를 마련하는 것은 오직 국회의원만이 할 수 있는 일이다.

투쟁 현장에도 함께 하고, 입법도 열심히 하면 되지 않느냐고 되물을 수 있다. 그러나 그게 쉽지 않은 일이다. 운동에서는 대개 강경하고 선명한 노선이 주도권을 쥐게 마련이다. 운동적 전통을 가진 한국의 야당 정치에서도 이런 경향은 나타난다. 강경이 온건을 깔아뭉개고 선명이 타협을 무시하는 근거로서 '현장에 내가 있었다'는 말이 사용되는 경우는 흔하다. 그러나 입법은 하지 않고 현장을 쫓아다니는 것만으로 자신의 선명성과 진보성을 입증했다고 생각한다면, 그건 정치인의 자세가 아니다. 정치는 문제를 제기하는 게 아니라 문제를 해결하라고 있는 것이다.

입법 실무

법안 발의와 함께 공동 발의를 할 때 주의할 것은, 첫째 누가 대표 발의자인지, 둘째 왜 이 법안이 필요한지, 셋째 법안에 대한 사회적 여론은 어떠한지를 확인해야 한다.

대개 같은 당 소속 의원이 발의했거나, 타당일 경우에는 정치 성향이나 평판에서 문제가 없는 의원일 경우에만 공동발의자로 도장을 찍어주는 게 좋다. 모든 법안은 기실 누군가에게는 이익을 안겨주지만 다른 누군가에게는 불이익을 가져온다. 법안이 가져올 손익구조는 발의 의원실의 담당 보좌진에게 대놓고 직접 물어보는 게 가장 쉬운 방법이다. 공동 발의 의원실을 상대로 시미치를 떼거나, 거짓말을 할 수는 없기 때문이다.

어떤 법안은 사회적 논란의 대상인 경우도 있다. 적어도 어떻게 논의가 대립되고 있는지부터 파악해야 한다. 결국은 그 의원(실)의 가치 판단 문제이다. 옳다고 생각하면 사무실 전화통에 불이 날 것을 각오하고 도장 찍는 거고, 옳지 않은 법이라면 아무리 평소에 친한 사이라도 적당히 핑계 대고 찍지 말아야 한다.

법안을 성안(成案)할 때 두 가지를 유의해야 한다. 하나는 행정부로부터의 '하청' 입법이고, 다른 하나는 시민사회로부터의 '위탁' 입법이다. 사실상 행정부가 제정하는 법안이면서 의원 입법 형식을 취하는 이유는 절차가 간단해져서 덜 번거롭기 때문이다. 의원 입장에서는 정부에서 성안하고 검토했을 것이니 법안의 완성도가 높다고 본다. 피차 통과되기 쉽고 입법 실적도 올릴 수 있다는 유혹 때문에 갈수록 하청 입법이 늘고 있다.

그러나 세상에 공짜 점심은 없다. 정부 부처라고 해서 완벽한 것도, 이해관계를 초월해 있는 것도 아니다. 행정부 내에서의 복잡한 절차를 우회하려 할 때는 다 이유가 있기 마련이다. 두 가지를 살펴봐야 한다. 업계로부터의 로비와 타 부처와의 영역(밥그릇) 싸움이 숨어 있을 가능성이다. 업계의 이해가 걸린 법안일 때, 부처 공무원의 입장은 여러모로 난처하다. 결과적으로 업계에 이익을 주게 되는 법이든, 처음부터 이익을 주려고 만든 법이든 행정부 공무원 입장에서는 조심스럽다. 그래서 일종의 책임 나누기 내지 덤터기 씌우는 차원에서 하청 입법을 하는 경우가 있다.

행정부 안에서도 부처마다 이해관계가 다르다. 특히 규제나 감독 권한은 밥그릇이어서 서로 뺏고 뺏기는 싸움이 치열하다. 어떤 한 부처가 다른 부처의 방해를 원천 봉쇄하기 위해 의원 입법 형식을 취하는 경우가 있다. 그러면 다른 부처 역시 자신의 하수인이 되어 줄 의원을 앞세워 또 법안을 제출한다. 그래서 복수의 법안이 각각 다른 의원의 발의로 올라와 결국 법사위에서 부처 간 힘겨루기가 벌어지는 경우도 왕왕 있다.

법안 담당 보좌진은 이런 숨겨진 내막을 모르고 있으면 안 된다. 모르고 속든, 알고 속아주든 반드시 나중에 곤욕을 치른다. 자기 노력 없이 입법 실적 하나 올리려다 언론에 안 좋은 기사가 나면 선거 때 상대 후보로부터 공격당하는 빌미를 제공하게 된다. 심지어 알고도 속으려는(?) 보좌진일 경우, 나중에 자신에게 책임을 물을 수 없도록 미리 의원 목에 올가미를 걸기도 한다. 법으로 이익을 볼 업체들로 하여금 후원금을 모아 내게 하거나, 밥그릇을 늘리게 될 부처의 힘으로 지역구 민원이나 숙원 사업을 해결하는 식이다. 이럴 때는 의원실 내부의 크로스 체크가 중요하다. 이런 하청입법이 부처와 의원실 간에 진행될 때 정무 보좌관이 모를 리 없다. 모르고 있었다 해도 문책감이다. 만약 알았다면 문제 소지가 없는지 파악하고 신중히 판단해 정책 담당과 조율해 대처해야 한다.

시민사회단체 역시 법안을 만든다. 대학 교수나 전문가, 시민사회단체 활동가들은 단순히 정부 정책에 대한 반대나 비판을 넘어 대안을 제시, 관철하려 할 정도로 발전을 거듭해왔다. 그러나 유감스럽게도 그들에겐 법안 제출권이 없다. 그렇다고 특정 정당에게 전적으로 맡길 수도 없다. 발의까지는 가능할지 몰라도 어떤 법안이 통과되려면 여야가 합의하지 않으면 안 되기 때문에 여당에 맡기면 야당이, 야당에 맡기면 여당이 반대할 수 있다. 따라서 개별 의원의 차원으로 접근하되 여당 야당 의원을 두루 섞어서 함께 발의하는 모양을 취하고자 한다.

정부가 다 만들어 놓고 발의만 국회의원에게 맡기는 것이 하청식이라면, 시민사회단체는 이와 달리 먼저 법안 제정의 취지와 의도를 제시하여 동의하는 의원실과 결합한 뒤, 작업의 주도권은 의원실에 넘기고 자신들은 전문가들의 조력을 조직해 제공하거나 현장주민이나 활동가들로부터 실정이나 요구를 중계하는 역할로 물러서는 게 대부분이다. 그래서 위탁식이라 할 수 있다.

그럼에도 불구하고 하청식 정부 법안과 달리 시민단체로부터의 위탁 입법은 대개 이상적 내용을 담는 경우가 많아 여야 합의를 거쳐 통과되기까지의 가능성이 낮다는 고민이 늘 따른다. 그러나 행정부 편의주의나 과거 권위주의 시대의 유제가 아직 현행법들에 많이 남아 있어서 시민단체를 통해 수렴된, 사회적 약자의 고충을 덜어주는 법의 제·개정 여지는 여전히 많다.

법안을 만들 때 아웃소싱은 자연스런 현상이다. 의원실 자체 역량만으로 법안을 성안하기는 어렵다. 많은 예산을 들여 국회 내에 입법 관련 전문 기능을 늘려 온 이유도 그 때문이다. 도서관 → 법제실 → 예산정책처 → 입법조사처의 순으로 창설된 의정활동지원기관은 결국 의원(실)을 위해 존재하는 것이다. 이들을 활용하면 할수록 좋은 법안을 만들 수 있다.

　이들 지원기관을 보좌진들이 사사로이 이용하는 행위를 해서는
안 된다. 지원기관 종사자들은 고학력 전문가 집단이라 입법정보요
구서를 척 보면 그 용도를 알아챈다. 말이 안 날 리 없다. 의원 얼굴
에 먹칠하는 짓이다.

3부

선거운동의 실제

부동층과 기권층에서
10%를 끌어 오면 이기는 게임

수도권을 기준으로 선거운동을 잘하면
후보득표에 3%를 더하고,
못하면 3%를 빠지게 한다.
우리가 아주 잘하고, 상대가 아주 못하면
최대 6%가 바뀌는 셈이다.
선거운동은 박빙의 선거일수록 중요하다.

선거운동을 하기 위해 모인 사람들은 두 가지로 나뉜다. 선거운동에 대해 아무 것도 모르는 사람과 어설프게 아는 사람. 아무 것도 모르는 사람은 선거운동을 슬슬 피해 다니면서 한다. 어설프게 아는 사람은 선거운동을 걱정하며 한다. 선거운동을 잘 아는 '선수'가 드물다. 선거운동을 많이 치러본 이들은 보좌진이 아니라 당직자와 선거대행업체들이다.

그런데 이들은 선거운동을 '지원'하러 나갔기 때문에 선거를 '책임' 지지는 않는다. 선거를 잘 알면서도, 경험이 많고, 책임을 지는 게 진짜 '선거전문가'다. 따라서 어떤 국회의원과 오래 같이 일해서 후보에 대해 잘 알고, 이미 그 후보의 선거를 여러 번 치러보고, 마침내 자신이 선거운동 전반을 책임지고 지휘할 '팔자'(?)의 소유자는 보좌진이다. 이 글은 선거운동에 대해 아무 것도 모르다가, 조금 알다가, 나중에는 책임까지 져야 할 보좌진들을 위해 쓴다. 무서워해서도 걱정만 하고 앉았어도 선거운동은 되지 않는다. 그럴 필요 없다.

선거운동은 계획을 세우고 계획대로 차근차근 해가면 된다. 계획을 아예 세우지 않거나, 계획대로 하지 않거나, 계획을 수시로 바꾸지만 않으면 된다. 대개 지는 선거는 이 세 가지를 안 지켰기 때문이다. '계획대로 차근차근', 이것만 지키면 선거운동으로 할 수 있는 모든 걸 하는 셈이다. 결코 두려워하거나 애면글면할 필요 없다. 선거운동, 어렵지 않다.

조사를 통해 후보를 유권자의 선호에 맞춰가는 선거운동,
그것이 과학적 선거운동이다.

3 혹은 4 : 집토끼와 산토끼

전체 유권자가 10명 일 때, 투표율이 60% 미만인 총선은 그 중 3명이 나를 찍도록 만들면 승리하는 게임이다. 그러나 후보나 선거운동원들은 그렇게 생각하지 않는다. 무의식적으로 10명을 다 붙잡아야 한다고 생각하게 된다. 심지어 기권율을 감안하라고 해도 '그럼 6명을 잡아야겠군요' 라고 대답한다. 모든 선거 당사자들은 불안하다. 특히 선거 캠프의 조직 파트는 눈에 보이는 모든 사람을 내 편으로 만들어야 이길 수 있다는 강박 때문에 항상 초조해한다. 그러나 선거 캠프의 기획 파트는 냉철해야 한다.

선거운동을 전쟁에 비유하자면 10명 중 3명은 적, 4명은 기권, 3명은 아군이라는 사실을 항상 잊지 말아야 한다. 그리고 나를 안 찍

을 적 3명을 찾아내고 이들을 선거운동 대상에서 제외하는 것이 기획 파트가 가장 먼저 해야 할 일이다. 이들에게 하는 선거운동은 시간 낭비이고, 선거운동원의 사기만 떨어뜨릴 뿐이다.

다음 할 일은 1명을 찾아내는 것이다. 3명을 투표장으로 가게 해 나를 찍게 하면 되는 선거인데, 우리나라 양대 정당의 후보는 2명보다는 많고, 3명에는 약간 모자란 아군을 갖고 있기 때문이다. 대부분은 이 1명이 나와 상대 후보의 중간에 있다고 생각한다. 그래서 중간에 있는 1명, 중도층이라 부르든 부동층이라 부르든 여기에 선거운동을 집중하게 된다. 그러나 1명은 4명의 기권층에서 찾아낼 수도 있다. 언젠가부터 집토끼, 산토끼 논쟁을 하면서 기권층에 대한 고민 자체를 우리는 잊어버리고 있다. 오직 2와 3사이에서 2쪽에 가까운 유권자층을 의식한 정치를 할 것인가, 3쪽에 가까운 유권자층을 겨냥한 정치를 할 것인가만 놓고 싸우고 있다.

이 문제에 관해 한국의 보수정당은 확고한 원칙을 갖고 있는 듯하다. 그들은 평소에는 2까지만 확실히 챙기다가 선거 기간에 접어들면 3을 향해 맹렬히 돌진해 서슴없이 손을 뻗는다. 당내 누구도 선거 시기의 중도화 전략을 문제 삼지 않는다. 반면 자유주의 정당은 여전히 원칙을 정하지 못하고 있다. 오히려 당내 계파 분립이나 노선 투쟁의 근거와 쟁점으로 삼고 있다. 어쨌든 이러는 사이 4명의 기권층에 대해 양대 정당은 완벽히 잊고 있는 중이다.

요컨대 투표하는 6명 중에 나와 상대 후보 중에 누굴 찍을지 고민하는 중간에 있는 1명을 내 쪽으로 확실히 돌려세우거나, 또는 아예 기권할 4명 중 1명을 투표장으로 끌어내 날 찍게 하거나 이 두 가지가 선거운동이다.

중간에 있는 1명은 부동층(Swing Voter)이다. 이들은 투표는 한다는 점에서 기권층과 다르다. 4명의 기권층에 대해선 그들이 기권하는 이유를 놓고 두 가지 다른 이론이 있다.

까다로운 부동층

부동층이란 투표를 하긴 하는데 어떨 때에는 저쪽을, 어떨 때에는 이쪽을 찍는 유권자를 가리킨다. 어떤 유권자가 부동층이 되는 이유는 두 가지다. 정치적 관심이 별로 없다 보니 잘 모르게 되고, 잘 모르다 보니 판단과 변별에 약하기 때문인 경우. 반대로 정치에 대해 충분히 알지만 판단과 변별의 기준이 까다롭기 때문인 경우다. 이들 까다로운 유권자들은 안보, 대미관계, 역사관에선 보수적이고 전통적인 관점을 가지는 반면, 경제나 복지, 사회 현안 특히 부정부패나 권력층의 횡포에 대해선 자유주의적이고 개방적인 이중적 가치관을 갖는 경향이 있다. 부동층은 대개 '정당' 귀속감이 약하고, '인물'에 민감하며, '공약'을 잘 안 믿는다. 반면 네거티브가 비교적 먹힌다. 따라서 이들을 공략하는 데는 허황되지 않은 공약을 구체적이고 실감나게 만드는 게 기본이자 최선이다. 가장 중요한 것은 더 싫은 후보가 되지 않는 것이다. 그들은 결국 투표를 하긴 하되, 최악의 선택은 피하려는 유권자들이기 때문이다.

정치의 목적, 기권층

다음으로 기권층은 웬만해선 평소 투표를 안 하는 층이다. 최장집은 이들을 '사회경제적 약자층'이라고 본다. 안 그래도 먹고 살기 바쁜 이들인데, 자신에게 어떤 도움도 되지 못하는 정당에게 굳이 시간과 비용을 들여 투표할 이유를 찾지 못한다는 것이다. 그러나 필자의 경험으로는 반드시 그런 것만은 아닌 듯하다. 물론 한국 정당 체제가 사회경제적 소외집단을 제대로 대표하거나 반응하지 않기 때문에 민주화 이후 한국 민주주의의 질이 오히려 더 나빠지고 있다는 주장의 함의는 존중한다.

기권층에는 먹고 사는 문제와 무관하게 투표의 효능감이 약한 나머지 '다수 득표자 즉 이긴 후보에 내 표도 들어간 셈'이라고 치는 소극적 권리의식을 가진 대세 추종주의자들도 있는 듯하다. 이는 '합리적 선택 이론'의 관점인데 기권층에 대한 가장 일반적인 설명이다. 이 이론은 인간이 비용은 최소화하고, 편익은 최대화하려는 존재라는 전제를 세운다. 선거에서도 합리적 행위자인 유권자는 투표 행위에 소요되는 비용을 최소화하려 하고, 그래서 비용이 아예 0이 되는 기권도 할 수 있다고 본다. 왜냐하면 어차피 다수가 택한 후보가 당선될 텐데 다수가 보기에 최대 이익이 될 후보라면 내가 봐도 이익이 되는 후보일 테니, 굳이 나의 시간과 돈을 따로 들여 투표할 필요가 없다는 것이다.

사실 부동층과 기권층의 경계선이 어디냐 하는 점은 모호하다. 대선에서는 부동층이었던 유권자가 고만고만한 후보들끼리 붙는 총선에서는 기권층이 될 수도 있고, 치열한 총선의 부동층이 승부가 뻔한 대선에서는 기권층이 될 수도 있다. 그래서 대선과 총선에서의 투표율이 대개 10% 이상 차이나는 것이다. 즉 투표 효능감이 적을수록 기권율이 높아진다는 합리적 선택 이론도 충분히 근거가 있다고 봐야 한다.

나아가 기권층에는 반정치주의자들까지 들어 있다. 어떤 유권자가 진정으로 반정치주의자라면 그는 어떤 일이 있더라도 투표소로 올리가 없다. 반정치주의자들은 정치보다는 행정이나 경제를 중시하는 반면 정치는 쓸데없이 시끄러운 것, 정치인은 저희들끼리 권력을 놓고 싸움질이나 하는 무리라 생각한다. 그런데 보수정당을 찍을거면서 정치가 불만스러워 관심도 없고 투표도 안 한다는 식으로 말하는 반정치주의자들이 꽤 있다. 이들은 겉으로는 반정치주의를 표방하고 기권층인 척 하지만 사실은 보수정당에 꼬박꼬박 투표하는 확신범(?)들이다.

이렇게 기권층에는 실제로 먹고 살기에 허덕임에도 정작 정당은 자신들에게 아무 도움이 되어주지 않는 데 낙망한 나머지 투표하지 않는 사회경제적 '약자층', 시간도 있고 정치를 알 만큼 알지만 굳이 투표소에 가긴 귀찮고 '이기는 편 우리 편' 하면 된다고 생각하는 '정치 냉담층', 그리고 사실상 보수정당 투표자이면서 겉으로만 기권층인 척하는 '위장 보수층' 또는 그 반대까지 섞여 있다. 기권의 사유를 이처럼 나누어 본다면, 선거를 치르는 입장에서 찾아야 할 '1명'은 사회적 '약자층'이거나 정치 '냉담층' 중에 있다고 봐야 한다.

바로 이 점이 민주당 계열 정당(민주당)이 처한 설상가상의 상황이다. 민주당은 사회경제적 정책 생산 능력에서의 무능 때문에 '약자층'을 투표장으로 끌어오지 못하고 있다. 또 민주화라는 대의명분은 사라진 반면 새로 투표하러 갈 이유를 찾지 못하고 있는 '냉담층'의 눈을 확 끌 수 있는 매력 있는 리더십도 제시하지 못하고 있는 상태다. 그 와중에 매일 아침마다 정치혐오감과 반정치주의를 퍼뜨려대는 종편과 일부 언론들 덕분에 '위장 보수층'만 늘어나고 있다.

민주당은 4명의 기권층을 제대로 공략하지 못할 뿐만 아니라 각자의 지지층인 3명의 유권자를 놓고 벌이는 싸움에서도 밀리고 있다. 여전히 위세를 떨치는 지역주의적 투표 행태 하에서 영남 대비 호남의 인구 감소나, 세대 균열에서 장노년층 인구에 비해 청장년층의 인구 비중이 역전되기 시작하면서 점점 소수로 쪼그라들고 있기 때문이다. 이렇게 4를 놓고 벌어지는 경쟁에서나 3을 대상으로 한 싸움에서 열세에 몰리는 형국, 그것이 지금 민주당에게 닥친 이중의 역경이다.

반대야당(Opposition Party)인가, 대안정부(Alternative Government)인가를 둘러싼 민주당 내 논쟁도 사실 이 문제와 궤를 같이한다. 민주당의 정당 성격이 반대정당이어야 한다는 측은 민주당의 정체성인 진보개혁성을 절대 건드릴 수 없는 가치라고 본다. 그래서 선명성과 투쟁성, 야당다운 비판정신을 강조한다. 속칭 '집토끼론'이라고 할 만큼 반대야당론은 3을 중시한다. 3조차도 확실히 못 지키면서 중간층을 어떻게 견인할 것이냐고 반문한다. 하지만 이런 3:3의 정치가 흔히 강경 대 강경이 부딪치는 쟁투로서의 정치로 흐르는 것은 불가피하고, 국민들의 정치에 대한 실망으로 이어지는 것도 사실이다. 정치의 본질로서 당파성과 적대적 투쟁을 이야기하는 칼 슈미트나 갈등으로서의 정치를 논의하는 샤츠슈나이더가 이런 정치이론에 해당하는 데, 엄연한 현실 정치의 본령을 정확히 지적하고 있다.

반면 '산토끼론'이라고 할 대안정당론은 이념성이나 여당에 대한 강경 투쟁 노선을 지양함으로써 중도무당파층에게 소구하는 정치를 해야 한다고 주장한다. 그래서 야당도 정책 능력을 키우고, 정부여당의 잘못된 정책을 비판하는 걸 넘어 대안적 프로그램을 내놓아야 한다고 강조한다. 4 중에서 '약자층'과 '냉담층'을 끌어와야 과반을 넘겨 집권할 수 있다고 보기 때문이다. 긴 시간과 많은 노력을 들여야 하기 때문에 말처럼 쉽지 않지만 4를 의식한 정치를 제대로 해서 서민의 민생에 도움이 되는 산출물을 가져온다면 이는 분명 정치발전이다. 영국 노동당의 이론적 지주인 앤서니 기든스가 제3의 길을 주창한 이래 영미는 물론 유럽조차 현대적 진보정당은 대개 이 노선으로 가고 있다. 그러나 우리 현실정치에서의 논쟁에는 아직 결론이 없다. 어느 쪽도 확실히 우위에 서지 못한 채 애매한 상태다.

재미있는 것은 정치학에도 두 가지 조류가 공존한다는 점이다. 주로 미국에서 발전된 정치학은 선거이론이 강하다. 이쪽 3과 저쪽 3을 놓고 그들이 누구이며, 왜 그들이 각기 다른 정당을 지지하는지 등의 현상에 대한 계량적 연구가 주된 흐름이다. 반면 4에 대해서는 그다지 논의가 없다. '냉담층'에 대해서는 그나마 연구가 있지만, '약자층'에 대해서는 거의 없다시피 한데 다만 로버트 다알 이후 민주주의론 연구에서 정당이나 권력을 다룰 때 개진되는 정도가 사실상 전부다.

유럽 쪽의 정치학은 정치경제학적 전통이 강해서 사회적 불평등이나 권력의 원천으로서 경제적 축적에 대한 이야기를 하고, 그러다 보니 자연히 4에 대한 논의가 많다. 또한 그 연장에 서 있는 정당이론이나 사회이론은 왜 그들이 정치로부터 소외되어 있는지, 그들이 다시 정치체제 안에 들어와 제 목소리를 찾기 위한 조건은 무엇인지 등을 다룬다. 결국 3과 4는 현실정치, 특히 선거운동에서의 고민일 뿐만 아니라 정치학의 연구 대상으로서도 영원히 양립할 수밖에 없는 두 개의 과제로 보인다.

부동층과 기권층에서 1명만

우리는 선거에서 이겨야 한다. 어떻게든 부동층과 기권층 중에 1명만 끌어오면 이기는 게임이 선거다. 어떤 방법이 있을까?

첫째 방법은 도덕심리적 접근이고 두 번째는 이익의 제공을 통한 경제 투표의 유도이다. 도덕심리적 접근의 핵심은 같은 내용, 이를테면 같은 정책 공약도 듣는 이의 도덕적 마인드를 자극할 수 있도록 담론화하는 것이다. 도덕심을 자극하라고 해서 네거티브를 하라는 뜻은 아니다. 물론 네거티브는 해야 한다. 정책을 설명할 때라도 딱딱한 용어나 숫자를 나열하는 대신 이것이 선이고, 정의고, 올바르다는 식으로 논리를 구성하는 것이 훨씬 깊이 마음에 새겨진다.

예컨대 특목고나 자사고를 새로 짓겠다는 상대 당에 맞서 일반 인문계 고교에 더 투자하겠다는 공약을 내걸 때, '한 개의 학교를 명문고로 만드는 게 아니라 여섯 개 인문계 고교의 명문대 진학률을 골고루 높이겠습니다. 그래야 우리 아이들이 학교에 따라 차별받지 않고 건강하고 밝게 자랄 수 있습니다'라고 설명하는 식이다. 이렇게 하면 상대 당은 아이들을 차별하려는 당, 우리는 차별 없이 모두 사랑하는 당으로 규정하면서 배려와 공평의 가치에 대한 유권자의 도덕 감정을 자극할 수 있게 된다.

특히 미국 공화당 대선 캠페인의 성공 사례는 투표 결정 요인으로서 도덕적 가치를 동원함으로써 유권자로 하여금 자신의 사회경제적 상태를 잊어버리거나 심지어 반대쪽으로 돌려 세울 수도 있음을 보여준다. 즉 상대 당의 지지층을 부동층으로 만들거나, 거꾸로 자신의 지지층으로 만드는 방법이 도덕 가치의 이슈화이다. 조지 레이코프(George Lakoff)나 조너선 하이트(Jonathan Haidt)의 정치심리학적 연구 역시, 가난한 계층이 보수정당을 지지하게 되는 이유를 도덕적 가치의 선거쟁점화에서 찾고 진보자유주의 정당 역시 이런 노력을 배워야 한다고 주장한다. 도덕적 담론화의 문제와 함께 정치에는 '싸가지'와 '위선'의 문제도 있다. 싸가지가 주로 말하는 태도의 문제라면, 위선은 몸으로 실행하지 않는 부작위의 문제다. 특히 저항과 희생, 헌신 그 자체로 지지받던 과거와 달리 입으로만 정의와 도덕을 말하며 현실에서는 특권에 안주하는 위선으로는 국민의 도덕감정에 더 이상 부응할 수 없다.

두 번째는 이들의 이기심을 자극하는 방법이다. 사회적 약자층을 위한 고용정책, 복지정책은 물론이고, 우리나라 일반 국민들이 갖고 있는 발전주의에 대한 문제의식에 대해 다시 생각해봐야 한다. 한국 경제의 고도성장은 우리에게 적든 크든 발전주의에 대한 기대 내지 환상을 심어주었기 때문이다. 선거에서 가장 자주 맞닥뜨리는 게 개발 공약이다. 서울시의 뉴타운 개발 공약이나, 청계천 조성을 4대강 개발로 연결시킨 이명박 후보는 한국인의 이 환상을 잘 이해하고 이용한 정치인이다. 진보는 환경과 생명, 분배와 형평의 가치만큼이나 성장과 발전, 개발에 대한 비전을 내놓아야 한다. 그렇지 않으면 2007년 대선에서 이명박 후보와 같이 발전주의를 표방하는 보수 후보에게 계속 주도권을 넘겨줄지도 모른다.

부동층과 기권층에 다가가는 경로는 이 두 가지 외에는 별로 없다. 선거운동에서는 도덕심리적 접근이 좀 더 직접적 효과가 있을 것이고, 평상시 정치에서는 사회경제적 정책 능력의 제고가 본령일 것이다. 이미 일상적인 지역구 활동에서는 생활적 문제에 대한 지역주민들의 관심과 그들이 기대하는 각종 서비스의 제공이 점점 더 중요해지고 있다. 경로는 두 가지이지만, 시기는 부동층과 기권층이 각각 다르다고 본다. 선거운동은 이 부동층을 상대로 하는 만큼 선거시즌에 돌입하면 주타깃으로 삼아야 한다. 반면 기권층은 평상시에 당이 얼마나 노력을 기울이느냐에 따라 비로소 효과가 생길, 아주 공이 많이 드는 대상이다. 요컨대 선거정치는 부동층, 정당정치는 기권층을 각각 지지세력으로 만드는게 목표다.

선거운동의 효과는 ±3%

흔히 선거는 후보가 90%를 좌우한다고 말한다. 선거운동을 잘하고 못하고를 떠나 후보 자체가 선거에선 절대적으로 중요하다는 뜻이다. 후보가 상품 그 자체라면 상품을 파는 마케팅인 선거운동은 선거의 결과를 얼마나 좌우할까? 수도권을 기준으로 선거운동을 아주 잘하면 후보 득표에 3%를 더하고 아주 못하면 3%를 빠지게 한다는 것이 필자가 경험적으로 느낀 감이다. 즉, 우리가 아주 잘하고, 상대가 아주 못하면 최대 6%가 바뀌는 셈이다. 수도권 선거에선 대개 5% 이내에서 승부가 난다. 선거운동은 박빙의 선거일수록 더욱 중요하다.

정치학에서 선거이론은 누가 누구에게 그리고 무엇 때문에 투표하는가를 연구한다. 주로 투표 결정 요인을 연구하는 분야다. 선거이론에서는 선거운동을 별도의 요인 혹은 변수로 보지 않는다. 연구의 대상으로 삼지 않는 것이다. 선거운동은 학문이 아니라 선거 컨설팅이라는 사업의 영역일 뿐이다. 이 글은 선거이론이 아니라 선거운동의 실제를 다룬다. 그러나 선거운동을 하는 입장에서도 선거이론을 잘 살펴보면 실제 선거운동에 도움이 되는 내용들이 많다.

선거이론에는 어떤 유권자가 어떤 후보에게 표를 던질 것인지 예측하는 회귀함수라는 게 있다. 함수는 $F(x)=aX_1 + bX_2 + cX_3 +.........+ \alpha$ 로 표시된다. $F(x)$는 어떤 후보를 선택할 확률, X_1은 가장 큰 변수, 베타값이라 부르는 a는 0보다 크고 1보다 작은 숫자로서 X_1이라는 변수의 비중이다. X_2는 X_1 다음으로 중요한 변수이고, b는 a보다는 작은 숫자로서 두 번째로 중요한 변수의 비중이다. α는 잔차라고 하는데 해명되지 않은 변수다.

한국 정치에서 X 변수로는 출신지역, 학력, 이념, 세대, 소득... 순으로 꼽힌다. 한때 출신지역 X_1의 a값이 0.7에 이를 때도 있었다. 즉 어떤 유권자의 출신지역을 알면 어느 후보를 찍을지 70% 수준에서 알아맞힐 수 있다는 이야기다.

함수 전체를 말로 풀어 설명하자면 출신지역이 호남일수록, 학력에서는 고학력일수록, 이념에서는 진보적일수록, 세대에서는 젊을수록, 소득에서는 중간소득자일수록 민주당 후보를 찍을 확률 F(x)는 높아지고 그 반대의 경우 새누리당 후보를 찍을 확률이 높아진다는 의미다.

선거운동을 하는 입장에서는 이 함수를 거꾸로 이해하면 된다. 즉, 우리를 찍을 확률이 낮은 유권자는 버리고, 확률이 높은 출신지역과 학력, 이념, 세대를 주 공략대상으로 하는 한편, 확률이 반반인 유권자는 그에게 맞는 접근 방법을 고안해 우리를 확실히 찍게 하는 것, 이것이 선거이론이 말해주는 선거운동 방법이다.

그렇게 보면 정체성 강화냐, 중도성 강화냐 하는 '집토끼 산토끼 논쟁'도 결국 우리를 찍을 확률이 높은 유권자층을 중심에 놓고 정치할거냐, 아니면 과반을 얻어야 이기니 불확실하지만 반반 확률의 유권자층을 중심에 놓고 정치를 할 것이냐의 논쟁이다. 그러나 그건 평상시 정치에서 할 논쟁이고, 선거운동(특히 총선)에 돌입해서는 가장 먼저 확실한 지지층에서 시작해, 그 뒤에 부동층으로 갔다가, 선거일 직전엔 다시 지지층을 다지는 순서로 선거운동의 대상을 옮겨가는 게 정석이다. 여기에는 논쟁의 여지가 없다.

특히 선거운동의 묘미는 지지 여부가 불확실한 유권자층, 즉 부동층을 상대로 3%를 뺏느냐 뺏기느냐의 싸움에서 이기는 데 있다. 부동층은 不動層이 아니라 浮動層이다. 둥둥 떠다녀서 사람 피를 말리기도 하고 또 그래서 그것을 잡기만 하면 승패를 뒤집을 수도 있는, 승리의 여신이 짓는 미소와 같다.

전략의 핵심은 포지셔닝

지금도 '선거운동 = 조직 가동'이라고 생각하는 경향이 있다. 특히 경선에 의해 후보가 결정되기 때문에 자기 (사)조직이 얼마나 있느냐가 중요해진 건 사실이다. 하지만 본선에 가서는 선거법 때문에 조직 가동은 할 수도 없고, 해도 별로 효과가 없다.

후보 공천을 받고 제일 처음 할 일은 상대 후보와 우리 후보의 SWOT[1] 분석 혹은 좌표 판별이다. 그때그때 다르나, 대개 x축은 도덕성과 능력, y축은 개혁과 보수로 놓고 유권자의 선호를 먼저 점으로 표시한다. 이 점들은 4분면에서 대개 두 개 정도의 큰 군집과 한둘 정도의 그보다 작은 군집으로 나타난다. 그 다음에 우리 후보와 상대 후보의 좌표를 각각 점으로 찍는다. 그러면 각 군집과 점으로 나타낸 후보 간의 거리를 알 수 있다. 이때 점과 가까운 군집이 후보가 다가가기 쉬운 유권자군이다. 문제는 더 가까운 유권자군과 가장 큰 군집이 서로 다를 때이다.

여기서 선거전략의 중요함이 드러난다. 가장 큰 군집과 두 번째로 큰 군집, 그리고 상대 후보와 내 후보의 점 이렇게 모두 네 개의 변수를 놓고 조합하는 게 전략 수립의 핵심이다. 포지셔닝에서 고려할 점은 두 가지다. 우선 가장 규모가 큰 군집이 어디에 위치해 있는지를 본다. 그 군집과 후보 좌표 간의 거리가 상대보다 더 가까우면 당연히 그 군집이 우리 후보의 포지셔닝 지점이 된다. 또 다른 하나는

---

1) Strength(강점), Weakness(약점), Opportunity(기회), Threat(위기)

상대 후보가 포지셔닝할 법한 군집과 가급적 대척점에 우리가 놓이도록 하는 것이다. 그래야 싸우기도 쉽고, 전략 세우기도 편하다. 이 두 가지 기준을 동시에 고려하면서 우리 후보를 포지셔닝하는 것이 전략 수립의 출발점이다.

가장 큰 군집이 나의 점에 더 가까우면 최상이다. 나를 큰 군집에 갖다 놓고 상대를 작은 군집 쪽으로 밀어내는 식의 전략을 짜면 된다. 상대 후보를 큰 군집의 선호에 반대되는 인물로 규정해버리는 것이다. 반대로 내가 두 번째로 큰 군집과 가깝고 상대가 가장 큰 군집에 가까이 있을 때는 내 군집은 군집대로 먹고, 상대 군집은 갈라 먹는 전략을 짜면 된다. 전자가 선명화 전략이라면 후자는 중도화 전략이다.

문제는 우리보다 상대 후보가 가장 큰 군집과의 거리가 더 가까울 때이다. 이런 선거 구도는 기본적으로 불리하다. 이때는 계속 x와 y축을 바꿔가면서 우리 좌표와 큰 군집 간의 거리를 더욱 가깝게 만들 변수가 무엇인지 찾아내야 한다. 예컨대 도덕 대 능력으로 큰 군집을 차지하지 못한다면 과거와 미래, 기득권과 희생 등 다른 대립 구도로 바꿔 놓고 측정해보는 것이다. 그렇게 상대를 소수 군집으로 밀어붙일 수 있는 구도를 찾아냄으로써 우리를 상대보다 큰 군집에 위치시켜야 한다. 이것이 선거 프레임 바꾸기(frame change)다. 우리가 설정한 프레임과 저쪽이 설정한 프레임 중에 어느 것이 더 유권자에게 설득력을 발휘하는지를 가리는 건곤일척의 승부가 이때 벌어진다.

그런데 우리가 다수에 서는 프레임을 도저히 못 찾을 경우, 남는 방법은 큰 군집과 상대 후보를 분리시키는 것이다. 이를테면 유권자 선호가 도덕적이고 개혁적인 곳에 형성되어 있다면 상대 후보가 사실은 도덕적이지 않거나 개혁적이지 않다는 증거를 들이댐으로써 전선을 교란시켜 버리는 것이다. 이회창 후보가 가진 대쪽 이미지를 아들 비리 의혹으로 무너뜨려버렸던 2002년 대선이 그런 예다. 그리고 그 자리에다 우리 후보를 포지셔닝하면 된다.

이처럼 후보 포지셔닝은 후보의 원래 있는 모습 그대로를 보여주는 순진한 작업이 결코 아니란 점을 잊지 말아야 한다. 그렇다고 원래의 바탕을 대폭 바꾸려 해서도 안 된다. 후보 사진 촬영 때 이미지 컨설턴트나 코디네이터 등 전문가를 불러 머리나 옷매무새를 바꿔보면 대개 실패하는 이유가 있다. 그들이 후보를 잘 모르기 때문이다. 어떤 사람이건 나이 50이 되면 그가 살아온 인생, 가치관, 됨됨이 등이 얼굴 표정과 제스처, 말투 등에 다 배어 나오게 되어 있다. 이를 정확히 잡아낸 바탕 위에서 약간의 추가 이미지를 보태야 후보가 소화할 수 있는 꾸밈새가 된다. 그런데 잘 알지도 못하면서 완전히 다른 사람으로 꾸미려 덤비기 때문에 후보가 도저히 못 따라오는 것이다. 그렇게 몸에 안 맞는 옷을 입은 후보가 짓는 어색한 표정과 분위기를 예리한 직관의 소유자인 대중이 못 알아챌 것을 기대하면 안 된다.

다시 말해, 후보의 좌표를 어떤 군집에 일치시킨다는 것은 그 후보에게 그럴듯한 요소가 원래부터 있을 때 시도해야지, 입증할 아무 근거가 없는 후보를 무턱대고 갖다 붙인다고 될 일이 아니다. 그래봤자 유권자들을 설득할 수 없다. 모든 전략은 구사 가능한 물적, 인적 자원이 있을 때 채택해야지 그렇지 않으면 탁상공론에 불과하다. 그런데 흔히 이런 선거 전략을 내놓는 게 여론조사 회사들이다. 이들은 선거 지형은 파악했을지 몰라도 후보를 잘 모르기 때문이다. 따라서 여론조사를 통해 파악한 선거 지형과 후보를 잘 파악하고 있는 참모가 만날 때 제대로 된 선거 전략이 나온다. 좌표 파악은 여론조사로 하되, 포지셔닝 전략은 후보 참모가 책임지고 해야 한다. 안 그러면 돈은 돈대로 쓰고 몸에 안 맞거나 소화가 안 되는 더블 버튼 재킷을 시골 할아버지가 입고 돌아다닐 수도 있다.

이와 같이 조사를 통해 '유권자의 선호에 후보를 맞춰가는 선거운동' 방법을 조직선거와 대비되는 과학적 선거운동이라고 한다. 기획 중심 선거와 조직 선거의 차이는 선거자금 배분에서도 달라진다. 현행 선거법은 조직 가동비, 동원비를 철저히 봉쇄하는 데 목적을 두고 있기 때문에 법을 어기지 않는 한 조직 선거는 사실상 불가능하다.

선거의 테마

이렇게 포지셔닝을 마치면 이로부터 선거 테마와 후보 콘셉트, 슬로건들이 도출된다. 선거의 테마란 '유권자들에게 이번 선거의 성격을 규정'해주는 작업이다. '부정부패 혐의가 있는 현역 의원을 시민의 손으로 심판하는 선거', '3선 하는 동안 지역구 발전을 위해 하나 해 놓은 것 없는 무능한 현역 의원을 퇴출시키는 선거', '계파 보스의 빽으로 내려 온 낙하산 후보를 거부하는 선거'... 선거의 성격을 어떻게 규정하느냐에 따라 정의와 불의, 주인공과 악역, '우리 좋은 편'과 '나쁜 남의 편'으로 구획되고 이겨야 할 후보와 져야 할 후보가 정해진다.

후보의 콘셉트

선거 테마는 자연스럽게 후보 콘셉트(Concept) 결정으로 연결된다. 콘셉트는 후보를 한 마디로 뭐라고 부를 것이냐 했을 때 그 한 마디에 해당한다. '준비된 대통령', '보통 사람', '거리의 변호사'... 중요한 것은 콘셉트를 만들 때, 이 콘셉트로 유권자를 설득하겠다가 아니라 우리 후보가 유권자들 눈에 어떻게 보이는지를 중심에 놓고 사고해야 한다는 점이다. 콘셉트는 유권자가 보기에 그럴 듯해야 하기 때문이다. 그럴 듯하면서도 우리 후보가 더 좋은 후보라는 점을 부각시킬 수 있는 콘셉트가 좋은 콘셉트이다. 아무리 멋지고, 훌륭한 말을 갖다 붙여도 일반 시민이 봤을 때 전혀 그럴싸하지 않으면 말짱 도루묵이거나, 사기꾼 이미지만 주게 된다.

선거의 테마와 후보의 콘셉트는 결국 '왜 우리 후보가 당선되어야 하는가?' 라는 논리를 만들기 위한 것이다. 논리는 세 가지 정도로 준비하되, 근거가 객관적이고 이해하기 쉬워야 한다. 나아가 우리 후보가 당선되어야 할 이유를 뒤집으면 바로 상대 후보가 낙선되어야 할 이유가 되는 식의 논리 구성이 좋다. 예컨대 우리 후보는 도덕적인데, 저쪽 후보는 비도덕적이다. 우리 후보는 사회적 약자와 서민을 위해 살아왔는데, 저쪽 후보는 가진 자 편에 서서 기득권층으로 살아왔다는 식이다.

네거티브는 합법적 선거운동

상대 후보가 낙선되어야 할 이유나 논리를 만들어 유포하는 것이 네거티브 선거운동이다. 선거법 제58조 선거운동의 정의에서 "'선거운동'이라 함은 당선되거나 되게 하거나 되지 못하게 하기 위한 행위를 말한다"라고 되어 있다. 즉 네거티브는 선거법에 철저히 입각한 선거운동이다.

네거티브는 하면 안 되고, 해 봐야 별 효과도 없고, 상대로부터 고발당할지도 모른다는 걱정을 한다. 상대의 네거티브에 대해 일일이 대응하지 말고 무시하는 게 유권자들에게 오히려 더 좋은 이미지를 남긴다는 주장도 있다. 상대방에게 10~20% 정도 앞서고 있다면 그렇게 해도 된다. 그렇지 않은데 일절 네거티브를 안 한다? 그러면 진다. 지고 나서 울지 말고, 할 수 있을 때 무엇이라도 하는 것이 선거운동이다.

정작 기획팀이 걱정해야 할 네거티브의 요체는 우리 선거운동원이나 당원이 입으로 옮길 때 주저하거나 부끄러워하거나 무서워하는 것이다. 네거티브 내용이 그다지 설득력이 없거나, 유권자들에게 안 먹힐 것 같거나, 너무 지저분하거나, 근거가 박약해보이면 그렇게 된다. 좋은 네거티브는 우리 후보의 장점과 상대 후보의 단점이 대비됨으로써 우리는 당선되어야 할 후보이고 저쪽은 낙선되는 것이 정의롭고 당연하게 받아들여지도록 짜여진 것이다. 그렇게 이야기(담론)로 구성되어야 기억하기도 쉽다. 네거티브로 잘 먹히는 내용은 여성 유권자, 특히 아이 키우는 주부 입장에서 들었을 때 열이 확 받는 내용이다. 주부는 대개 낮에도 지역에 있다. 직장 나가는 남편보다 만나는 사람도 많다. 이웃과 대화도 훨씬 많이 나눈다.

대개 선거 캠프의 기획팀에게 네거티브를 만들라고 하면 신문 기사부터 뒤진다. 그래서 법안 투표에서 보수적 행태를 보였고, 반노동자적 법안을 제출했고, 부동산 투기를 부채질 하는 법안에 서명을 했고 등등 이런 걸 찾아내 온다. 그러나 그런 사유로 열 받을 유권자라면 그런 거 없어도 안 찍을 표들이다. 아직도 선거를 가치의 싸움으로만 보는 경향이 있다. 물론 정치는 가치 투쟁이다. 그러나 네거티브는 가치를 논하는 게 아니다. 네거티브는 감성이고, 직관이고, 상식에 관한 것이다.

여성 유권자들은 좋은 대학에 보내기 위해 서울 강남 8학군에 자기 자식들은 둔 채 선거구에 혼자 주소를 옮겨 놓고 사는 후보를 증오한다. 주부들은 화장 진하게 하고, 유한마담 티 팍팍 나는 아줌마들을 거느리고 행사장을 휘젓고 다니는 안사람을 둔 후보를 질시한다. 대한민국 보통 아줌마들은 논산훈련소에서 소포로 날아온 아들의 때 묻은 민간복을 받아들고 눈물을 쏟아보지 않은 귀부인이 어떻게 우리 심정을 알겠냐면서 혀를 찬다. 그러니 아무리 훌륭한 인품을 지닌 이회창 후보인들 어떻게 대통령이 될 수 있었겠는가? 이처럼 여성들을 네거티브의 유통 통로로서만이 아니라, 그들의 관심사에 부합하는 내용으로 만들어야 파괴력이 훨씬 크다.

상대방의 네거티브 공격에 대해서는 일단 대응하는 게 원칙이다. 특히 엄중하게 대응해야 할 네거티브는 상대가 우리에게 따져 묻는 것이다. 우리가 대답하지 않고 우물쭈물 하면 할수록 궁지에 몰릴 수 있는 네거티브에는 반드시 신속히 대응해야 한다.

첫째, 법적 대응보다 정치적 대응이 중심이 되어야 한다. 네거티브는 후보 간의 싸움이 아니다. 따라서 후보끼리의 감정 대결로 끌고 가는 것은 어리석다. 선거는 이기는 게 장땡이다. 이기려면 유권자들을 내 편으로 끌어들여야 한다. 그래서 정치가 우선이다. 변호사 찾고, 고발장부터 작성하는 식의 대응은 정치적으로 별 효과가 없다.

둘째, 팩트를 철저히 확인해야 한다. 즉 누군가는 후보에게서 모든 진실을 철저하게 다 들어야 한다. 팩트를 다 파악했다고 해서 파악한 팩트를 제시하면 네거티브가 무력화되는가? 그럴 수도 있고, 아닐 수도 있다. 제시할 팩트가 간단명료하지 않으면 의혹이 해소되지 않기 때문이다.

셋째, 팩트는 팩트고, 상대 후보를 정면으로 응시하면서 상대를 준엄히 꾸짖듯 말할 수 있는 대응 논리를 만들어내야 한다. 예컨대 앞에서 예시한 네거티브가 들어왔다 치면, '그렇다. 아이들이 거기서 태어났기 때문에 아직 거기 산다. 애들 졸업할 때까지 내가 참기로 했다. 친구들과 헤어지기 싫어하는 애들을 아비라고 해서 내가 강요할 수는 없지 않은가. 아이들을 내가 희생시킬 수는 없지 않은가. 그런데 말이 안 되는 논리가, 그러면 아이들과 떨어져 사는 모든 아버지는 국회의원도 대통령도 될 수 없다고 당신은 말하는가? 세상에 무슨 그런 논리가 있나? 내가 당신보다 이 지역 사정을 훨씬 속속들이 알고 있으면 됐지, 치사하게 남의 자식 이야기를 트집 잡아 몇 표 더 얻으려고 하지 말라.'라고 당당하게 역공해야 한다. 괜히 우물쭈물 하다간 더 당한다.

사실 이런 식으로 남의 네거티브에 끌려 다니는 자체가 아무리 잘

해도 손해다. 따라서 네거티브는 선방이어야 한다. 시기는 네거티브의 내용에 따라 어떤 건 일찍부터, 어떤 건 선거운동 기간 어느 시점에 터뜨리는 게 좋다. 기준은 간단하다. 후보가 공개 석상에서 직접 이야기해도 문제가 안 되는 건 선거운동 기간 중에, 후보가 직접 하기 뭣하거나 자칫 법적 문제가 될 수 있는 건 조용히 진행해야 하는 만큼 일찍부터 하는 게 맞다.

네거티브에서 선제공격이 중요한 이유는 또 있다. 우리가 먼저 네거티브 공세를 하면 상대방이 당황해서 거기에 끌려오는 수가 있다. 정작 자신들이 펼칠 네거티브는 생각도 못 한 채 우리에게 휘둘리게 되는 것이다. 또 우리보다 늦게 상대방이 네거티브를 돌리는 경우, 우리 것과 상쇄되어 버린다. 우리가 벌어둔 게 있다고 생각하기 때문에 우리 당원이나 선거운동원들이 심리적으로 덜 위축된다.

네거티브에 대응하는 게 원칙이라고 해서 캠프가 너무 히스테릭해지지 않도록 조심해야 한다. 예컨대 어느 날 갑자기 선거운동원들이 득달같이 달려 와서, '상대 후보 연설원이 우리더러 철새라고 욕하는 연설을 했어요. 가만 두면 안 돼요. 먼저 고발부터 해서 못 하게 막읍시다'라고 했다 치자. 이런 공격에는 일일이 대응하면 안 된다. 상대가 우리를 비난하고 음해하고 험담한다고 해서 발각 성질을 내고 반박한답시고 맞대꾸 하다간 오히려 적의 작전에 말리게 된다. 적이 원하는 대로 끌려가는 셈이다. 저쪽에서 물 밑으로 조용히 퍼뜨리거나 객관적 사실에 근거하되 해석상 우리에게 불쾌한 네거티브는 반응해봤자 우리만 손해이기 때문이다. 더욱이 형법이나 선거법에는 위법성 조각 사유라는 게 있어서 공직을 맡고자 출마한 후보의 경우

사실을 적시해 공개적으로 비방했다 하더라도 무죄가 된다.[2] 명백히 허위 사실이 아니면 막을 수가 없고, 막을 수가 없으면 처음부터 막으려 나서지 말아야 한다. 이럴 때는 오히려 적이 불리한 주제로 역공을 가해 판을 바꿔야 한다. 그런데 역공으로 흐름을 돌리는 일이 쉽지 않다. 그렇기 때문에 누가 뭐라고 해도 네거티브는 선방이 최고다.

이렇게 만든 홍보 논리와 네거티브 논리는 카피가 되고 구전홍보 자료가 되어 모든 홍보물과 당원(선거운동원) 교육, 연설, 유세 등에 사용되어야 한다. 실컷 만들어 놓고 정작 선거 들어가서 안 쓰는 캠프도 많다. 테마와 콘셉트가 계속 흔들리기 때문이다. 그러면 안 된다. 애초에 정한 걸 밀고 나가는 게 차라리 낫다. 맨손으로 싸우기보다 짱돌이라도 무기를 드는 게 싸움에 유리하다.

선거운동의 90%를 차지하는 후보를 잘 준비시키는 것이 또한 가장 중요한 선거운동이다. 후보의 콘셉트에 맞춰 코디를 하는 한편, 스피치 훈련, 좋은 느낌의 사진, 정책 공약에 대한 충분한 숙지, 악수하는 법, 눈 맞추고 대화하는 법 등을 반드시 사전에 갖추고 시작해야 한다. 절대 사소한 게 아니다. 그러나 대개의 후보는 이 준비를 무진장 하기 싫어한다. 부끄러워하고, 자존심 상해한다. 또 대부분 자신에 대한 자신감이 과도할 정도로 강하기 때문에 그런 연습은 안 해도 이길 수 있다고 고집부리기 쉽다. 최대한 설득하고, 정 안 되면 캠프가 사보타지를 해서라도 후보를 준비시켜야 한다.

---

2) 제110조(후보자 등의 비방금지) 누구든지 선거운동을 위하여 후보자, 후보자의 배우자와 직계존·비속이나 형제자매의 출생지·신분·직업·경력 등·재산·인격·행위·소속단체 등에 관하여 허위의 사실을 공표할 수 없으며, 공연히 사실을 적시하여 사생활을 비방할 수 없다. 다만, 진실한 사실로서 공공의 이익에 관한 때에는 그러하지 아니하다.

슬로건 만들기의 어려움

슬로건은 선거의 테마를 압축적 표현이나 귀에 쏙 들어오는 문구로 나타내거나, 공약을 한 문장으로 요약한 것이다. 약간 선동적이고 자극적인 내용이 좋다. 무엇보다 다른 후보와 확실히 차별화되는 것이 누구나 다 하는 지당한 소리보다 좋다. 그런데 실제 슬로건 시안을 만들어 내부 의견을 회람해 보면 이 '지당한 소리' 슬로건을 많이 선호한다. 무난하기 때문이다. 이럴 때 홍보 책임자는 고민에 빠진다. 지당하되 무난한 것과 차별화는 되나 리스크가 있어 보이는 것 중에 어느 것을 택할 것인가?

선거가 상급 선거면 무난하고 지당한 슬로건을, 하급 선거면 차별화 대신 리스크를 떠안는 슬로건을 택하는 것이 합리적이다. 대선과 총선까지가 상급 선거다. 지방선거에선 최소한 광역단체장 정도다. 안 그러면 수많은 다른 후보들 사이에서 묻혀버린다. 내부 의견 회람 말이 나왔으니 필자의 의견을 말하자면, 총선 규모에서는 후보와 홍보 책임자가 합의하면 굳이 내부 의견 회람을 하지 않는 게 좋다. 물론 홍보 책임자가 단순 실무자가 아니라 최소한 두 세 번의 선거를 치러 본 '선수'일 때 하는 말이다.

실전에서 홍보 책임자가 홍보물에 쓰일 콘셉트나 슬로건 안을 회의 테이블에 올리면, 정말 가관이 벌어진다. 입 가진 모든 이들이 한마디씩 거든다. 이건 이래서 좀 뭐하고, 저건 저래서 좀 뭐하다는 식으로 지적을 하게 되어 있다. 그럼 '대안이 뭐냐? 결정을 해 달라'고 하면 그때에는 또 슬슬 피한다. 그럼 다수결로 정하면 되지 않을까? 그냥 쉽고 편하게 일하고 싶으면 그렇게 하면 된다. 그러나 다수가 항상 정답은 아니다. 집단 지성 같은 좋은 말도 아무 데나 쓰면 안 된다. 캠프 실무진이 정 자신 없을 때는 회의 테이블에 올려 결정해 달라고 하기 보다는 외부의 전문가에게 자문을 구하는 편이 훨씬 낫다. 광고쟁이들, 글쟁이들은 척 보면 안다. 그들은 늘 대중의 정서적 반응을 살핌으로써 밥 먹고 사는 사람들이기 때문이다.

홍보 책임자가 너무 내부 회의 구조에 판단을 떠넘기는 것은 일종의 책임 회피다. 자신이 조사에서부터 선거전략, 홍보 전략까지 꿰고 그에 입각해 홍보 카피를 뽑았으면 왜 이런 결과가 나온 건지 논리정연하게 설명할 수 있어야 한다. 즉 이론적으로 뒷받침된 작품을 내놓고, 아무 것도 모르면서 여기저기서 덤비면 이것은 이래서 했고, 저건 저래서 했다고 즉각 설명할 수 있어야 한다. 무작정 회의에 던져 놓고 결정해달라고 하는 태도는 설명할 자신이 없기 때문으로 봐야 한다. 그렇게 근거를 확실히 갖고 만들어도 여기저기서 흔들 때가 있다. 특히 후보를 너무나 사랑한다는 외부의 교수, 전문가라고 하는 이들이 대표적이다. 그들의 고매한 인격과 지성, 순수한 열정과 관심에도 불구하고 그들 주장을 따르다가는 오히려 원안보다 못해지기 십상이다. 왜 그럴까? 그들이 지식인이기 때문이다. 선거는 지식을 겨루는 고사장이 아니다. 선거는 대중의 집단 정서에 좌우되는 감성 게임이다. 지식인은 세상을 책을 통해 인식하는 이들이다. 실제 대중의 정서를 잘 모른다. 성공한 지식인은 세상을 너무 쉽게 보고, 불우한 지식인은 세상을 너무 삐딱하게 본다. 오히려 물을 수만 있다면 홍보 카피를 들고 나가서 시장 상인이나 주부, 택시 기사, 월급쟁이들에게 물어보는 편이 훨씬 낫다. 그들한테 금방 필이 꽂히면 성공작이고, '그게 뭔 소리래?' 하면 실패작이다. 그런 카피는 아무리 멋있어도 폐기 처분해야 한다. 나오기까지의 배경이나 이론이 아무리 논리 정연해도 결과물인 카피는 직관적이어야 한다. 머리를 갸웃갸웃해서 부연 설명을 했더니 알아듣더라? 그런 카피는 안 좋은 카피다.

지식인에겐 정책 공약을 맡기는 게 좋다. 하지만 총선 수준에서의 정책이나 공약은 그들도 모른다. 전부 큰 이야기, 거대 담론만 알지 구체적 수준에 들어가면 정책 보좌진이 대학 교수보다 차라리 낫다. 그래도 굳이 돕겠다면 정책 파트로 붙여주는 편이 낫다는 뜻이다.

속이기와 흔들기

두 가지 종류의 정보책임자를 두면 좋다. 하나는 캠프의 기획 파트에서 일하는 자로서 상대 후보의 기획 파트와 인간관계가 있는 친구에게 임무를 부여하는 경우다. 선관위나 언론사는 후보 초청 토론회를 주최하게 되는데, 준비 단계에서 후보 간의 협의를 하게 된다. 바로 이럴 때라든가, 선거광고의 매체 선정 등 이런저런 계기를 이용해 상대 캠프의 기획 실무자와 미리 안면을 터두도록 한다. 그리고 자연스럽게 만나서는 적절한 수준의 정보를 일부러 흘려주는 등 편한 분위기를 조성한다. 궁극적으로 이 루트를 통해 알아내야 할 것은 상대 캠프가 준비하는 우리에 대한 네거티브의 내용이다. 다른 루트는 중립지대에 있는 자를 상대 캠프로 무상 출입시켜 캠프 분위기나 사건, 누가 핵심인지 등을 일상적으로 체크하게 하는 것이다. 여론조사 결과가 흘러나올 때마다 캠프 분위기가 부침하게 마련인

데, 이러한 내용을 파악하기 위한 목적이다.

모든 전략의 본질은 적을 기만하는 데 있다. 가장 좋은 기만은 우리가 조용히 있는 것이다. 우리 캠프에서 누가 무슨 일을 하는지, 미동도 없는 것처럼 보이는 게 가장 좋다. 그래서 조직과 기획을 철저히 분리하는 게 중요하다. 사무 공간을 같은 건물 내에 층을 달리해서 얻으면 좋다. 기획실 출입은 상근자와 후보를 제외하고는 통제해야 한다.

시의원이나 구의원 중에 가장 똑똑하고 믿을만하며 상대 캠프와 평소 가까운 선수를 골라 정보를 흘려준다. 흘리는 정보는 상대 캠프를 흔들기 위한 사실 혹은 역정보이다. 가장 많이 흘리는 건 여론조사 결과다. 우리가 쫓아가는 후보면 뒤집었다고, 앞서가는 후보면 상대가 무섭게 따라와 질 것 같다는 식으로 구체적 데이터를 제시할 수 있다면 최상이다.

그 다음으로는 선관위를 이용하는 방법이 있다. 우선 상대 캠프만 일상적으로 감시하는 요원을 두고 보도자료, 유세 내용, 식사나 술자리, TM(Tele-Marketing, 전화홍보팀)의 내용 등을 체크하게 한다. 그러다 선거법 위반 소지가 있는 내용이 나오면 직접 혹은 제3자를 시켜 선관위에 신고하여 조사에 들어가도록 하는 방법이다. 초반에 이런 식으로 상대 캠프를 두어 번 흔들어 놓으면 캠프 내부에 자기 검열 기제가 생기면서 위축되는 한편, 사사건건 선관위에 사전 질의를 해보지 않고는 아무 것도 못하는 분위기가 생겨 움직임이 느려진다.

가장 좋은 교란 방법은 조직 파트와 기획 파트 간의 불신을 조장해 서로 싸우게 만드는 것이다. 조직과 기획 파트는 원래 갈등관계에 놓이기 쉽다. 조직은 사람을 움직이는 일이고, 기획은 종이 위에서 하는 일이다. 조직은 사람들을 만나다 보면 스트레스에 노출되기 마련이다. 정치 혐오자부터 상대방의 은근 지지자, 노골적 지지자, 우리 쪽 사람이지만 애정이 식고 불만을 품은 자, 대놓고 이익을 요구하는 자 등 별별 사람을 다 만나야 한다. 그래서 사람들한테 늘 시달려서 힘들다. 그런 조직의 눈에 기획 파트는 자칫 탁상공론이나 일삼는 자들로 비칠 수 있다. 이를테면 조직은 블루칼라, 기획은 화이트칼라라는 인식이 있고 이것이 수면 위로 드러나는 순간 갈등은 시작된다. 원래 바람직한 관계는 기획이 조직을 지휘하는 것이다. 조직 책임자가 기획실에 들어와서 보고, 상의하고 지침을 받아 나가는 규율 잡힌 캠프가 강한 캠프다. 반대로 조직이 기획실더러 이래라 저래라 하는 순간 기획은 우왕좌왕하게 마련이다.

기획팀의 전략이 안 맞아 들어가고, 상대 후보에 비해 공약이 신통하지 않고, 후보의 유세 내용이 빈약하고, 홍보물이 구려서 이를 본 당원들이 전부 캠프를 욕하게 되면 야전군 체질인 조직 파트는 '자신을 지휘하려 드는' 기획 파트를 믿고 따를 수 없어진다. 그런 기획이 자꾸 지휘를 하려드니 조직은 금방 짜증을 내고 공격하게 되어 있다.

선거운동 초반, 기획 업무에서 우위에 서는 방법은 상대 캠프보다 한 발 앞서가는 속도에 있다. 매일매일 지역 언론을 상대로 보도자료, 논평, 뉴스레터 형식으로 이슈를 주도해 가면서 선제공격을 날려야 한다. 상대방은 맨 처음엔 방어하다가 가면 갈수록 놀아나는 느낌이 들면서 짜증이 나고, 지켜보던 선거운동원이나 당원이 불안감에 불만을 터뜨리기 시작하면 이들을 책임지고 있는 조직 파트는 필시 기획 파트를 비난할 수밖에 없다.

선거운동 후반에 들어서면 두 가지 경우가 추가된다. 하나는 돈이다. 후반에 들어가면 이기면 이기는 대로, 지면 지는 대로 선거 끝나면 못 받을지도 모르는 게 돈이다. 그래서 선거일에 가까워질수록 자금 담당자에게 압박이 들어온다. 질 것 같은 캠프에는 더 압박이 세다.

두 번째는 입도선매 내지 논공행상이다. 질 것 같으면 상호 책임 전가 때문에, 이길 것 같으면 어느새 자리다툼이 시작된다. 이런 상황을 막기 위해서는 자금을 치밀하게 계획하고 깔끔하게 집행함으로써 불만의 소지를 없애야 하고, 논공행상이나 책임 전가는 주로 기획 파트만 입조심하면 원만히 넘어갈 수 있다.

반대로 우리 캠프의 기획과 조직 파트는 서로 마찰이 없어야 한다. 두 파트가 갈등에 빠지지 않기 위해 유의할 점이 있다. 사람을 움직이는 건 대의와 이익 두 가지다. 좋은 캠프는 대의가 확실히 있는 캠프다. 대의는 후보의 정치철학과 도덕성, 인품, 리더십이 훌륭한 경우다. 인물 됨됨이가 존경할 만하지 않고, 덕보다 돈이 많고, 사람을 존중하기보다 하인 부리듯 대하는 후보의 캠프는 대의가 약한 캠프다. 이렇게 대의가 약할수록 이익을 쫓는 무리들이 캠프에 가득해진다. 이런 캠프는 눈빛부터가 다르다. 대의가 있는 사무실 사람들은 우선 따뜻하다. 사람을 똑바로 쳐다보며 웃어준다. 그런데 이익을 노리는 사무실은 사람들 표정이 굳어 있고, 서로를 경계의 눈빛으로 바라본다. 사무실 저 안 쪽에서 수시로 고성이 터지다가 밤이 늦으면 자기들끼리 싸움박질을 벌이기도 한다.

그러므로 먼저 대의를 뚜렷이 세워야 한다. 우리 후보는 반드시 이겨야 하고 상대 후보는 기필코 패배해야 그것이 정의요, 선이라는 확신을 우리 편부터 갖게 해야 한다. 이렇게 대의를 세우지 못하는 기획은 애초에 전략을 잘못 짠 것이고, 조직으로부터 신뢰를 받기는커녕 시간이 지날수록 거꾸로 휘둘리게 되어 있다. 바로 그럴 때 두 파트의 위기는 싹 트기 시작한다. 원래 조직은 실력이 없거나, 성품이 원만하지 않은 사람은 맡을 수가 없다. 조직 책임자의 머릿속에는 아파트 동 단위까지 선거구 지도가 그려져 있고, 역대 선거에서 각 동별로 대략 몇 표차가 났는지 입력되어 있으며, 전화 몇 통화면 각 동네 별로 어떤 여론과 평판이 도는지 파악 가능해야 하며, 상대 당의 핵심이 무엇을 하고 다니는지 항상 스캔되고 있어야 한다. 그런데 그런 능력은 온유한 인간성, 누구도 적으로 만들지 않는 덕, 객관적 시각, 출마의 꿈 등을 가진 인품이 바탕이 되어야 갖출 수 있는 법이다.

그런 능력과 덕성을 가진 조직과 주도면밀한 기획이 만나면 그 둘은 서로를 알아보게 되어 있다. 선거 때마다 후반으로 갈수록 정말 이길지, 이러다 지는 건 아닌지 아무도 승패를 알 수 없게 된다. 박빙인 선거만 그런 게 아니다. 사람이란 묘해서 밖에 있을 때는 잘 보이는데, 막상 당사자가 되어 선거를 치르노라면 보이지가 않는다. 계속 지고 있는데 왠지 역전할 것 같고, 저쪽 숨은 표가 막판 결집하지는 않을지 불안해지고, 내부 조사에서 발견된 어떤 한 부분의 이상

한 요동이 밤잠을 설치게 만드는 게 선거다.

그럴 때 예측을 가장 정확하게 할 수 있는 건 두 사람이다. 조직 책임자와 기획 책임자 둘이 만나서 손바닥에 각각 몇 표차 승 혹은 패인지 적어서 동시에 펼쳐보아 둘이 일치하면 그게 결론이다. 조용히 웃고 입을 잠근 채 각자 일로 돌아가면 된다. 초박빙의 승부에서 가장 먼저 승패를 확신할 수 있는 사람 역시 개표장에 나가 있는 조직 책임자다. 그는 역대 선거에서 투표구별로 몇 표를 이기거나 졌는지 기억하고 있다가 평소 졌던 데서 이기거나, 이긴 데서 지면 전체 승패를 바로 예측할 수 있다. 그럴 정도로 실력 있는 조직과 기획은 서로를 신뢰하게 되고, 일심동체가 되는 데 아무 문제가 없다.

선거운동은 계획을 세우고 계획대로 차근차근 해가면 된다.
계획을 아예 세우지 않거나, 계획대로 하지 않거나,
계획을 수시로 바꾸지만 않으면 된다.

인화(人和)

후보와 대리인

대부분의 후보들은 '나름 잘난 사람'들이다. 그런데 그게 선거에서
는 오히려 흠이다. 흔히 잘난 후보에게 나타나는 공통된 문제는 일
을 믿고 맡길 누군가가 없다는 점이다. 모든 걸 후보 자신이 직접 결
정해야 직성이 풀린다. 그러나 그렇게 하면 절대 안 된다. 선거운동
은 전쟁이다. 여느 전쟁과 다른 점이 있다. 전쟁에서 적과 대면하여
싸우는 건 병사지만, 선거에서 유권자와 대면하여 운동을 하는 건
후보다. 후보가 선거운동 과정의 모든 의사 결정을 직접 내려야 한
다면 후보가 치러야 할 유세도, 빛의 속도로 움직여야 할 캠프도 제
대로 돌아갈 수 없다.

후보는 밖으로 나가 사람을 만나고, 거리 유세를 하고, 토론을 준비하고, 언론과 접촉하고, 가끔씩 쉬어줌으로써 에너지를 충전하는 게 본연의 임무다. 캠프의 모든 의사결정은 후보의 대리인이 내려야 한다. 대리인은 하루에 한 번 후보에게 보고하고, 수시로 대면하거나 유선으로 상의할 수 있으면 된다. 후보의 대리인은 하루 종일 캠프에 머무는 사람이어야 한다. 그래야 캠프의 일거수일투족을 꿸 수 있고, 각 부분이 언제라도 달려와 보고하고 상의할 수 있다. 후보의 친인척은 안 된다. 공사를 구분하지 않으면 자발적 충성심을 갖는 일급 참모들이 형성되지 않고 전부 비서 노릇에 머물게 된다. 아예 친인척이 캠프에 드나들지 않는 게 가장 좋고, 드나들더라도 입을 열지 말아야 한다. 최악은 친인척이면서 전문가인 경우다. 친인척이라 틀린 말을 해도 제지할 수 없고, 전문가니 자신이 더 잘 안다고 오버할 것이기 때문이다. 대리인은 또 가급적 기획이든 조직이든 한 쪽 업무를 겸직하는 게 좋다. 그래야 정보 취합이 원활하다. 무엇보다 후보의 복심이어야 한다.

후보는 머리 뒤에서 광채가 나야 한다. 그래서 새로 옷을 맞추고, 머리를 다듬고, 사진을 찍고, 스피치 연습을 해야 한다. 그런데 그렇게 하자고 하면 대개는 짜증을 낸다. '나의 진짜 모습이 아닌데 가식으로 꾸며 보이란 말이냐?'라거나 '그 돈 있으면 표 되는 다른 데 쓰겠다'고 말한다. 하지만 속으로는 '나, 원래 잘난 놈이야, 굳이 이렇게까지 안 해도 유권자들이 다 날 알아봐주게 되어 있다니깐...'이라는 '근자감' 때문이다. 신언서판(身言書判)이란 말이 괜히 나온 것이 아니다. 후보는 불과 한 달 사이에 자신이 어떤 사람인지 수만 명의 유권자에게 알려야 하는, 어찌 보면 말도 안 되는 상황에 놓여 있다. 속에 든 내용만큼이나 눈에 보이는 외양도 중요하다. 후보가 짜증을 내지 않을 정도로 속성으로라도 외모를 손 보고, 사진 촬영부터 해 두어야 한다.

총선의 선거일은 4월이다. 선거운동은 겨울부터 시작한다. 홍보물에 쓸 사진을 그때 가서 찍으면 겨울의 칙칙한 그림밖에 안 나온다. 따라서 직전 해 봄이나 가을에 야외 촬영을 미리 해 두는 게 좋다. 흔히 촬영을 스튜디오에 맡기면 일이 커진다. 코디부터 실내, 실외 거기에 엑스트라까지 동원해 연출 촬영까지 하다 보면 후보가 짜증을 내는 것도 당연해 보일 정도다. 사진도 전문 영역이라 프로 사진사에게 이래라 저래라 하기 쉽지는 않다. 하지만 홍보를 맡은 실무자와 사진사 간에는 사전에 의사 소통이 충분히 이루어져야 한다. 사실 필요한 사진은 딱 네 컷이다. 포스터 한 컷, 공보물 앞표지나 뒤 표지에 쓸 한 컷, 3쪽에 쓸 한 컷, 5쪽이나 6쪽에 들어갈 한 컷. 이 정도만 확보하면 되는 사진을 굳이 이틀씩이나 들여 스튜디오에서 찍고 야외에서 또 찍고 할 필요는 없다.

그런데 사진사들은 일단 될 수 있는 한 많이 찍으려 한다. 후보에게 이런 포즈, 저런 분위기를 연출하는 주문을 쏟아낸다. 하지만 후보는 모델이 아니라서 제대로 주문에 응할 수가 없다. 할 줄 모르는데 자꾸 시키니 어색하고 슬슬 피곤해지고 짜증이 날 수밖에 없다. 홍보를 맡은 보좌진이 오히려 사진사들을 이해시켜야 한다. 후보는 신혼부부가 아니라는 점을 설명하면 된다. 신혼부부는 비싼 돈 주고 하는 웨딩 사진 촬영인 만큼 이것저것 많이 찍어 두고두고 꺼내보는 재미로 찍는다. 하지만 정치인은 홍보에 사용하기 위해 사진을 찍는다. 뒤집어 말하면 홍보물에 사용되지 않을 사진은 수백만 장이 있어도 소용없다. 그렇기 때문에 홍보물에 들어갈, 필요한 사진만 찍으면 되는 것이다.

어떤 사진이 홍보물에 필요할까만 미리 생각해두면 촬영은 금새 끝난다. 그게 홍보 담당 보좌진이 할 일이다. 후보 혹은 의원의 콘셉트, 이미지, 홍보의 포인트 등등을 어떻게 가져 갈 건지 미리 생각해두어야 한다. 그리고 거기에 맞는 장소를 사전에 직접 답사하고, 복장과 소품을 준비하고, 여기서 왜 이런 사진을 찍는지 후보와 사진사에게 미리 설명해 이해시켜야 한다. 장소는 해당 지역구 주민이라면 척 봐도 '아, 거기로군' 하는 상징적인 곳이 좋다. 직접 답사를 해야 하는 이유는 어떤 장소, 어떤 시간에 해가 어느 방향에 있는지를 확인해야 하기 때문이다. 그리고 그 자세와 표정을 짓게 하고 사진사더러 찍으라고 하면 된다. 그 사진만 찍으면 거기서 끝, 다음 장소로 이동, 이동하면서 차 안에서 옷 갈아입고 내려서 찍고 또 이동, 이런 식으로 찍을 사진만 찍고 바로 바로 끝내야 한다. 한 장소에서 이 색깔 입어 보라, 저 디자인 옷 입어보라 시키지 않는 게 좋다. 후보는 모델이 아니고 유권자들이 후보의 패션 보는 거 아니다. 절대 후보를 데리고 신혼부부 '놀이'를 하면 안 된다. 지치고 잔뜩 짜증 난 사람이 어떻게 좋은 표정을 지을 수 있겠는가?

사진 찍기 좋은 날이 있다. 어린이와는 어린이날이나 가을 운동회, 노인들과는 윷 노는 정월 대보름의 노인정, 젊은 학생과는 개교기념일 행사장 등이다. 이럴 때 사무실에 상비된 카메라로 수행비서나 지구당 실무자가 따라 가서 찍으면 된다. 이런 스냅 샷을 평소에 최대한 확보해 두는 게 가장 효과적이다. 설정된 실내보다 일상 활동 속에서 찍은 스냅 샷이 훨씬 자연스럽고 분위기가 살아 있다.

후보가 하는 선거운동 중에 상대 후보나 캠프를 가장 위축시키는 것은 거리 유세다. 연설·대담을 잘 하면 사람이 똑똑해 보인다. 거기다 솔직하고도 여유가 있으면 인간성까지 좋아 보인다. 연설·대담은 웅변보다 대화식으로 하는 게 좋다. 연설의 몇 가지 기본 원고를 만들어 숙지한 후 선거사무소 개소식이나, 선대본 발대식, 당원 교육 등 계기가 마련될 때마다 연습해 본 다음 본격적인 선거운동에 들어가도록 해야 한다.

캠프 사무실은 조용해야 정상

캠프 사무실은 지역 사무실과 별도로 예비후보 등록 시기에 맞춰 유동 인구가 가장 많은 곳에다 얻고, 최대한 큰 플래카드를 붙인다. 따라서 건물을 물색할 때 플래카드를 크게 붙일 수 있는 조건이 단연 최우선 고려 사항이다. 5층 정도의 건물 전면에 드리운 플래카드를 상상해보라. 그만큼 인상적인 홍보물은 없다. 그래서 입주하기 전에 다른 층이나 사무실의 창을 가리더라도 양해해 줄 수 있는지 반드시 확인해서 최대한 큰 플래카드를 걸 수 있는 건물을 찾아야 한다.

캠프 사무실을 들어가 보면 이길 캠프인지, 질 캠프인지 보인다. 캠프는 아침 출근인사 나가기 전과 점심 먹고 쉬러 들어올 때, 그리고 저녁 시간 직전에 붐빈다. 그 외에는 조용한 게 정상이다. 선거운동원이나 당원들은 낮에 사무실에 있으면 안 된다. 표는 사무실 밖에 있다. 사무실에는 찾아오는 선거구민이나 민원인, 어르신들을 응대하기 위해 양복을 입은 사교적이며 친절한 인상의 60대 고문 내지 부위원장급 접대원(?)이 상주해야 한다. 이들은 손님과 대화를 나누는 단순하지만 지루한 역할부터 민원인을 기획실 정책팀으로 연결하거나 후보에게 전하는 전언을 메모해 넘겨주는 일을 하게 된다.

사무실 안에 식당을 설치하거나 식당을 지정해 선거사무원들이 이용하도록 하기도 했으나, 아무나 먹게 되면 선거법상 기부행위가 되기 때문에 요즘은 그렇게 하지 않는다. 대신 각자 알아서 해결하도록 하는 추세다.

총선이 치러지는 4월은 겨울에서 봄으로 넘어가는 시기라 피곤하기 쉬운 사무원들이 감기에 잘 걸린다. 난방기, 가습기, 공기청정기를 설치해 건강관리를 철저히 해야 한다. 일과는 늦어도 10시에는 퇴근하도록 하고 과도한 음주는 금지해야 하며, 보안이 확실하거나 잠금장치가 튼튼할 경우가 아니라면 숙직을 두어야 한다.

컴퓨터와 사무기기는 리스를 하되, 비용을 아끼지 말고 최고급 사양으로 설치하고 인터넷선도 충분히 깔아야 한다. 팩스와 문서파쇄기도 필수다. 보도자료는 이메일보다 팩스로 보내는 게 더 도달율이 좋다. 총선에서 기사를 쓰는 건 주로 지방지 주재 기자나 지역 신문 기자들인데 그들은 주로 시청(구청) 기자실에 모여 있다. 따라서 기자실과 지역신문사의 팩스번호를 동보로 묶어두고 보내면 거의 바로 받아본다. TM 팀의 부스는 방음이 철저해야 업무 효율이 좋다. 전화기는 헤드셋 형을 많이 쓴다.

선거법상 허용된 20명씩 끊어 문자를 보내주는 장비를 구입하기도 하는데 비용 대비 효과 측면에서 그다지 좋아 보이지 않는다. 허용된 8번의 대량 문자 메시지를 설득력 있는 내용으로 만들어 보내는게 차라리 효과적이다. 그 외에도 선거 때마다 이런 저런 선거운동 장비가 새로 개발되어 캠프로 팔러 오거나, 이런 저런 루트를 통해 구매해달라는 소개가 들어온다. 대부분 비용 보전이 안 되는 반면, 선거비용 한도액을 잡아먹는 만큼 선택에 신중을 기해야 한다.

가장 중요한 선택 기준은 성능과 효과의 검증 여부이다. 그러고도 실제 캠프에 설치해 이론대로 잘 작동되는지 실연도 해보아야 한다. 괜히 얼리어답터가 되려다가 애물단지를 떠안는 경우도 왕왕 있다. 특히 이런 장비 구입에 리베이트가 딸려 있는 경우가 많으니 소개를 끼고 들어올 때는 특히 잘 살펴보아야 한다.

가족

'가족은 캠프에 아예 나타나지 않는 게 좋다.' 다소 매몰차지만 그것이 선거판의 오래된 금칙이었다. 그러나 20대 총선 이후 사정이 완전히 바뀌었다. 오히려 안 나타나면 안 될 정도가 되었다.

평상시 배우자의 역할이 점점 중요해진 만큼이나, 선거 시기 가족의 역할이 커지고 있다. 그 출발은 2012년 19대 총선이었다. 선거운동을 돕는 가족, 특히 연예인 가족들에게 언론의 관심이 집중되었다. 시작은 연예인이었지만 평범한, 그러나 풋풋한 아들과 딸들의 애틋한 선거운동 역시 대중들의 시선을 모으기에 충분했다. 아버지 혹은 어머니를 향한 존경심과 사랑은 그 자체로 훈훈하기 때문이다. 언젠가부터 단란한 가정을 꾸리고 있다는 사실 자체가 사회적 선망의 대상이 된 듯하다. 물론 그 반대도 있다. 자식에게 비정했던 후보는 조롱거리가 되어 패퇴했다.

선거법은 후보의 배우자와 직계 존비속에 대해 예비후보 등록 후, 즉 선거일 120일 전(총선 기준)부터 선거운동을 허용하고 있다. 대개 거리로 나가 명함을 유권자들에게 배포하면서 인사를 하는 게 통상적인 선거운동 방법이다. 선거운동 기간 중에는 유세차에 올라가 연설을 하거나, 율동팀에 합류하기도 한다. 별도의 선거 사무원 T/O를 잡아먹지 않기 때문에 직계 가족들이 열심히 하면 여러모로 도움이 되는 게 사실이다. 가족을 선거운동에 투입할 때 몇 가지 유의할 사항이 있다.

첫째, 미리 마음의 준비를 시켜야 한다. 선거운동은 전투라 적과의 조우를 각오해야 한다. 아무리 강심장인 후보도 건네 준 명함을 보는 앞에서 찢어 버리거나, 청하는 악수를 뿌리치고 고개를 홱 돌려버리는 일을 당하면 위축된다고 한다. 후보가 그럴진대, 가족은 더 말 할 나위 없다. 가족이 열심히 선거운동을 한다는 소문이 돌면, 상대 후보 측에서 감시요원을 붙이는 경우도 있다. 가족들은 선거법을 잘 모르기 때문에 위법 행위를 사진 찍어 선관위에 신고한 뒤, 조사를 받게 함으로써 위축시키려는 목적이다. 정신교육(?)과 간단한 선거법에 대한 오리엔테이션은 그래서 꼭 필요하다.

둘째, 후보 일정에 결합시킬 것인지, 별도의 일정을 짜 줄 것인지 판단해야 한다. 직계 존속(후보의 부모)일 경우는 노인정이나 체육공원으로 동선을 짜서 별도의 일정을 마련하고 가능하다면 수행까지 붙이는 게 좋다. 대학생이나 20대 청년이면 후보와 같이 다니게 하는 것이 좋다. '저희 아빠예요. 잘 부탁합니다.' 혹은 '제 아들입니다. ○○야, 어르신한테 인사 드리거라' 하고 같이 인사를 하면 대개의 유권자들은 '아드님이 인물이 훤하네요~' 하며 기분 좋은 대꾸를 해주기 마련이다.

셋째, 가족들이 권력화되지 않도록 조심해야 한다.

120일이라는 긴 기간 동안, 배우자는 물론이고 직계 존비속까지 나서 열심히 선거운동을 한다. 그럼 어떤 현상이 일어날까? 가족이 권력화된다. 여기서 권력은 미셸 푸코가 말하는 '미시권력'과 비슷한 개념이다.

미시권력이 생성되고 작동하는 방식은 이렇다. 평상시도 그렇지만 선거 시기가 되면 온갖 사람들이 후보와 캠프, 그리고 선거운동에 대해 관심을 갖는다. 지지자일수록 관심은 더 크다. 지지자들은 자신이 듣거나 보거나 아는 사실을 후보에게 말하려 한다. 그런데 후보는 바쁘고, 캠프는 공적 체계이기 때문에 접근하기에 부담스럽다. 반면 후보의 가족은 사적관계라 허물없이 말하게 된다. 자신이 보고 들은 상대 후보 측의 동향, 소문, SNS에 올라온 글까지 자연스럽게 전해준다. 거기서 그치지 않는다. 지지자들은 점차 후보 혹은 캠프에 대해서도 언급하기 시작한다. '후보가 거기 한 번 들르면 표가 될 듯해서', '캠프가 무엇을 하면 좋을 것 같아서' 또는 '도대체 왜 안 하고 있는 건지 답답해서'라고 하면서…

이런 정보를 전해들은 후보의 가족들은 다시 후보에게 혹은 캠프에 대해 질문하기 시작한다. 처음에는 그것이 무슨 얘기인지를 묻는다. 단순히 궁금해서 던지기 시작한 질문은 '왜 무엇을 그렇게 하거나, 안 하는 건지?' 이유를 묻는 질문으로 발전하게 되어 있다. 이렇게 정보가 집중되기 시작하면 그게 권력이 된다. 질문을 던지는 것부터가 권력자의 특권이다.

정보와 질문에는 전제되는 것이 있다. 그것은 시선이다. 누구의 것인지도 모른 채 자신을 관찰 감시하는 시선에 둘러싸인 상황, 즉 판옵티콘(panopticon)[3] 에 갇힌 후보나 캠프는 긴장하게 되어 있다. 그 질문에 답하기 위해서는 조사를 하고, 확인을 하고, 이유를 제시해야 한다. 후보는 자신 때문에 고생하는 가족에게 미안해서라도 답을 해줘야 한다. 캠프 역시 마찬가지다. 답을 거부하면 후보를 통해 그 질문이 다시 올 바에야 차라리 먼저 보고할까, 일일 브리핑이라도 할까 싶어진다. 가족의 권력화란 이런 상태를 말한다.

미시권력은 캠프라는 공적체계를 무력화시키는 한편, 선거운동의 사사화(私事化)를 가져온다. 선거운동을 해야 할 후보나 캠프가 어떤 일을 왜 했는지 가족에게 설명하고 납득 받아야 하는 상황은, 내놓고 말을 안 해서 그렇지 흔히 일어난다. 선거가 집안 일, 가족 일이 되는 순간 참모나 실무자들은 집사로 전락한다.

---

3) 판옵티콘은 그리스 어로 '모두'를 뜻하는 'pan'과 '본다'라는 뜻을 가진 'opticon'의 합성어로, 영국의 철학자이자 법학자인 제러미 벤담이 죄수를 감시할 목적으로 1791년 처음으로 설계한 감옥이다. 이 감옥은 중앙의 원형 공간에 높은 감시탑을 세우고, 감시탑 바깥의 원 둘레를 따라 죄수들 방을 만들도록 설계되었다. 또 중앙의 감시탑은 늘 어둡게 하고 죄수들 방은 밝게 해, 중앙에서 감시하는 감시자의 시선이 어디로 향하는지를 죄수들이 알 수 없도록 되어 있다. 이렇게 되면 죄수들은 자신들이 늘 감시받고 있다는 느낌을 가지게 되고, 결국은 죄수들이 규율과 감시를 내면화해서 스스로를 감시하게 된다는 것이다.
[네이버 지식백과] (시사경제용어사전, 2010. 11. 대한민국 정부)

어떻게 대처해야 할까?

갈수록 선거운동 참여가 왕성해질 텐데, 고생하는 그들을 가벼이 여길 수 없을 텐데, 지지자들은 잘 되라는 마음에서 온갖 정보와 때로는 민원을 집어넣을 텐데, 가족들은 그걸 후보나 캠프에게 계속 물어댈 텐데, 묻기를 넘어 개입은 물론 때로는 지시하려들 텐데…

선거만큼 불안한 것이 없다. 경험이 풍부한 전문가도 선거를 치르는 동안 냉정을 유지하는 게 쉽지 않다. 여론조사에서 앞서고 있어도 안심이 안 되는 게 선거다. 가족들은 후보와 혈연관계이기 때문에 선거 결과가 자신들의 인생을 좌우하게 된다. 평정심을 유지하는 게 원천적으로 불가능하다. 판단이나 의사 결정에서 냉철할 수가 없다. 박빙이거나, 뒤지는 선거라면 불안은 가족들의 이성을 마비시킨다. 그런 가족들이 감 놔라 배 놔라 하다보면 선거운동은 난장판이 된다.

다선 의원의 가족이라고 크게 다르지 않다. 경험이 많으니 그들은 선거 전략도 잘 알지 않을까? 홍보나 조직에도 일가견이 있지 않을까? 그럴 수 있다. 그러나 아무리 훌륭한 외과 의사도 자기 가족이 수술 받을 때 메스를 직접 잡지 않는다고 한다. 냉철할 수 없기 때문이다. 후보를 너무나 잘 알고, 몇 번의 선거를 치르는 동안 아는 지역구민도 너무나 많다. 그래서 그들은 더더욱 주관에 빠지기 쉽다. 쉽게 흥분하고 상심하고 걱정과 불안에 빠지게 되어 있다. 그래서는 선거 못 치른다.

어떻게 막을 수 있을까?

첫 번째는 캠프 내에 가족 전담자를 두는 방법이다. 가족은 대개 총괄 책임자에게 말하고 싶어 한다. 총괄 책임자라야 자신들의 말을 듣고 따라 줄 능력을 갖고 있다고 보기 때문이다. 그러나 절대 캠프 총괄 책임자가 그들을 상대해서는 안 된다. 후보의 배우자는 배우자와 동성, 후보의 직계 존속은 나이 지긋한, 비속은 그 또래의 실무자가 각각 상대하게 하는 게 좋다. 일종의 완충지대를 두는 것이다.

두 번째는 후보에게 돌리는 방법이다. 어떤 실무자도 후보 가족이 지시하듯 말을 하면, '네, 저희가 후보님에게 말씀드려 볼게요. 후보님이 저희에게 지시하실 거예요'라고 대답하게 하는 것이다. 후보가 직접 지시하지 않는 한 가족들 말을 지시로 받아들이지 않겠다는 뜻이다.

세 번째는 후보조차도 너무나 시달리는 경우 택할 방법이다. 어떤 가족들은 조금만 불안해도 하루에도 몇 번씩 후보에게 전화를 걸어 미주알고주알 걱정을 늘어놓는다. 후보도 인간이다. 불안은 전염된다. 반면 대부분의 걱정은 할 필요가 없는 것들이다. '걱정과 불안' 편에서 다루겠지만 쓸 데 없는 걱정과 불안을 전염시키는 가족은, 캠프는 물론이고 후보로부터 차단되어야 한다. 그럴 때는 캠프의 총괄 책임자가 나서야 한다. 왜 가족들이 선거운동만 열심히 하면 되지, 캠프 일에 개입해서는 안 되는지 최대한 예의를 갖추되 단호하게 설명하고 이해를 구하는 수밖에 없다.

사실 캠프에 개입하지 않는 것이 가족 자신들을 위해서도 좋다. 캠프에 얘기해도 안 되는 일을 가족이 해낼 수 있다는 게 알려지면, 즉 '권력자'라는 게 알려지면 온갖 민원 청탁이 몰려들게 되어 있다. 크든 작든 민원과 청탁은 부담스럽다. 부담은 물론이고 불행해지기까지 한다. 인간의 이중성에 상처받기 때문이다. 어떤 점에서 모든 표는 빚이다. 빚은 지지 않는 것이 좋다. 후보와 캠프는 빚을 지지 않을 수 없지만, 가족까지 빚쟁이가 될 필요는 없다. 요컨대 가족들은 이렇게 말하는 것이 가장 좋다. '저는 캠프 돌아가는 일은 잘 몰라요.'

여론조사는 지지율을 알려고 하는 게 아니다

좋은 전략은 정확한 조사에서부터 시작된다. 조사에 공들이는 비용과 노력을 아까워하지 말아야 한다. 대개 조사 결과를 받아들면 숫자(후보 지지도, 인지도, 정당 지지도)만 열심히 쳐다보는 경향이 있는데 숫자 그 자체는 중요하지 않다. 조사의 핵심은 '누가'와 '왜'이다. 우리 후보를 누가 지지하며 그들이 왜 지지하는지를 알아내는 것이 조사의 궁극적 목적이다.

지지율의 등락에 따른 일희일비는 경계해야 한다. 선거가 중반전을 넘으면 캠프 사람들이 은근히 기획팀, 특히 조사 담당의 안색을 살피기 시작한다. 때로는 다가와 은근한 목소리로 '뭐 좋은 소식 좀 없어?'라고 묻기까지 한다. 여론조사 결과가 어떤지 궁금증을 참지 못하는 것이다. 그러나 후보와 선대본부장(캠프 좌장) 외에는 절대 알려줘서는 안 된다. 좋으면 좋은 대로 나쁘면 나쁜 대로 문제가 생기기 때문이다. 지지율이 좋게 나오면 캠프 식구들이 힘이 날 테고 그러면 좋은 것 아니냐고 생각할지 모르지만 그렇지 않은 면도 있다.

이기는 선거냐, 지는 선거냐에 따라 다를 수 있지만 지지율은 절대 고정불변이 아니다. 부침이 있기 마련인데 지지율이 좋다는 건 상대 후보보다 높고, 상승 추세에 있고, 지지율의 격차가 유지되거나 늘어나는 세 가지가 다 갖추어져야 좋은 거다. 이 세 가지가 다 좋아서 캠프에 공개되었다 하자. 그러나 다음 조사에선 셋 중 하나라도 안 좋은 방향으로 움직일 수 있다. 안 좋으니까 캠프에 말을 안 해준다? 절대 그렇게는 안 된다. 말을 해주다가 안 해주는 것 자체가 캠프를 불안하게 만든다. 심지어 기획팀이 자기들만 고급 정보를 쥐려 한다고 오해를 살 수도 있다. 그러다 보면 말을 안 해줄 수가 없고, 기왕 말을 해 줄 바에야 좋은 쪽으로 하게 된다. 기획팀이 분석하는 전략가가 아니라 북 치는 선동가로 전락하는 순간이다. 그렇게 해서 이기면 다행이지만, 질 경우 결과적으로 여론조사 수치를 갖고 장난친 기획팀은 질책과 비웃음의 대상이 된다. 여론조사는 전략을 수립하기 위한 것이지, 누구 우쭐대라고 하는 게 아니란 점을 명심해야 한다.

2020년 21대 총선부터 여론조사와 관련한 규정이 대폭 바뀌었다. 그 이전에 비해 객관성과 공정성이 크게 향상되었다. 지켜야 할 규정이 엄격해진 만큼 장난칠(?) 생각은 아예 않는 게 좋다. 우선 본격적인 선거에 들어가기 전에 여론조사를 할 필요가 있다. 현역 의원은 자신의 의정활동에 대한 평가를 묻는 여론조사를 할 수 있다.

현역에 대해 도전자는 '지난 4년간 해놓은 게 없다'는 공격을 으레 하기 마련이다. 이 공격이 유권자에게 먹히면 그것만큼 현역을 괴롭히는 게 없다. 실컷 일해 놓고도 홍보가 부족해서 주민들이 잘 모르는 건 아닌지, 한다고 한 게 주민들에게는 별로 긴요한 게 아니었는지, 더 중요한 게 있었는데 정작 그것만 못 한 건 아닌지 미리 알고 있어야 한다. 나아가 정책 조사를 병행하는 게 바람직하다. 정책 조사는 유권자가 관심을 가지는 지역 현안이나 생활 문제 또는 구체적 정책 선택지 가운데 선호하는 대안을 조사하는 것이다. 조사 결과에서 특히 무당층의 반응을 잘 살피면 득표를 가져오는 공약을 찾을 수 있다.[4]

이런 조사를 통해 앞서 말한 후보의 좌표 설정→당선/낙선시켜야 할 이유→중도무당층을 겨냥한 정책 공약을 만드는 것이 곧 전략기획이다. 전략기획은 홍보기획으로 연결된다.

여론조사는 꽤 큰 비용이 들어가는 항목이다. 여론조사 비용은 선거비용이 아니라, 정치비용(후보자가 의뢰할 때)이나 정당비용(시·도당을 통해 의뢰할 때)으로 지출해야 하기 때문에 선관위로부터 환급 대상이 아니다. 그래서 실시 여부를 신중히 결정해야 한다. 또한 선거법이 엄격해지면서 후보자가 여론조사기관에 의뢰해 조사를 실시할 때는 가상번호를 받지 못한다는 점을 감수해야 한다. 자신이 모아 둔 전화번호를 여론조사기관에 넘겨줘 실시하는 것도 안 된다. 그 자체가 위법이다. 그래서 여론조사기관이 유선번호 RDD 방식으로 조사하는 수밖에 없다. 어떤 선거구의 유선전화 번호는 대개 몇 개의 국 번호를 갖는다. 그 국 번호에 0000번부터 9999번까지를 랜덤하게 전화 걸어서 응답을 받는 방식이다. 유선 응답은 흔히 표본

---

4) '특목고 설치냐, 일반계에 대한 고른 지원이냐?' 또는 '뉴타운 사업 찬성이냐, 반대냐?' 같은 논쟁적 사안에 대한 선호와 그 이유를 알아내면 훨씬 현실적이고 실감나는 공약을 만들 수 있다.

이 편향되기 일쑤다. 연령대별로는 노년층이, 직업별로는 자영업이나 무직, 주부층이 많이 잡힌다. 그래서 무선 번호를 같이 씀으로써 표본 오차를 줄인다. 유선 대 무선을 몇 대 몇으로 섞는 게 가장 정확한지는 조사업계에서도 논란거리다. 문제는 무선 번호를 가상번호로 받으려면 정당이 의뢰 주체가 되어야 한다는 점이다. 만약 후보로 일찍 확정된 캠프라면, 시·도당과 상의해 조사하는 게 좋다. 현역 의원이 의정활동 평가에 대한 조사를 할 때도 마찬가지다. 어느 경우든 공표나 보도를 하면 안 된다. 결과를 보도자료로 뿌리거나 문자나 카톡으로 날리면 안 된다는 뜻이다.

캠프에서 직간접적으로 의뢰한 조사 결과는 당연히 엑셀 파일 형태로 받아볼 수 있다. 원래 조사는 합계된 수치가 아니라 셀(cell)별 수치를 보기 위해 하는 것이다. 즉 세대, 동, 직업, 소득 등 유권자 특성에 따라 달리 나타나는 수치가 더 중요하다. 이 가운데 두 변수를 이리 저리 교차분석만 해봐도 후보가 유리한 유권자층과 불리한 유권자층을 알아낼 수 있고 나아가 그 원인을 유추해 볼 수 있다. 그러면 당연히 그에 맞는 대책도 세울 수 있다. 조사는 결과가 중요한 게 아니라 원인을 알아내고자 하는 것이다. 그래서 원자료(raw data)를 엑셀 파일로 받아 캠프에서 필요한 정보를 분석해야 한다. 조사기관과 협의하기에 따라 필요한 사항에 대해 추가적 주문도 할 수 있을 것이다.

과거처럼 여론조사를 선거운동에 활용하는 방법은 이제 없어졌다. 선거운동에 활용한다는 것은 공표나 보도를 전제로 한 조사인데, 정당이나 후보자는 이제 공표·보도 목적의 조사를 할 수 없기 때문이다. 다만 언론사에서 발표한 조사 결과가 우리에게 유리하다 싶을 때 인용해 문자로 날리는 것은 가능하다. 그러나 이때도 4가지(의뢰자, 조사기관, 조사 기간, 여론조사심의위 홈페이지 참조) 병기 사항을 반드시 붙여줘야 한다.

모든 선거의 출발점, 유권자 DB

과거엔 선거구 유권자의 DB를 축적해 두 가지 용도로 사용했다. 하나는 여론조사이고 다른 하나는 문자 보내기 및 TM이다. 그러나 이제 여론조사 대상자 명부로는 사용할 수 없다. 시·도당을 통해 가상번호를 받아서 하거나, 여론조사기관이 유선전화로 랜덤하게 돌리는 수밖에 없다. 대신 문자 보내기는 더 중요해졌다. 선거운동 기간 중 동보 문자 보내기가 5번에서 8번으로 늘었기 때문이다. 현역 의원의 경우, 평상시 의정보고 문자는 무제한 보낼 수 있다. 유권자 DB 구축은 여전히 중요한 업무다.

대개 전략 기획을 선거기획사에 맡기게 되면 여론조사부터 결과 분석 및 전략 기획 보고서까지 받을 수 있다. 그러나 돈이 깜짝 놀랄 만큼 많이 든다는 결정적 단점이 있다. 선거까지 1년 정도의 준비 시간이 있다면, 외부에 맡기지 않고 직접 하는 게 좋다. 그 첫 시작은 유권자 DB의 확보다.

첫 단계는 선거인 명부를 구하는 일이다. 선거 직전에 선관위 명부를 선관위로부터 받을 수 있다. 모든 유권자의 이름과 주소를 CD에 담아 교부한다. CD는 출력만 가능하게 락(lock)이 걸려 있다. 굉장히 수공업적 방법은 엑셀로 재입력하는 것이다. 물론 더 근대적 방법이 있을 수 있다. 또 다른 방법으로는 의원이 의정보고서를 송부할 때 세대주 명단을 시청에서 교부받는 것이다. 1년에 두 번 받을 수 있기 때문에, 유권자 명부보다 더 최신판 DB다. 여기에 예비후보가 신청해 받을 수 있는 세대주 1/10 명부가 또 있다. 1/10 명부를 받을 때는 따로 요청하지 않으면 시(구)청에서 랜덤으로 뽑아준다. 그러지 말고, 자신의 목적에 맞게 타게팅을 하는 게 좋다. 예컨대 어느, 어느 동의 세대주 생년이 1980년부터 199년 사이인 명단을 뽑아달라고 하면 그렇게 뽑아준다. 유리한 동에 뿌릴지, 불리한 동에 뿌릴지, 젊은 층에 뿌릴지, 노년층에 뿌릴지 판단만 전략적으로 하면 된다. 이런 명부가 DB의 기본 바탕이 된다.

두 번째 단계는 지역에 돌아다니는 각종 명단을 입수해 마찬가지로 입력하는 것이다. 상공회의소 주소록, 관내 각종 학교 동문회 주소록, 교회나 성당 신자, 각종 운동단체, 친목단체... 온갖 종류의 명단이 인쇄되어 그 회원들에게 배포된다. 그것을 입수해 기본 바탕이 된 명부 위에다 덧씌운다. 즉 동일인을 찾아 일일이 입력해주는 것이다. 이 명단들에는 전화번호가 있다. 선관위나 시청이 교부해 준 명부에는 없는 전화번호까지 이렇게 덧씌워져야 진정한 DB가 된다.

이름과 주소와 전화번호 세 가지가 기본이고, 여기에 연령, 종교, 단체, 출신 고향 등등 어떤 정보도 셀로 추가하면서 계속 유권자 명부를 업그레이드해야 한다. 업그레이드는 더하기도 하지만, 빼기도 해야 한다. DB 전체를 대상으로 의정보고 문자를 보내보면 처음엔 '나한테 문자를 왜 보냈냐? 내 번호를 어찌 알고 보냈냐?'는 항의가 많이 들어온다. 문자를 보낼 때는 수신거부 안내를 의무적으로 넣지만, 그런 항의를 받으면 즉각 DB에서 빼야 한다. 그렇게 해서 계속 순도를 높여야 한다. 이렇게 순도를 높여야 선거 시기 TM 팀에 제공했을 때 효율적인 선거운동을 할 수 있다. 무엇보다 상대 정당을 지지하는 유권자는 선거운동 대상에서 제외하는 게 중요하다.

DB를 평상시에 활용하는 방안은 크게 세 가지다. 우선 간략한 의정보고 문자 메시지를 보내는 게 기본이다. 45자 이내의 짧은 문장으로 유권자가 보아서 '의원이 열심히 일을 하고 있구나.' 하고 느낄 만한 활동을 수시로 보내면 된다.

두번째는 아무리 싸도 제작 및 발송 비용을 합쳐 3천만 원[5]을 훌쩍 넘는 의정보고서를 그 비용을 줄이면서도 효과적으로 보내는 데 활용할 수 있다. 의정보고서를 시(구)청에서 수령한 세대주 전체를 대상으로 보내지 않고 DB 상의 명부 중 우호적인 가구만 골라 보내는 것이다. 선거 직전 해라면 무리를 해서라도 다 보내는 게 맞지만, 선거 후 1~2년까지는 비용을 절감하는 것이 바람직하다. 다선 의원이 강력한 것은, 바로 이렇게 오랫동안 축적한 DB를 갖고 있기 때문이다.

공보 및 홍보

지역 언론

선거구와 정확하게 겹치는 배포 구역을 대상으로 하는 지역 언론이 있으면 그 지역 언론은 선거 시기에 어떤 홍보물보다 중요해질 수

---

5) 의정보고서는 풀 컬러, 8쪽, 8만 가구 기준으로 계산했을 때 대략 2천만 원 정도 소요된다. 발송비는 우편요금 360원을 1/3로 할인받아 1천만 원 정도로 보면 된다.

있다. 특히 시·도 단위의 지역 언론은 여론조사를 할 수도 있고, 선거에 영향을 미치는 특정 사안에 대해 대대적으로 보도할 수도 있기 때문이다. 일단 이 언론사에 대해 후보는 사주와, 전략기획 담당자는 편집국장 및 담당 기자와 관계를 터두어야 한다. 원활한 소통과 함께 성실한 취재 협조를 통해 우호적 보도를, 그것이 어렵다면 최소한 중립을 지키게 해야 한다. 이들은 대개 영세하다. 선거법상 허용된 광고를 이들에게 줄 수 있으면 주는 것이 좋다. 후원금 모금 광고도 게재할 수 있다.

모든 언론은 공표 금지 기간인 선거일 6일 전까지 선관위에 사전 신고 없이 자유롭게 여론조사를 할 수 있다. 지역 언론 역시 선거 기간 중 대개 한두 번의 여론조사를 한다. 여론조사로 장난칠 우려는 많이 줄었으나 여전히 기사화할 때의 편향성을 우려해야 하기 때문이다. 공표 및 보도용 여론조사의 경우, 가상번호의 도입과 가중값의 범위 축소 덕분에 객관성과 공정성은 분명히 높아졌다. 그러나 여전히 문제는 남는다. 유선으로 하든 무선으로 하든, ARS로 하든 면접으로 하든 표본 오차가 있기 때문이다. 표본 집단이 모집단의 인구 구성을 정확히 100% 반영하기 어렵기 때문에 발생하는 오차이다. 이 표본 오차를 줄이려면 표본 수를 늘려야 하는데, 총선에서 샘플의 최소치는 500개로 규정되어 있다. 바로 500 샘플의 표본 오차가 ±4.4%다. 즉 최악의 경우, 우리 후보는 실제 지지율보다 4.4% 덜 나오고 상대 후보는 4.4% 더 나올 수 있는 조사 방식이란 뜻이다. 최대 8.8%의 오차는 사실 엄청난 오차다. 따라서 8.8% 이내의 우열이 나온 조사 결과를 갖고 기사를 쓸 때는 '오차 범위 내에 있다. 우열을 가릴 수 없다'로 써야 한다. 그러나 대부분의 언론은 그렇게 하지 않는다. 문제는 이렇게 나온 숫자를 약간의 의도를 집어넣어 신문 1면 톱으로 실어버리면 숫자에다 몇 개의 단어를 덧붙여 의도를 담은 기사를 쓰기도 한다. 이를테면 '아무개 후보가 역전했다'거나 '아무개 후보가 줄곧 우세 보여'라고 써서 1면 톱으로 실어버리면 그 파장은 엄청나다. 지는 것으로 나온 캠프의 사기가 떨어지는 것은 물론이고 밴드 웨곤(band wagon) 효과[6]에 따라 일반 유권자들에게까지 영향을 미치게 마련이다. 사람은 아무 이해관계나 선호가 없는 게임에서는 대개 약자 편을 들게 되어 있다. 그러나 선거라는 게임에는 정당 혹은 후보에 대한 선호가 크든 작든 이미 작동하고 있다. 특히 단순다수제 선거에서는 이긴 쪽은 옳고, 진 쪽은 틀렸다는 인식이 작동한다. 옳다는 건 right나 correct의 의미이고, 틀렸다는 건 wrong이나 false의 의미이다. 다수라고 해서 소수에 대해 그 자체로 옳은 것도, 다수에 대해 소수가 틀린 것도 아닌데 왜 그럴까? 선거, 특히 대통령 선거가 다가오면 대한민국 국민은 곳곳에서 수시로 논쟁에 휩쓸린다. 그리고 자신이 지지하는 후보와 상대편 후보를 놓고 갑론을박을 격렬하게 혹은 은근하게 벌인다. 그 때 그들은 자신의 판단이나 생각은 옳고 상대방이 그르다고 주장한다. 자신은 자신대로 옳고 상대는 상대대로 옳다고 결코 생각하지 않는다. 각자의 생각이 서로 다른 게 아니라, 하나는 옳고 다른 하나는 틀렸다고 보는 것이다. 그래서 선거 결과가 나오면 51%는 '봐라, 내

---

6) 악단을 태우고 요란하게 연주를 하며 마차가 지나가면 사람들이 구경하느라 그 뒤를 따라 가듯이, 1등을 달리는 후보를 유권자들이 마치 군중심리에 휩쓸리듯 별 생각 없이 따라 지지하게 되는 현상이다.

가 옳았지 않느냐'라고 뿌듯해하고, 49%는 자신이 찍은 당 혹은 후보에 대해 '바보같이 저 정도도 못 이기는 무능하고 한심한 자들 같으니...' 라고 원망한다.

특히 단순다수제 선거제도하에서는 승자 독식(The winner takes it all)이다. 그러니 이기고, 옳고, 다 가지는 쪽과 지고, 틀리고, 다 잃는 쪽 가운데 어디에 서고 싶겠는가? 당연히 이기는 쪽이다. 그게 인지상정이다. 뒤집어 말하면 자기가 지지하는 정당 후보가 지고 있다면 왠지 그 뒤에 서는 것이 두려워진다. 지지 후보가 질 것 같으면 아예 기권해버리는 경우도 많다. 적어도 지는 편에 속하고 싶지는 않기 때문이다.

지역 언론과 미리 관계를 맺어두는 것이 좋은 이유 중 하나가 이러한 여론 조사의 실시 여부, 조사 방법 및 통계 처리 여부를 미리 알아낼 수 있기 때문이다. 그래서 객관적이고 과학적인 조사 방법으로 공정한 조사를 해주도록 미리 요청하기 위해서다.

언론은 아니지만 지역구민의 여론 형성에 영향을 미치는 또 다른 원천이 있다. 인터넷 상의 지역 커뮤니티다. 포털의 블로그 형태로 주로 운영되는 특정 지역 주민들의 온라인 커뮤니티는 정보 교환과 공유를 위해 만들어진 만큼 이런 저런 민원이나 국회의원에 대한 평판이 오르내린다. 선거 시기가 가까워오면 이곳도 관리 대상이 된다. 왜 '관리'라는 불편한 용어를 쓸까? 여기서 네거티브가 시작될 수 있기 때문이다.

주로 두 군데에서 가능성이 있다. 하나는 부동산 관련 업자들이다. 재개발, 재건축, 지구 지정, 규제 완화, 그린벨트 해제... 등등의 단어가 들어가 있으면 이들이 작성한 글일 가능성이 크다. 글의 논조는 대개 이런 식이다. '우리 지역구 의원은 지역 발전에 관심이 없다. 인근 다른 지역은 무슨 개발도 되고 무슨 사업도 진척되는데, 우리는 왜 아무 것도 안 되는가? 지역 아파트 값이 떨어져 막대한 손해를 보고 있다. 이번에 어떤 개발 공약을 내놓는지 지켜보겠다. 우리도 발전 좀 하자.' 특히 부동산 중개업자들은 자신들끼리 '물건' 정보를 공유하는 망이 있어서 하루 종일 컴퓨터를 지켜본다. 그래서 인터넷에 강하다(?).

다른 하나는 급진적이고 현실 정치에 부정적인 네티즌이다. 이들은 평소에는 잘 나타나지 않다가 선거에 임박하면 집중적으로 쓰기 시작하는데, 대상은 주로 자유주의 정당이나 그 후보다. 그러나 그 정도 비난이나, 듣기 싫은 소리 정도는 감수해야 한다. 듣고 그냥 새기면 된다. 그러나 부동산 업자들이 올린 비방성 글에 대해서는 지혜롭게 대처해야 한다. 그들 글에 대해 '무슨 소리냐, 우리가 그동안 얼마나 일을 많이 했는지 아느냐? 무엇도 했고, 무엇도 우리가 했는데 왜 그러느냐?'는 식으로 대응하면 안 된다. 그들이 솔깃해 할 개발 공약을 거기다 줄줄이 늘어놓으면서 호언장담해서도 안 된다. 그들은 국회의원의 명의로 공개된 새로운 개발 사업의 진척 상황에 대한 보고나, 조감도, 정부 사이드에서 나온 사업계획서 등을 가장 좋아한다. 그런 것들을 인터넷에 올리면 바로 다운받아 전단지로 만들어 잠재적 고객들에게 배포한다. '국회의원이 공언한 내용이다' 라고 하면서...

그럴 때는 거기에 따라가지 말고 우리 길을 그냥 걸어가는 게 상책이다. 맞대응해서 답을 달고, 그 답에 다시 의문을 제기하고, 거기 다시 구구절절 설명을 달아봤자 점점 말려들 뿐이다. 그걸 지켜보는 일반 주민들도 현역의원 후보가 뭔가 꿀리는 게 많다고 느낀다. 왠지 그렇게 느끼게 된다.

공격하는 글에 답을 다는 식으로 우리 입장을 공개하기보다는 자신의 SNS나 홈페이지, 블로그에다 올리는 게 좋다. 절대 상대방의 홈그라운드에서 싸우지 말라는 얘기다. 부동산 업자가 흔히 글을 올리는 인터넷 사이트를 링으로 안 만들어줄 뿐 아니라 그래야 방어적 자세를 취하지 않게 된다. 예컨대 기자로 치면, 기자는 절대 자기 기사 밑에 달린 댓글에 반응하지 않는다. 심지어 읽지도 않는다. 대신 다음에 같은 소재로 기사를 쓸 때, 받아들일 건 받아들이고 무시할 것은 무시하면서 자기 기사를 일관되게 써나가는 게 제대로 된 대응법이라고 한다. 우리도 그렇게 하면 된다.

언론용 뉴스레터

모든 도전자는 비현직이다. 현직은 비현직에 비해 유리한 고지를 점한 채 선거운동은 시작된다. 현직 의원은 의정보고서를 종류, 규격, 횟수에 상관없이 선거일 90일전까지 각 가구마다 배포할 수 있지만, 비현직 예비후보는 예비후보자 홍보물을 가구의 1/10에 한해 8면으로 제작, 배포할 수 있을 뿐이다. 배포 방법도 비현직은 우편만 가능한데 반해 현직은 우편은 물론 거리 배포, 호별 투입, 신문 삽지, 관공서 비치 등이 다 가능하다. 거기다 의원들은 언론과 4년 이상 오랜 기간의 접촉을 통해 비공식적 채널을 갖고 있게 마련이다. 이런 식으로 비현직 도전자들은 사전 인지도에서 절대 불리하다.

불리함을 극복하는 방법의 하나로 선거대책본부 명의의 뉴스레터를 발간하는 것이 좋다. 분량은 많지 않아도 된다. 길면 오히려 안 본다. A4 두 페이지 정도 어도비 인디자인 혹은 아래 한글로 편집해서 매주 1회 정도, 지방지는 물론이고 국회 정론관 기자들을 상대로 e-메일로 쏘는 한편 SNS에 올리면 된다. 뉴스레터의 목적은 후보는 물론 캠프의 동향을 실어 후보를 더 많이 알리고자 하는 것이다. 무릇 알게 되면 좋아하게 되는 법이다.

기자들도 인간이다. 뉴스레터에 실린 후보의 인간적 면모, 소소하지만 훈훈한 에피소드, 선거 캠프의 열정적이고 때로 눈물겨운 분투, 선거 판세에 대한 객관적이면서도 자신에게 유리한 해설 등이 기자로 하여금 후보에 대한 호감을 갖게 한다. 공식 보도자료에 담기에는 적절치 않은 상대 캠프에 대한 비판, 가벼운 공격, 우리 측의 곤란한 문제에 대한 해명 등을 담을 수도 있다.

기자들을 대상으로 한 이런 뉴스레터는 낡았지만 여전히 유용한 공보 수단이다.

홍보에서 이기는 자가 선거에서 이긴다

유권자는 후보에 대한 정보를 무엇을 통해 얻을까? 아침에 나가서 저녁에 귀가하는 남성들, 가사를 돌보느라 하루 종일 집에서 지내는 주부들을 생각해보자. 대부분의 유권자들이 후보를 직접 만날 가능성은 5%도 안 된다. 총선 규모에서는 언론에서 자기 선거구의 후보 기사를 접할 가능성도 별로 없다. 그런 그들에게 빠짐없이 공평하게, 동시에, 같은 분량으로 한꺼번에 제공되는 정보가 있다. 그것이 공보물이다.

– 공보물

대개 유권자들은 선거일 당일 아침, 일주일 전쯤 배달된 선거 공보물 봉투를 개봉한 후 기호 순서대로 자기 앞에 죽 늘어놓는다. 그런 다음에 휙휙 넘기며 '본다'. 눈으로 본다. 그러다가 '읽는' 페이지가 있다. 후보의 학·경력이 실린 뒤표지다. 1쪽부터 11쪽까지 눈으로 쓱 지나가며 유권자가 본 것은 후보의 이미지다. 이미지를 본 다음에 학·경력을 읽는다. 그렇게 해서 두 명 정도 후보를 골라 낸 다음, 다시 그것만 무릎 위에 올려놓고 찬찬히 읽어본다. 정책과 공약을 얼마나 잘 만들었는지 비교해가면서 또 읽는다. 이들은 대개 부동층이고 여기서 이기는 후보가 이긴다. 그러므로 선거 공보물은 대단히 중요한 무기다.

공보물은 첫째, 논리가 아니라 감성으로 풀어야 한다. 중요한 건 이미지다. 사진이 따뜻하고, 글이 아기자기하면 후보 이미지가 고급스러워 보인다. 사진이 칙칙하고 글이 딱딱하면 후보 이미지는 촌스러워 보인다. 그래서 극장 로비에 비치된 영화 리플렛같이 화려하고 아기자기한 선거 공보물이 최고다.

둘째, 텍스트가 아니라 비주얼로 채워야 한다. 텍스트는 입 발린 소리거나 과장이라고 보기 때문이다. 유권자는 늘 반신반의하면서도 후보로부터의 메시지를 수용한다. 그런데 글로 된 메시지는 신빙성이 가장 약하고 그나마 현장성이 있는 사진은 글보다는 믿는 편이다. 가장 신뢰성 있는 메시지는 동영상에 담긴 것이다. 비주얼도 연출한 것 보다는 평상시 모습, 후보 측이 제작한 것보다는 언론에 보도된 걸 더 믿는다. 언론은 그래도 객관적일 것이라 보기 때문이다.

셋째, 텍스트(카피)가 공문서 투로 쓰이거나 아예 공보물 자체가 마치 관보같은 것도 많다. 후보가 그런 스타일을 좋아하기 때문이고 만들기 쉽기 때문이다. 후보들은 대개 똑똑하고 이성적인 이들이 많다. 그들은 남들도 다 자기들처럼 똑똑 부러지는 어투로 말해야 잘 알아듣는다고 생각한다. 천만에, 그렇지 않다. 실력 없는 기획자와 디자이너에게 맡기면 흔히 그렇게 나온다. 하나의 작품으로서 공보물은 전체적으로 수미일관한 유기적 구성을 갖추어야 한다. 그런데 그렇게 만들기 어렵기 때문에 덩어리 덩어리를 대충 던져놓아 버린 결과 공무원들이 작성한 보고서 같아진 것이다.

공보물의 카피는 공문이 아니라, 시(詩) 같아야 한다. 쉬우면서 정감 있는 단어, 귀에 대고 속삭이는 말투, 은근히 유머러스한 표현, 허를 찌르는 반전, 다 읽고 나면 저절로 다시 한 번 읽어보고 싶은 교묘한 비약과 메타포... 이런 카피가 좋은 카피다.

그럼에도 불구하고 디자이너는 카피를 싫어한다. 디자이너는 글씨를 텍스트로 보지 않고 이미지로 보는 이들이다. 그런데 시커먼 이미지가 지면 여기저기를 꽉 채우고 있으면 보기 좋아하겠는가? 그래서 카피 양을 줄여달라고 하고, 자꾸 작은 급수로, 행간은 좁게 배치하려고 한다. 그러나 공보물은 예술 작품이 아니다. 미적 관점만큼 중요한 게 대중성이고 가독성이다. 공보물을 읽는 대중들은 대부분 노안이 오기 시작한 중장년층 이상이다. 글씨는 최소한 11 포인트 이상 크기여야 한다. 단, 카피를 줄여달라는 요구는 가급적 수용하는 게 좋다. 카피가 많으면 읽기 귀찮아진다. 시처럼 카피를 쓰는 또 다른 이유는 글자를 아끼라는 의미다. 그럴수록 유권자들이 읽어준다. 그래서 디자이너가 판을 다 앉히고 나면 아예 카피라이터가 기획사로 가서 나란히 앉아 최종 작업하는 게 일하기도 쉽고 결과물도 좋다.

– 포스터

선거 시작과 함께 가장 먼저 나붙는 게 포스터다. 후보의 첫 인상이 여기서 결정된다. 포스터는 사람들이 지나가면서, 약 1미터 이상 떨어져서, 얇은 비닐에 포장된 상태로, 다른 후보들과 나란히, 여당은 나의 왼쪽, 진보당은 나의 오른쪽에 배치되어 전시된다는 점에 유념해야 한다.

지나가면서 보기 때문에 얼핏 봐도 한 눈에 쏙 들어오는 포스터가 좋은 포스터다. 이것저것 알리고 싶은 내용이 아무리 많을지라도 참아야 한다. 떨어져서 보기 때문에 적어도 가로 세로 2cm 이상 되지 않는 작은 글씨는 지면만 낭비할 뿐이다. 얼굴 이미지는 크게, 글자 수는 적게, 글자 크기는 크게 배치해야 한다. 얼굴 사진은 행인이 걸어가면서 포스터를 쳐다볼 때 후보가 계속 나를 쳐다보는 듯한, 즉 행인과 후보의 시선이 마주치는 사진을 써야 한다. 사람은 눈과 눈이 마주쳐야 소통이 시작된다. 비닐에 포장된 포스터는 그냥 종이에 인쇄된 포스터와 색감이 달라진다. 명도와 채도가 높은 색상을 써야 색이 우중충해 보이지 않는다.

대개 슬로건은 세로로, 후보의 이름은 가로로 넣고 이름 위에 콘셉트를, 가슴팍 정도에는 넉 줄 정도의 학·경력을 넣는다. 디자인은 단순해야 좋지 괜히 기술 부리다가 위험해진다.

– 플래카드

선거법상 동별로 동시에 2장씩 내걸게 되어 있는 점을 활용해야 한다. 10㎡ 내에서 가로 세로 길이를 결정하면 되니 반드시 10m × 1m로 만들 필요는 없다. 예컨대 20㎡를 한 장소에다 두 장으로 쪼개되 연이어 걸면 큰 벽보처럼 보인다. 주목도가 높은 광고판이 생기는 셈이다. 선거 초반 1주일은 동별 공약으로, 후반 1주일은 정치적 내용으로 바꾸어 건다. 당원이나 지지자들은 이 플래카드를 거는 위치에 대단히 민감하다. 상대 후보가 눈에 더 잘 띄는 곳에 걸린 반면 자기 후보의 것이 그보다 못하다 싶으면 바로 캠프로 전화해서 난리를 친다. 선거운동 개시일 밤 12시부터 걸 수 있어서 더 좋은 목을 먼저 차지하기 위해 한밤중부터 전쟁이 시작된다. 이렇게까지 해야 하나 싶겠지만 플래카드 제작업체와 당원들을 조로 묶어 전날 저녁부터 명당을 선점하도록 부탁해야 한다.

선거운동을 치르는 도중에 예기치 않은 일이 벌어질 수 있다. 그 일을 유권자에게 알려야 한다면 어떤 방법이 있을까? 플래카드 교체다. 플래카드만큼 제작 시간이 적게 걸리면서도 저렴하며 언제든 교체할 수 있는 홍보 수단도 없다. 게다가 플래카드는 걸린 시점부터 사흘이면 볼 사람은 다 봤다고 봐야 한다. 따라서 네거티브 혹은 그에 대한 역공, 중대한 선거법 위반 사건, 선거에 영향을 미칠 돌발 사건에 대한 후보의 입장 등을 빨리 알려야겠다면 플래카드를 교체

하는 방법을 가장 먼저 떠올려야 한다. 플래카드 교체를 통해 선거판을 흔들 이슈를 풀었다 감았다 주도할 수 있다. 대개 플래카드는 걸어두는 것이라는 고정관념이 있는데, 상대방이 그걸 마치 전광판 게시판처럼 쓰는 걸 보면 경악하게 되어 있다. 선거법이 최근 개정되어 개수, 명의 제한 없이 게첨할 수 있던 투표 참여 독려 플래카드는 없어졌다.

– 명함

명함은 후보가 직접 배포하는 유일한 홍보물이다. 따라서 품위가 있어야 한다. 명함은 홍보물 중 가장 작은 사이즈다. 따라서 심플해야 한다. 명함은 후보가 누구인지를 알리는 것이 목적이다. 슬로건이니 콘셉트 따위는 명함에서 그리 중요한 요소가 아니다. 우선 이름과 얼굴, 학·경력이 중요하다. 예비후보 때부터 돌릴 수 있는 유일한 홍보물이기 때문에 유권자 입장에서는 이 당 저 당은 물론 본선 후보가 되지 못할 이들 것까지 수도 없이 명함을 받게 된다. 그러니 힐 끗 보고 집어넣거나 버려 버린다. 따라서 절대로 복잡하면 안 된다.

얼굴이 가장 중요하다. 나이 50세가 넘으면 책임을 져야 한다고 할 만큼 얼굴에는 그 사람의 인생이 드러난다. 절대 많은 걸 바라지 말고 사람 좋아 보이는 깔끔한 얼굴 사진 한 장 제대로 넣는 게 중요하다. 흔히 저지르는 실수는 학·경력을 깨알같이 써넣는 것이다. 나랑 인연이 있는 학·경력을 보면 호감을 갖게 될 것이라는 후보의 기대(?) 때문이다. 오히려 새까만 뒷면을 보고 아예 읽기를 포기하는 수가 있으니 최대 8개를 넘지 않는 것이 좋다.

홍보물 중에서 명함을 만들기가 제일 어렵다. 워낙 지면이 작기 때문이다. 그런데 후보는 이것도 넣고 싶고, 저것도 넣고 싶어 한다. 그럴 때 방법은 여러 종류의 명함을 만드는 것이다. 후보의 종교에 따라 예컨대 가톨릭 신자면 성당 앞에서 돌릴 명함을 만들어 세례명을 넣고 어느 성당을 다니는지 성당에서 무슨 활동을 했는지를 넣을 수 있다. 노인정에 가서 돌릴 명함은 활자 급수를 키우고 부모님을 모시고 산다는 내용이나 노인 공약을 넣을 수도 있다. 이렇게 용도에 따라서 명함을 만들고 적재적소에 사용한다면 명함만큼 인지도를 높이는 데 효과적인 홍보물도 없다.

– 거리 유세는 감동을 줄 수 있는 선거운동

많은 후보들이 거리 유세하기를 좋아하지 않는다. 연설에 자신이 없거나, 청중이 거의 없어 뻘쭘하고, 어떨 때에는 지나가던 상대 후보 지지자가 노골적 반감을 표시하기도 하기 때문이다. 하지만 유세를 열심히 하다보면 선거 분위기를 서서히 바꿀 수 있다.

기본적으로 유세 동선은 선거구 전역을 3~4군데의 교통 중심지와 4개 정도의 섹터로 나눠 놓고 짠다. 아침에는 교통 병목지점에서 출근 인사를 한 뒤, 잠깐 캠프로 들어와 보고를 받거나 결재를 한 다음, 낮에는 계속 아파트, 주택단지, 상가나 시장 등지를 돌면서 유세를 한다. 유세 차량과 후보 차량 2대만 같이 움직여야 한다. 후보에게 눈도장을 찍기 위해 따라붙는 차들이 기동성을 떨어뜨리기 때문이다.

경우에 따라 아파트 단지 진입을 저지하는 경우도 있다. 다른 후보는 들여보내는데 우리 후보만 못 들어가게 하는 경우가 아니라면,

그에 따르는 것이 맞다.

기본 패턴은 다음과 같다. 일단 정해놓은 포인트에 유세차를 바람 방향을 등지고 주차한다. 바람을 타야 소리가 잘 퍼지기 때문이다. 선탑자가 주차를 유도해서 안전사고에 대비한다.

이때 후보는 하차하여 주변 상가나 행인들에게 명함도 돌리고, 악수를 나눈다. 시끄럽더라도 잠깐이니 양해를 구한다는 말을 해야 할 지역이라면, 미리 양해도 구한다. 대충 인사가 끝나면 연설을 5~10분 정도 한다. 연설이 끝나면 차량을 정리해 10~15분 정도 떨어진 거리에 있는 다음 포인트로 이동한다. 이 과정을 반복해 나가면서 별도 점심 약속이 없으면 동네 상가 분식점이나, 노점에서 다른 선거 운동원들과 같이 식사를 해결한다. 퇴근 무렵엔 다시 교통 중심지로 가서 거리 인사를 하고 저녁을 먹은 후엔 시내 중심가 중에 가장 안정적인 공간에서 마무리 유세를 8시~9시 경에 하고 하루를 마친다.

이렇게 하면 선거운동 기간 동안 선거구 전역을 세 번쯤 돌게 된다. 첫 번째 돌 때가 가장 힘들다. 3월 하순은 아직 춥다. 사람 그림자도 보이지 않는다. 아파트 창문은 굳게 닫혀 있다. 두 바퀴 돌 때, 평소 지지자들이 잠시 발걸음을 멈추고 들어주거나 쳐다봐준다. 아파트 창문 안에서 '도대체 저 후보가 누구야? 또 왔네'하면서 힐끔이라도 본다. 세 바퀴를 돌 때쯤이면 봄기운이 제법 도는 4월초다. 이때부터 반응이 오기 시작한다. 그동안 눈길 한 번 주지 않던 행인들이 쳐다보거나 잠깐씩이라도 듣고 간다. 아파트 창문이 빼꼼히 열리고, 지지자면 손을 흔들어준다. 동시에 '아따, 저 친구 진짜 죽기 살기로 열심히 하네...'라는 지지층의 소리와 함께 '저 후보는 저렇게 열심히 하는데, 우리 후보는 도대체 어디 있는 거야?'하면서 상대 지지층들이 화를 낸다. 이런 식으로 듣는 이 없는 유세 같아도 끈질기게 하면 결국은 다 알아준다. 감동을 주는 선거운동이기 때문이다. 선거운동 시작 전의 여론조사 결과 열세에서 출발하는 선거라면 무조건 이렇게 해야 한다.

유세를 할 때 후보가 유의할 점이 있다. 유세의 내용과 형식이다. 내용에서 절대 많은 걸 말하지 말아야 한다. 5~15분 동안이라고 했지만 짧을수록 좋다. 왜 내가 당선되어야 하는지, 당선되면 무엇을 하고자 하는지 그 두 가지만 간단명료하게 담아야 한다. 그래야 들은 이들이 그 말을 그대로 기억했다가 이웃이나 친구들을 만났을 때 옮길 수 있다. '아, 내가 말야, 우리 아파트 앞에 후보가 와서 연설하는 걸 직접 들었는데 말야, 이런 얘기를 하더군, 근데 그 말이 맞더라구, 안 그래?' 이렇게 유세를 열심히 인상 깊게 하더라는 입소문만큼 강력한 메시지 전략은 없다.

형식에서는, 절대 목소리를 높이지 말아야 한다. 빨리 하고 빨리 이동해야 하는 급한 마음에, 또 두터운 아파트 벽을 두들기는 심정이 되다보면 자기도 모르게 목소리를 높일 수 있다. 그랬다간 금세 목이 쉰다. 뿐만 아니라 주민들이 싫어하는 또 하나의 소음이 된다. 실제 아파트 안에서 들어보면 큰 소리보다 고저장단과 리듬이 있는 소리가 귀에 잘 들어온다. 한 번 눈을 감고 기억해보자. '계란이 왔어요'는 음정이 '계란이'에서 점점 올라갔다 '왔어요'에서는 내려간다. '세탁'은 세를 길게, 탁은 짧게 끊어서 소리 낸다.

아파트 주변에서 하는 유세는 웅변이 아니라 이야기 하듯 해야 한다. 아무도 없더라도 마치 10~20명의 청중이 앞에 서 있는 것처럼 생각하면 된다. 조근 조근 시작해서 조금씩 올라갔다가 한 번의 피크에서 짧고 굵게 치고 마무리하는 식의 톤이 좋다. 그렇게 해도 아파트 주변을 돌면서 반복하게 되니 내용은 다 전달된다.

유세팀과 결합해 시내 중심가에서 벌이는 저녁 마무리 집중 유세 때는 율동팀을 가동하는 것도 좋다. 율동팀은 어깨띠조를 훈련시키는 방법과 아예 율동을 전담할 대학생 알바를 3~4명 정도 구하는 방법이 있다. 어깨띠조로 젊은 주부들이 좋은 이유는 이 때문이다. 이들은 한 번 후보에게 꽂히면 금방 창피함이 없어지고 율동이건, 구호건 신나서 운동에 바로 몰입하게 된다. 반면 대학생들은 대개 중간고사 기간과 겹쳐 운용하기가 불편하다는 단점이 있다. 대학생 알바 율동팀과 필이 꽂힌 젊은 주부 어깨띠조가 함께 대오를 지어 벌이는 시내 중심가 집중 유세는 막판 판세를 굳히는 효과를 가져 온다. 상대 캠프는 '도대체 너희들은 무슨 선거운동을 어떻게 준비한 거냐?' 면서 내분에 휘말리게 되어 있다.

유세차량은 차를 보유한 운전기사를 구함으로써 한꺼번에 계약하는 게 좋다. 선거구 지리를 잘 알고 성실해야 한다. 선거유세차량은 스피커가 생명이다. 소리가 좁고 멀리 나가게 하려면 나팔형을, 가까운 거리에 넓게 퍼져 나가게 하려면 박스형으로 하되 허용된 용량 안에서 최대한 성능이 좋은 스피커를 장착한다. 차에는 야간 조명도 미리 설치해놓으면 좋다.

동영상은 따로 돈을 주고 제작하면 깜짝 놀랄 정도로 비싸다. 그렇게 돈을 들일 정도로 중요한 것 같지는 않다. 후보의 일상을 찍은 스틸 컷을 잔잔하게 편집한 것과 공약과 어울리는 이미지를 함께 편집한 것, 그렇게 두 가지 정도를, 어도비 프리미어(Adobe Premiere)를 사용할 줄 아는 사람의 도움을 받아 자체 제작해도 충분하다.

— 착각하지 말아야 할 SNS

SNS를 하지 않으면 마치 선거에 질 것처럼 말한다. 대선이나 전당대회에서나 그렇지, 총선 규모에선 별로 그렇지 않다. 만약 후보가 평소부터 SNS를 직접 해왔다면 그건 도움이 될 수 있다. 그렇지 않다면 굳이 별도 인력을 투여할 필요까지는 없다. 총선에서 더 중요한 것은 홈페이지나 블로그다. 총선이 다가오면 일단 블로그를 동영상 중심으로 개편하고 접근성이 좋도록 만들어주는 정도면 충분하다. 절대 과도한 비용을 투여할 필요가 없다. 선거 첫날 출정식 연설과 주요 정책 공약 설명, 평소 TV에 출연한 영상 등을 편집해 간략한 의정보고 내용으로 꾸민 정도의 동영상을 갖추어 놓으면 좋다. 차라리 도움이 되는 것은 전자우편 시스템을 갖추고 정기적으로 업데이트 하는 것이다. 보낼 때마다 열어보지 않더라도 투표가 임박하면 보게 되어 있다. 평소엔 정책 공약을 시리즈로 보내고, 특정한 이슈에 대해 긴급 대응할 수도 있다. 이메일은 저렴하다는 것이 최고의 장점이다.

총선에서 가장 유용한 SNS는 카카오톡이다. 카톡은 오프라인에서의 관계를 전제로 해야 온라인으로 맺어지기 때문이다. 즉 지인관계를 두 번 묶어주기 때문에 정치적 행동을 조직하는 데 강력한 영향을 미친다. 평소 자신과 친한 사람이 어떤 영화를 봤는데 '볼만 해, 재미있어' 라고 하면 그 영화 안 보고는 못 배긴다. 메시지 이전에 메신저의 신뢰도 때문이다. 그와 비슷하게 단순히 지지를 구하거나 투표 참여를 이끄는 이상의 정치 행동, 예컨대 포지티브나 네거티브의 전파와 확산이 카톡을 통해서는 쉽게 이루어진다. 더욱이 '평소 아는 이들끼리, 떠도는 말을 받아서, 나도 한 번 올려 본 것 뿐'이라 여기기 때문에, 센 네거티브조차 별 죄의식 없이 술술 퍼뜨리게 된다.

경험적으로 보면 정치적 성향에 따라 주로 이용하는 SNS도 다른 듯하다. 야당이나 진보정당 주변은 페이스북에 강하고, 여당은 카카오톡에 강하다. 페이스북의 포스팅은 주로 생산인 반면, 카톡은 전달이다. 생산하려면 논리가 있어야 하는 데 비해 전달은 어디서 받은 걸 그냥 몇 마디 더 붙여 옮기기만 하면 되기 때문이 아닌가 싶다. 거기다 오프라인 상의 인맥관계, 소위 '조직'은 자신이 속한 사회의 주류에 해당하는 여당 성향 지지층이 훨씬 조밀하다. 페이스북은 5천 명까지 친구를 늘릴 수 있어 영향력이 더 클 것 같지만 전국, 아니 전세계에 퍼져 있어 상대의 행동에 미치는 영향은 사실 그리 크지 않다. 반면 기존에 서로 알고 지내는 친구들끼리 묶인 카톡은 범위는 작지만, 오프라인과 온라인이 긴밀하게 맞물려 돌아가기 때문에 상호 행동에 미치는 영향력은 훨씬 크다. 카톡의 유일한 문제는 한 개의 카톡 그룹(단톡)에는 20~30명 정도가 모이는 게 적당하며 그 이상 넘어가면 구성원의 참여도가 오히려 떨어진다는 점이다. 사람 수가 많아질수록 내가 한 말이 금방 위로 넘어가 버리기 때문이다. 따라서 잘게 쪼개진 수십 개의 단톡을 선거 전에 개설하고 이 단톡 그룹을 피라미드 구조로 엮어두는 게 관건이다.

순서는 대개 다음과 같다. 처음에는 의원이 직접 개설자가 되어 단톡 방을 열고, 핵심 지인들을 불러들인다. 이와 함께 카톡과 연동되는 카카오 스토리를 개설해 참여자들끼리 자발적 포스팅이 일어나는 정도까지 활성화한다. 이 가운데 활발하게 활동하는 이들을 발굴한다. 선거가 가까워지면 이들을 개설자로 하는 소규모 단톡 방을 계속 열어 나간다. 선거 시기가 되면 후보자가 된 의원은 자연스럽게 발언을 줄여나가되 탈퇴는 하지 않는다. 이렇게 평상시 카톡과 카카오 스토리를 미리 준비하고 있다가 선거 시기 빠른 전파 속도가 필요한 메시지가 있을 때 카톡을 이용해야 한다. 선거 시기 메시지는 기획 파트의 통제 하에 홍보팀이 생산해야 한다.

ㅡ 카피(copy)와 디자인

조심해야 할 것이 있다. 선거 홍보물을 기획사에 맡기기 시작하면서 생기는 일이다. 기획사는 선거 시즌이 대목이다. 한 선거에 여러 명의 후보를 클라이언트로 잡아 납품 기일을 맞추느라 일손이 바쁘기 마련이다. 그러다 보면 테마, 콘셉트, 슬로건 등을 각 후보별 맞춤형으로 만들기 어렵다. 서너 가지 유형을 먼저 만들어놓고 거꾸로 후보에 대입시킨다. 어떤 후보에 갖다 맞춰도 대충 들어맞는 소리를 홍보 문구로 내놓는 것이다. 이런 식의 홍보 문구는 사용하나 마나다.

유권자들이 홍보물을 잘 믿지 않는 이유는 바로 이런 식으로 제작되기 때문이다. 나도 깨끗한 후보요, 너도 투명한 정치, 이 후보도 개혁이요, 저 후보도 변화니 그걸 한꺼번에 보는 유권자들에게 어떤 차별성과 구체성을 줄 수 있겠는가? 그야말로 식상하고 진부한 소리를 떠벌리는 공허한 종잇조각에 불과하다. 카피는 캠프 기획팀이 직접 쓰는 게 좋다.

카피를 기획팀이 직접 쓰면 좋은 점이 또 있다. 결재 과정이 신속해진다. 많은 경우 기획사에 맡긴 홍보물은 고치다가 세월 다 간다. 기획사의 크리에이티브 직원이 시안을 가져오면 퇴짜, 고쳐서 가져오는 데 또 하루 이상, 가져오면 또 퇴짜... 그러나 이렇게 고친다고 좋아지기는커녕 나빠지기 일쑤다. 홍보물에 대해 아무 것도 모르는 후보가 그저 인상비평적으로 한 마디 툭, 그 밑에 사무장이 또 한 마디, 기획 파트는 책임을 기획사에 전가하기 위해 입 꾹 다무는 사이에 이 사람 저 사람 한 마디씩 하다보면 어느덧 배가 산으로 간다. 아무리 잘 만든 홍보물 시안도 품평을 듣는답시고 캠프에 공개하는 순간 그렇게 된다. 그러니 처음부터 후보와 기획팀만 관여하는 것이 현명하다.

디자이너는 최소한 5년차 이상을 배정해달라고 해야 한다. 한 번 같이 작업한 디자이너와 계속 작업하는 게 좋기 때문에 어떤 기획사에 가든 있게 마련인 최고참 붙박이 디자이너를 처음부터 붙잡아야 한다. 디자이너와는 친밀해져서 마치 캠프의 일원이 된 듯 후보에 대해 친밀감을 느끼도록 자연스럽게 의식화(?)시켜야 한다. 그래야 어느 홍보물보다 더 신경을 쓰고 나아가 그렇게 쌓인 후보에 대한 이해가 결국 디자인에 반영되기 때문이다.

조직과 자금

총선의 경우 대개 법정 선거 비용은 1억여 원 정도다. 배분의 우선

순위는 홍보물〉유세 장비〉선거사무원[7]〉신문 광고[8]로 두면 된다. 선거에서 조직 가동은 점점 위험해지고 있다. 또 조직 가동을 통해 얼마나 득표 효과가 있는지도 사실 의문이다.

과거의 선거는 대개 다음과 같이 이루어져왔다. 우선 선거구마다 차이가 크다. 돈에 중독된 곳이 있는가 하면, 돈 이야기라고는 아예 한 마디도 안 나오는 선거구도 있다. 경로의존성 내지 기대가 있어서 이전에 그렇게 해 왔으면 이번에도 그렇게 해야 하는 것 아니냐는 압력이 존재한다. 그러다보니 이전 후보가 돈 선거를 해왔으면 규모는 줄이더라도 어쩔 수 없이 해야 하고, 그렇지 않다면 진짜 좋은 선거구를 만난 것이다.

과거 조직 가동을 돈으로 할 때는 누굴 통해 집행하는가가 중요했다. 누굴 믿고 돈을 풀 것인가 하는 것이다. 대개 돈을 건네주는 자는 후보의 친인척으로서 평소 선거구 내에 살지 않아서 선거가 끝나면 사라질 사람을 많이 썼다. 만에 하나 잘못되면 기꺼이 뒤집어 쓸 정도의 믿음이 있기 때문이다. 조직 최고 책임자는 사무장이나 회계 책임자(회책)를 맡지 않는 것은 물론이고, 누구에게 얼마씩 내려 보낼 것인지만 결정하지 절대 관여하지 않았다. 선거법에 연좌제 조항이 있기 때문이다. 건네받는 자는 동별로든 단위 조직별로든 10개 정도의 그룹으로 나누고, 대개 동협의회장이나 여성회장이 하나씩

---

7) 선거사무원은 상황에 따라 전반부와 후반부 2개조로 나누어 고용하기도 한다.

8) TV, 라디오, 인터넷 언론에서 광고를 해달라는 요청이 들어온다. 선거비용 한도가 있기 때문에 모든 매체에 게재할 수는 없다. 이 경우 타 후보 캠프의 담당자와 미리 만나서 조율하면 된다. 어떤 매체에 광고를 게재할 것인지 같이 정해서, 하면 같이 하고 안 하면 같이 안 하는 식으로 서로 협의하는 것이다.

그룹을 맡았다. 물론 이들에겐 선거법을 교육했고, 누구에게도 발설하지 않도록 철저히 다짐을 받았다.

당내 경선이 본선보다 더 치열해지면서 돈 문제가 다시 불거지기도 했다. 그러나 아무리 조심해도 사고는 터지게 되어 있다. 돈 사고는 항상 내부에서 터지는 법인데, 서로 잘 아는 사이에서 벌어지는 게임인 경선에서는 내부 고발의 위험성이 훨씬 크기 때문이다. 본선에서의 돈 문제도 결국 내부 경쟁자가 상대 후보에게 정보를 흘려 터지는 경우가 대부분이다.

다시 말하지만 조직 가동은 점점 더 비용 대비 편익이 떨어지고 있다. 따라서 경선이든 본선이든 돈으로 사람을 조직할 생각은 아예 하지 않는 것이 좋다.

선거 과정에는 회계 처리하기 애매한 소소한 자금이 소요된다. 그래서 일종의 예비비가 필요하다. 예비비를 두지 않으면 급한 나머지 선거자금으로 쓰게 된다. 문제는 그랬다가 나중에 선거회계로 처리할 수 없는 항목이거나, 한도 초과가 되면 선거법을 어기는 수가 있다.

선관위 업무

선관위의 간섭 범위가 거의 무한대가 된 세상이 되었다. 할 수 없다. 선관위 전담을 기획팀에 하나 두는 것이 좋다. 전담은 선관위에 하루 두어 번도 갔다 왔다 할 각오를 해야 한다. 성격이 좋고 실무도 할 줄 아는 친구가 적임이다. 특히 사전 신고 업무를 확실히 챙겨야

한다.[9]

　모르면 언제든지 지역 선관위 지도계에 문의해서 확인해야 한다. 그러나 모든 걸 일일이 선관위에 물어가며 하다가는 날 샌다. 사전에 선거법 공부도 하고 선관위 교육을 빠짐없이 받아야 하는 이유다. 그래야 스스로 알아서 할 수 있다. 선관위 담당은 후원회 업무도 같이 겸임하는 게 좋다. 후원금은 선거운동 기간에도 계속 들어온다. 그 돈을 선거비용으로 넘겨 지출해야 하니 겸임하는 게 좋다는 뜻이다.

　선관위 업무 중 최대한 방어해야 할 게 있다. 선관위는 선거 기간 중 공정선거감시단('공감단')을 운영한다. 지역에 사는 주부 중에서 선발해 수시로 선거 사무소를 방문해 감시하는 역할이다. 이들은 카메라를 들고 와 드나드는 사람 모두를 찍으려 한다. 나중에 자원봉사자(자봉)를 찾아내 캠프에서 그들에게 금원을 지급하지 않았는지 조사하기 위해서다. 이것만은 절대 막아야 한다. 자봉들은 대개 주부들이다. 이럴 때 캠프가 나서야 한다. '주부 자봉들이 엄청 항의를 한다. 자기들이 무슨 범죄라도 저지르는 것처럼 왜 촬영을 하느냐고 아예 사무실을 안 나오겠다고 한다. 그럼 결국 이렇게 촬영하는 행위가 선거운동 방해죄에 이르게 된다. 나아가 저 주부들에겐 초상권이란 법적 권리가 있는데 이를 침해하는 것이다. 찍으면 가만있지 않겠다'고 말하면 된다. 선거법상 촬영을 할 수 있는 경우는 선거법 위

---

9) 사전 신고를 자칫 놓치거나 게을리 하다가 과태료를 무는 경우가 많다. 여기에 대해 할 말이 많지만, 선관위가 갈수록 단속을 위한 단속을 하고 과태료를 물리는 이유는 단속 직원의 인사고과에 실적이 반영되기 때문이다.

반 행위에 대한 증거자료로서 선관위의 지휘를 받아 행할 때뿐이다. 법 어디에도 아무 데나 마구잡이로 촬영할 권한은 규정되어 있지 않다. 그러나 가능하다면 싸우지 말고 좋게 웃으면서 타협 보는 게 바람직하다. 어쨌든 선관위는 갑이고 후보는 을이기 때문이다.

그 외에도 선관위는 수시로 불필요한 신고를 요구한다. 예컨대 선거 종료 후 회계보고를 할 때 제출하면 되는 플래카드의 제작사와 제작비용, 견적서, 부착 후 촬영한 사진 등을 선거운동 기간 중에 벌써 제출하라고 한다. 물론 협조 요청이다. 플래카드를 총 몇 개나 붙였는지, 비용이 초과되지는 않겠는지, 미리 선거법을 위반하지 않도록 '지도'하기 위해서라는 이유를 댄다. 이런 경우에도 따지지 말고 조용히 원하는 대로 해줘야 한다. 신속하고 정확하게 해 주면 더 좋다. 선관위에서는 여러 캠프를 상대한다. 선관위의 지시에 잘 따르면 선관위는 조금이라도 더 잘 봐준다. 다시 말하지만 선관위와 마찰을 일으켜봤자 캠프만 손해다.[10]

지역에 따라 선관위가 지나치게 월권하는 경우가 있다. 선관위 단속 때문에 유세가 방해받거나, 선거운동원이 무서워서 운동을 소극적으로 할 정도면, 선거운동원들이 보거나 듣는 앞에서 작심하고

---

10) 선관위는 이제 선거 관리 기구가 아니라 준사법기구이자 권력기관이 되었다. 그 과정은 이런 식이다. 어떤 후보가 있다. 그는 선거를 치르면서 상대의 부당한 선거운동으로 피해를 입었다고 생각한다. 다행히 당선되어 국회의원이 되어 등원했다. 그는 이제 다시는 그런 부당한 선거운동을 못 하도록 막는 한편, 그런 행위를 하는 후보는 처벌받아야 한다고 생각한다. 선거가 끝날 때마다 숱한 선거법 개정안이 올라오는 것은 그 때문이다. 선거법은 어차피 규제법이다. 규제할 의도로 법 개정을 하면 할수록 조항은 더 늘고, 복잡하고, 엄격해지게 되어 있다.
그렇게 상대에게 채우려고 만든 재갈이 이제는 서로가 서로에게 물리는 재갈의 악순환이 되어 버렸다. 선거 캠프에 변호사와 회계사가 필요한 세상을 만든 건 결국 선거의 당사자이자 입법권을 쥔 국회의원들이다. 덕분에 선관위는 가만있어도 권력이 커지게 되어 있다.

한 번 싸워줘야 한다. 이런 월권은 선관위 위원장이나 사무국장의 지시에 따른 것이 아니다. 대개 계장 이하 공감단원 중에 '의욕이 지나친 나머지', 규정과 무관하게 저지르는 경우가 대부분이다. 싸울 때는 반드시 관련 선거법 조항을 정확하게 알고 그것이 왜 선관위의 월권이거나, 선거방해죄에 이를 수 있는지 논리적으로 따질 수 있어야 한다. 이 싸움은 등록된 회관 보좌진이 하는 게 좋다. 싸움은 당사자와 하더라도 사무국장의 귀에 들어가도록 하는 게 좋다. 보좌관이 사무국장에게 예의를 갖춰 직접 항의하는 방법도 괜찮다. 이렇게 부당한 경우에 싸우기 위해서라도 앞에서 말한 행정편의주의적인 요구조차도 공손히 따라주는 것이다.

고스톱은 쳐서 따는 게 아니라, 계산에서 딴다는 말이 있다. 선거 실컷 치르고 나서 환급받을 수 있는 선거비용을 온전히 못 받는 일이 자주 있다. 선거공영제에 따른 환급을 최대한 받기 위해서는 사전에 해당 선거운동 항목이 몇 %, 얼마까지 보전되는지를 알아둬야 한다. 예비후보 등록 후 그리고 선거운동 개시 전 선관위에서는 선거 캠프를 대상으로 집체교육을 실시한다. 이때 보전기준을 알려준다. 회계담당자를 반드시 참석시켜 공부하도록 해야 한다. 보전기준에 맞춰서 집행하고 나중에 영수증 첨부해서 내면 환급도 딱 그만큼 나온다. 단, 환급 대상 항목이라고 해서 무조건 지출해서도 안 된다. 선거비용 한도가 있기 때문이다. 허용된 선거운동 방법이라 하더라도 비용 한도 측면에서 포기해야 하는 선거운동이 있게 마련이다. 그래서 회책은 전체 규모를 잘 가늠해서 미리 포기할 선거운동 방법을 생각하고 있어야 한다. 환급 시스템을 잘 알면 선거 후 정치자금으로 돌려받는 액수가 커진다.

법무 : 사법의 정치화

필자는 1판에서 네거티브에 대해서는 법적 대응보다 정치적 대응이 중심이 되어야 한다고 주장했다. 개인적으로 '정치의 사법화' 현상에 반대하기 때문이다. 2판에서는 그 주장을 철회한다. 이제 선거운동에 있어서 법적 조치나 대응은 불가피하다. 실제 거의 모든 후보 혹은 캠프가 선거운동 중 고소 고발을 하거나 당한다. 고소 고발을 선거운동의 일환으로 이용하기 때문이다.

선거법은 괴상한 법이다. 아무리 준법정신이 강해도 실제 지키기가 대단히 어렵고, 법을 잘 아는 이들조차 읽어 봐도 무슨 말인지 잘 알 수 없는 법이다. 농담이지만 만약 선관위 직원이 어떤 캠프에 내부 실무자로 암약하는 데 성공한다면, 선거일 다음 날 최소 열 건 이상의 불·탈법 행위 목록을 작성할 수 있을 것이다. 선거법은 이제 후보를 규율하는 수단이 아니라, 후보 서로 간의 무기가 되었다. 현행 선거법이 존속하는 한, 선관위나 경찰을 활용해 상대를 공격하는 선거운동 방식은 갈수록 극성을 부릴 것이다. 정치의 사법화가 아니라 사법의 정치화 현상이다.

바야흐로 캠프에 법무팀을 두는 것이 필수인 시대가 되었다. 변호사를 법률 자문으로 두거나, 법을 전공한 실무자를 두어 선거법에 대한 정확한 해석을 바탕으로 선거운동을 하는 것이 안전하고 효과적이다. 동시에 거기서 법이라는 무기를 사용해 공격, 또는 방어를 진행하도록 한다. 무기의 사용법은 다음과 같다.

우선 용어부터 정리하자면, 선관위에 대해서는 '신고'를 하여 '조사'를 의뢰한다. 경찰이나 검찰에는 '고소'나 '고발'을 해서 '수사'에 착수케 한다. 이렇게 선관위나 경찰을 시켜 상대 캠프로 하여금 조사나 수사를 받게 하는 목적은 적발과 처벌보다 당장의 선거운동에 제동을 걸고 위축시키는 데 있다.

선거법에서 규정하는 죄에는 두 가지 유형이 있다. 첫째는 일종의 약속으로서 나도 안할 테니 너도 하지 말라는 금지를 위반한 죄다. 교통신호 위반 같은 거다. 둘째는 누가 보더라도 보편적 규범에 위배되는 나쁜 짓으로서의 죄, 예컨대 음주 난폭 운전에 해당한다. 이렇게 사안의 성격에 따라 선관위로 갈 것인지, 경찰로 갈 것인지 부터 판단해야 한다. 신호 위반에 해당하는 가벼운 사안은 선관위에 신고하는 것이 효과적이다. 선관위는 공명선거감시단을 운영하기 때문에 경찰보다 인력이 많아서 긴급 출동이 가능하다. 반면 금품 제공이나 허위사실 유포, 후보자 비방 등 음주 난폭에 해당하는 사안일 때는 경찰에 바로 고소·고발하는 것이 좋다.

경찰에 고소 고발을 할 때는 행위의 당사자를 적시하는 것이 중요하다. 선관위나 경찰더러 누군지 찾아내 수사해달라고 하는 건 소용없다. 캠프가 직접 찾아내야 한다. 못 찾아내면, 방심해서 스스로를 노출할 때까지 그물을 쳐놓고 기다려야 한다. 구전으로 행해지는 유포나 비방은 찾아내기가 어렵다. 그러나 SNS를 통할 때는 증거를 확보하기가 비교적 쉽다. 미리 상대의 SNS에 우리 측 사람을 가입시켜 놓고 감시하면 된다.

그 다음, 신고 혹은 고소·고발과 함께 보도자료를 낼지 말지 여부를 생각해 보아야 한다. 보도는 본격적 확산을 의미한다. 명백히 죄가 성립한다 하더라도, 확산될수록 우리에게 불리하다면 보도자료는 내지 않는 것이 좋다. 대신 고발했다는 사실을 저쪽 캠프의 귀에 들어가도록 해야 한다. 추가 도발을 막기 위해서다. 고발장을 슬쩍 흘려주는 방법이 가장 확실하다. 고발장은 구체적 내용이 적시되고 관련 증거가 첨부되어 있다. 피고발인은 필시 법률전문가에게 검토를 의뢰할 것이다. 그 결과 '유죄가 될 수 있다'고만 해도 당사자는 물론이고, 캠프의 누구도 엄두를 내지 못할 것이다. 방어에 성공하는 셈이다.

반면 보도자료를 내는 경우는 확산을 감수하고도, 상대측이 받을 비난이 훨씬 커서 우리에게 이득이 될 때이다. 대개 허위 사실은 황당하고, 비방은 지저분하다. 당장 생각하기에는 이런 허위 사실과 비방이 퍼져 나가는 게 싫을 것이다. 하지만 유권자들은 생각보다 현명하다. 상식적으로 납득이 안가는 허위와 비방은 부메랑이 되어 오히려 퍼뜨린 쪽이 비난받게 되어 있다. 그렇더라도 보도자료는 1회에 그쳐야 한다. 언론은 이쪽 후보 말을 저쪽에 옮기고, 저쪽 캠프 말을 이쪽에 옮기게 되어있다. 결과적으로 공방을 유도한다. 그러나 캠프 입장에서 공방은 대개는 소모적이다.

반대로 우리 측의 누군가가 조사나 수사를 당할 때는 무엇보다 침착해야 한다. 화를 내거나, 동요하는 모습을 보이면 피해가 더 커진다. 우선 당사자를 불러 자초지종을 들은 다음 선거법 저촉 여부를 면밀히 판단해야 한다. 이때 법률전문가의 의견을 들어 당사자에게 대응책을 일러주는 것이 상황을 안정시키는 데 도움이 된다. 법률전문가는 선거법뿐만 아니라 선거운동의 정치적 측면까지 잘 아는 이가 좋다. 그렇지 않을 때는 캠프의 선거 전문가 내지 정무적 판단력을 가진 이와 함께 협의하는 것이 안전하다. 법을 너무 잘 알면 선거운동에서 손해를 볼 수 있고, 법을 너무 모르면 나중에 재판에서 후회할 수 있다. 그만큼 선거법이 복잡하고 상식을 초월하는 대목이 많다.

캠프 내부자가 밀고자가 되는 경우가 점점 늘고 있다. 아마도 당내 경선이 전면 도입되고, 작은 실수를 해도 치명적이 될 정도로 점점 선거법이 엄격해진 때문이 아닌가 싶다. 실제 사례를 열거하려면 끝이 없겠지만, 논공행상에 대한 불만이 가장 흔한 이유다.

선거법은 선거사무원 외에 선거 캠프에서 일하는 실무자들을 자원봉사자로 규정하고 있다. 이 자원봉사자에게는 어떤 명목의 금전도 지급을 금지한다. 그래서 현직 국회의원이 후보인 캠프는 비현직 캠프에 비해 훨씬 유리하다. 인턴 포함 9명의 보좌진이 있는데다, 지역사무실에 5명과 후원회에 2명까지 유급사무원을 거느리고 있기 때문이다. 대개 30여 명이 약간 넘는 선거사무원 외에 최대 16명의 캠프 실무자를 합법적으로 고용하는 셈이다. 반면 비현직은 선거사무원 외에 유급 실무자를 둘 수 없다. 즉 16:0의 비대칭 전력을 갖고 싸우라는 얘기다.

비현직 캠프의 실무자는 자원봉사자가 된다. 법대로 하면, 자원봉사자는 일하다가 점심때가 되면 집에서 싸온 도시락을 꺼내 먹거나 나가서 자기 돈으로 밥을 사먹어야 한다. 밤늦게 일이라도 할라치면 저녁까지 사먹고 들어와야 한다. 교통비는 물론이고, 사람을 만나 차를 한 잔 마셔도 자기 돈을 써야 한다. 자원봉사자 입장에서 보면 후보를 위해 돈과 시간, 노력 그것도 장시간 고강도 노동을 2~6개월 이상 무보수로 바치는 것이다. 즉 선거법은 후보를 비인간적 노동 착취자가 되거나, 불법을 저지르지 않을 수 없도록 만들고 있다.

이처럼 '순수한' 자원봉사자를 구하기 어렵거나 부담스러운 나머지, 아예 많은 후보들이 선거기획사와 계약을 맺는다. 기획사는 선거의 기획 파트를 맡아 일해 주는 대가로 대개 1억 원 정도를 받는다. 뒤집어 말하면 자원봉사자들은 후보에게 1억 원 정도의 임금을 착취당하는(?) 셈이다. 착취하라고 선거법에 규정해놓은 것이다.

아무튼 그렇게 고생해서 마침내 이겼다 치자. 후보는 국회의원이 되었다. 그런데 보좌진으로 발탁되지 못한 자원봉사자들은 조용히 책상을 치우고 짐을 챙겨 집으로 돌아가야 한다. 아마 서운하고 억울한 나머지 후보가 얄밉기까지 할 것이다.

비현직 후보가 당선 후 내부 고발을 당하지 않기 위해서는 어떻게 해야 할까? 물론 아예 불법 행위를 저지르지 않으면 된다. 그러나 현실적으로 그건 불가능하다. 불가능한데도 그렇게 하라고 말하는 건 위선이거나 기만이다. 현재로서는 불법 행위를 최소화하고, 그 최소의 불법 행위를 자신이 신뢰할 수 있는 이에게 맡기는 수밖에 없다. 그에게는 선거법상의 연좌제에 해당하는 직책을 맡기지 말아야 한다. 직계존비속은 당연히 안 된다.

대법원 판례에 따르면 단순히 사기를 진작키 위해 '잘 되면 나중에 같이 일 하자'는 정도의 격려성 발언은 매수 혹은 이해유도의 죄에 해당되지 않는다. 하지만 그래도 후보는 공사(公私)에 걸친 어떤 직책도 캠프 자원봉사자들에게 약속하지 않는 것이 좋다.

선거운동원 선발과 교육

선거운동원 선발은 조직 파트의 고유 권한이다. 선거운동원은 당연히 후보에 대한 애정과 애당심, 활달한 성격, 넓은 인간관계, 말주변 등 운동에 필요한 능력과 자질이 있어야 한다. 선거운동 시작 몇 달 전부터 조직 파트는 이런 선거운동원이 될 만한 자원을 선별해두어야 한다. 그런데 말처럼 쉽지 않아서 꼭 선거에 임박해서 이 사람, 저 사람 모아온다. 심지어 조직 파트에서 저마다 자기 사람을 서로 등록시켜 달라고 들고 와 정원이 넘치는 경우도 있다. 임박해서 급조한 선거운동원은 아무래도 질적으로 문제가 있고, 자기 사람이라고 무더기로 밀어 넣은 선거운동원은 서로 단합이 안되고 따로 놀 우려가 있다.

이렇게 아무나 선거운동원을 시키게 되면 선거운동에 도움은커녕 없느니만 못하다는 말이 나올 수도 있다. 그래서 누굴 뽑아오든 반드시 교육을 시켜야 한다. 교육의 내용은, 첫째 왜 우리 후보가 상대 후보보다 나은지, 그래서 우리는 당선되고 저쪽은 낙선되어야 하는 이유. 둘째, 우리 후보의 정치철학과 의정활동의 핵심적 성과, 주요한 지역구 사업 업적에 대한 숙지. 셋째, 저쪽에서 공격해 올 주요 포인트와 그에 대한 대응 논리 등이다. 일종의 정신 무장이기 때문

에 운동원 교육은 기획팀이 담당한다.[11]

그 외에 TM은 TM대로, 거리인사조는 거리인사조대로 주특기 교육을 시켜야 한다. 교육은 기획팀이 할 수도, 경험이 있는 조직팀에서 할 수도 있다. 교육 시작 전이나 끝난 후에 반드시 후보가 격려와 함께 사진 촬영을 하는 것이 보기 좋다.

TM과 거리인사조

'전화(telemarketing)는 웃고 들어가서 울고 나오고, 어깨띠(거리인사조)는 울고 들어가서 웃고 나온다'는 말이 있다. 대개 여성 선거운동원의 가장 큰 난점은 창피해 한다는 점이다. 모자를 푹 눌러쓰고, 기어들어가는 목소리로, 어색해 죽겠다는 표정으로 거리 인사를 할 바엔 안 하는 게 낫다 싶을 정도다. 특히 알바 개념으로 온 이들이 그렇다. 돈 때문에 하는 일로 인식하기 때문에 부끄러워한다.[12]

어떤 경우든 일단 운동원으로 온 이상 교육과 훈련을 단단히 시켜 열심히 하도록 만드는 수밖에 없다. TM팀엔 팀장이 중요하다. 팀장은 평소 TM 일을 해 본 이 중에서 스카웃을 해서라도 데려 와야 한다. 벌써 한 통화만 해도 확 다르다. 목소리, 상대의 대응에 따른 임기응변, 대화를 풀어가는 기술. 늘 TM 실에 앉아서 모범을 보임으

---

11) 경쟁 후보와의 비교표, 영상 자료, 신문 보도, 재판 기록 등등 구체적 근거를 제시하는 게 좋다. 교육 후에는 반드시 회수해야 한다. 어떤 내용을 교육했는지 외부로 새나가서는 안 된다. 단 모든 선거사무원은 구전홍보요원이기도 하다. 따라서 이들은 나가서 만나는 사람마다 그리고 기회 있을 때마다 교육 받은 내용을 외우고 다녀야 한다.

12) 추천한(사실은 밀어 넣은) 사람한테 시켜보고 못하면 자를 수도 있다고 미리 다짐을 받아도 실제 자르기는 쉽지 않다. 그 역시 지역구민이고 유권자이기 때문이다.

로써 여타 초보들이 수시로 지도받을 수 있게 한다.

어깨띠조는 왈가닥들이 좋다. 목소리도 크고, 덩치도 약간 있는 게 좋지만, 외모는 중요하지 않다. 가능하다면 서로 기왕에 아는 사이면 좋다. 무엇보다 외향적 성격이어야 한다. 처음엔 머쓱해하지만 하다보면 점점 재미있다는 것이 한결같은 경험담이다. 선거 초기엔 힐끗힐끗 쳐다보며 지나가던 시민의 시선이 선거 중반 넘어가면 지나가면서 손가락으로 기호 표시도 해주고, 눈을 맞추며 살짝 웃어도 주고 간다. 막판에 가면 심지어 마실 것도 사다 준다. 지나가던 당원이 같이 서서 인사도 따라 외쳐주고 그러면서 율동을 마스터하면서 로고송에 춤도 추게 되니 점점 흥이 날 수밖에 없다.

반면에 TM은 따뜻하고 조용한 방에 앉아 얼굴 팔릴 일 없이 편할 것 같지만 시간이 지날수록 힘들어진다. 전화를 한 군데서만 하는 게 아니니 전화 받는 이들이 서너 번씩 받기 시작하면 '제발 전화 좀 그만하라'라며 짜증을 내기 마련이다. 이 문제를 처음부터 해결해놓고 작업에 들어가면 좀 낫다. 그 방법은 전화 받는 사람을 어느 정도 파악하고 거는 것이다. 글이 첫머리에서 말했듯이, 3명의 적은 명부에 들어가서는 안 된다. 명부에는 3명의 아군과 4명의 무당파만 들어가야 한다. 먼저 아군에게 하고 다 끝나면 무당파에게 한 다음, 선거 3~4일 전부터는 다시 아군에게 집중하는 식으로 TM팀에 그날 그날 전화 걸 명부를 제공해야 한다.

그러면 받자마자 욕부터 한다거나, 꽝하고 끊는 경우가 우선 없어진다. 아군 3명의 데이터를 줄 때 가장 먼저 당원 명부부터 주면 훈련도 되고 당원들의 격려도 받게 되니 TM팀이 훨씬 적응하기 쉬워진다. 사실 이 전화홍보의 효과에 대해 의심하는 경험자들이 많다. 건성으로 전화 걸고, 짜증스럽게 끊기 때문이다. 그러나 끈기와 겸손, 알찬 내용으로 성심성의껏 최선을 다하는 팀으로 가동된다면 이만한 선거운동도 없다. 필자가 목격한 어떤 자원봉사 TM 팀은 마치 애인한테 전화를 걸 듯 했다. 그 지방의 다소 거친 사투리가 그렇게 정감 있게 들릴 줄은 몰랐다. 후보에 대한 자부심에 가까운 애정이 있었기 때문이다. 역시 선거운동은 운동원부터 후보에 대해 광신도(?)가 될 때 스스로도 재미있고, 보람도 느끼게 된다.

전화명부 분류도 안 되어 있고, TM팀의 솜씨도 별로여서 간신히 후보 이름과 '잘 부탁합니다'는 소리만 하고 끊는 수준이라면 아예 다른 방법을 써야 한다. 홍보는 걷어치우고, 전화를 걸어 유권자가 받으면 후보 사무실이라고 밝히고, '동네에 혹시 불편하신 점은 없나요?'라고 묻게 한다. 상대가 머뭇거리면 '혹시 주차나, 치안 문제, 주변에 혹시 도움이 필요한데 기초생활수급자로 지정이 안 되어 있는 분이 있다거나 등등' 예시를 하면 대개 절반 이상은 평소 불편했던 민원을 말해준다. 그럼 잘 받아 적은 다음, '저희들이 알아보는 대로 바로 연락드리도록 하겠습니다. 기호 몇 번 아무개 후보 사무실이었습니다' 라고 끝낸다. 메모는 정책팀에 넘겨 알아본 다음 그 결과를 당사자에게 직접 회신해주면 반응이 아주 좋다. 그렇게 하다 보면 딱한 사람, 어처구니없는 상황, 아직도 그런 게 있나 싶은 한심한 제도, 분명히 문제가 있는데 해법은 간단치 않은 현실이 곳곳에 널려 있음을 실감하게 된다. 정작 정치가 평소 했어야 할 일이기도 하다.

걱정과 불안 : 캠프를 무너뜨리는 돌림병

제2차 세계대전 당시 잠수함은 무척 좁았다. 자연히 폐소공포증이 승무원들을 위협했다. 특히 구축함에 쫓길 때는 기침 소리라도 냈다간 머리 위로 폭뢰가 쏟아졌다. 겁에 질리거나 혼이 나간 승무원은 구속복(拘束服)이 입혀져 격리되었다. 함장조차 예외는 아니었다. 이 때문에 잠수함 승무원들은 신체뿐만 아니라, 멘탈이 강한 이들 가운데서 선발되었다.

가끔씩 구축함에 쫓기는 잠수함같은 상황이 캠프에서 벌어지곤 한다. 상대후보로부터의 네거티브 공세가 극에 달했을 때. 격차가 더 벌어지거나 역전된 여론조사 결과가 발표되었을 때. 우리 후보가 무언가 실수를 해 언론에 보도된 후 항의 전화가 빗발칠 때…

공포심은 위기에서만 캠프를 짓누르는 건 아니다.

선거운동을 하는 모든 사람은 자신들을 선이라 여긴다. 고로 상대는 악이다. 선거운동을 하는 이들이 적개심과 분노, 공격성을 띠게 되는 이유다. 선거라는 게임의 첫 번째 특징이 이것이라면, 두 번째 특징은 판정을 유권자들이 내린다는 점이다. 선거운동원은 유권자의 반응에 민감하다. 유권자의 전화 한 통, 술자리에서 던진 말 한 마디, 모호한 출처의 풍문, 누군가가 지어낸 말도 안 되는 험담조차도 흘려들을 수가 없다.

패배할까봐 두려운 것은 물론이고 선의 편인 자신이 이기고 악인 상대는 져야 정의인데, 이 정의가 실현되지 않는다고 생각하면 더더욱 비탄에 빠지고 화가 치민다. 거기다 일반 국민들까지도 내 편이 아니다 싶으면 극도로 서운하고 억울해진다. 이처럼 감정의 기복이 항상 있게 마련인 데가 캠프다. 즉 걱정과 불안은 캠프에 흐르는 기본 정조(情調)이다.

걱정과 불안은 캠프에 좋지 않다. 야구 투수가 불안하면 컨트롤이 흔들리는 것과 똑 같이 캠프가 걱정과 불안에 휩싸여 있으면 오판을 내리게 되어 있다. 멘탈이 약한 캠프는 선거 기간 내내 우왕좌왕하게 된다. 전략은 흔들리고, 메시지는 일관성을 잃고, 조직은 동요한다. 고속도로를 운전하는 차처럼 선거 캠프는 부드럽게 운전해야 한다. 가속을 할 때도 서서히, 차선을 변경할 때도 언제 바꿨는지 모르게 사뿐히, 제동을 걸 때도 몸이 앞으로 확 쏠리지 않게 천천히 해야 한다. 총알택시 기사처럼 급가속과 급제동을 반복하면 손님이 불안해지고, 서툰 지휘자가 캠프를 이랬다저랬다 하면 선거운동원들이 피곤해진다. 일은 일대로 안 돌아가고 사람은 사람들대로 파가 갈라지면서 서로 으르렁대기 십상이다. 손자병법의 풍림화산(風林火山)처럼 상대의 공격으로부터 버틸 때는 산처럼 묵직하게 움직이지 않아야 한다. 당황하고 초조해하고 동요하는 자체가 상대 진영이 바라는 바이기 때문이다.

걱정과 불안에는 세 가지 유형이 있다.

첫 번째는 객관적 위기에 따른 공포일 경우다. 이때는 공포가 감지되자마자, 캠프 전원을 소집해야 한다. 그리고 위기의 원인을 설명하고 대처 방안을 제시해야 한다. 숨기거나 왜곡하면 안 된다. 단 1%의 승리 가능성이라도 있다면 방법을 찾아내 납득시켜야 한다. 그래야 캠프가 담담히 받아들이고 질서를 유지한 채 선거운동에 전념할 수 있다.

두 번째는 매사에 비관적인 이가 불안의 표정과 걱정의 언사를 뿜어냄으로써 캠프 전체를 위축시키는 경우다. 이런 염세주의자는 즉시 감별해내야 한다. 대응은 거창할 필요 없다. 그냥 그가 비관적이고 속을 끓이는 스타일이라는 점을 캠프 내에 조용히 알리는 것으로 충분하다. 사람들이 그의 말에 너무 신경 안 쓰도록 하면 된다.

세 번째는 걱정과 불안을 무기로 삼는 이들이다. 이들은 사소한 것조차 걱정거리로 만들고, 으레 있을 수 있는 현상으로 불안을 조장한다. 캠프를 흔들거나, 캠프 핵심 중 누군가를 공격하기도 한다. 특히 의사결정구조 안에 있는 누군가가 그러면 캠프가 분열된다. 단순히 자신의 존재를 인정받고자 하는 욕심에 그러는 자라면, 그럴듯한 외직을 줘서 밖으로 내보내는 게 자연스러운 해결책이다. 문제는 걱정과 불안의 확산을 통해 캠프를 장악하려는 자이다.

걱정과 불안은 어떻게 통제할 수 있을까?

처음부터 캠프 식구들끼리 팀워크가 잘 짜여 있으면 걱정과 불안은 감소한다. 문제는 연합군으로 치를 때이다. 팀워크를 다질 충분한 시간을 갖지 못하기 때문이다.

첫째, 그냥 막연히 '걱정스럽다, 불안하다'고 말하지 말고, 왜 걱정이 되고 무엇이 불안한지 원인을 말하라고 해야 한다. 많은 '걱정꾼'이나 '불안쟁이'들이 그렇다. 대표적인 걱정꾼이 기(杞)나라 사람이다. 그는 하늘이 무너질까봐 걱정(憂)한다. 그런데 혼자 속으로만 했을 것이다. 만약 이유를 털어놓았다면, 바보 취급은 당했을지나 걱정은 금방 해소되었을 터이다. 애초에 할 필요가 없는 걱정이었으니까. 선거 캠프에서 하는 걱정의 80%는 이처럼 쓸데 없는 걱정이다.

둘째, 이유가 충분히 객관적인 불안쟁이한테는 전전긍긍할 시간에 대안을 찾으라고 해야 한다. 대책 없이 불안만 늘어놓게 놔둬서는 안 된다. 불안은 전염시킬 게 아니라, 대책을 찾아 실천함으로써 해소해야 한다.

셋째, 걱정꾼이나 불안쟁이의 가장 큰 문제는 선거운동을 할 생각은 않고, 상대 후보의 일거수일투족을 지켜보며 쫄고 있기 일쑤라는 점이다. 이런 이에게는 몸이 바쁜 일을 맡기는 게 좋다. 캠프 밖에 하는 일이면 더 좋다.

넷째, 걱정과 불안 때문에 캠프가 흔들리게 해서는 안 된다. 이것이 제일 중요하다. 우선 걱정꾼과 불안쟁이가 발견되면 그게 누구인지 캠프가 다 알도록 해서 그 사람 말에 동요되지 않도록 해야 한다. 그들은 캠프의 핵심에게 와서 자신의 걱정과 불안을 털어놓고 싶어한다. 표정 변화 없이 태연하게 들어주면 된다. 그러고 나서 나중에 그것이 사실인지, 꼭 사실이 아니더라도 무언가 시그널은 아닌지 탐지해보아야 한다. 절대 걱정꾼에게 직접 반응해서는 안 된다. 그러면 그들이 재미를 붙여 툭 하면 보자고 한다.

탐지해 본 결과 과민반응이면 조용히 무시하면 되고, 뭔가가 있으면 해당 분야 실무책임자에게 전모를 파악케 한 다음 공식적 의제로 삼아 대책을 찾아야 한다. 이렇게 하는 이유는 '걱정꾼 너 때문이 아니라, 캠프 차원에서 하는 일'이라는 점을 분명히 하기 위해서다. 어떤 경우에도 캠프의 의사결정구조는 공적이어야 한다.

걱정꾼이나 불안쟁이가 왠지 지나치다 싶을 때가 있다. 시나브로 자기 뜻대로 캠프를 끌고 가려할 때이다. 위에서 말한 '캠프를 장악하려는 자'이다. 모든 모반이 그렇듯이 그 자의 논리 전개 순서는 다음과 같다. '①선거가 잘못되고 있다 → ②캠프가 상황 인식을 제대로 못하기 때문이다 → ③결정권자를 교체해야 한다 → ④상황을 잘 알고 있는 내가 나서야겠다'는 식이다.

물론 최악의 캠프도 있다. 선거는 전략가가 아니라 실무자가 치른다. 전략기획은 한 둘이면 족하다. 대신 조직, 홍보, 조사 등의 특정 업무를 전담할 실무자가 필요하다. 그런데 갈수록 실력 있는 실무자들이 드물다. 열악한 대우와, 대의를 상실한 현실정치에 실망한 나머지 정치권을 떠났기 때문이다. 분석하고 평론하고 지적하는 '자칭 전략가'만 많고, 일할 사람은 없는 캠프는 곤란하다. 그것이 최악의 캠프다.

이런 최악의 캠프에서 흔히 벌어지는 일이, 잦은 선수의 교체다. 소위 자칭 전략가들끼리 주도권 싸움을 하는 경우다. 질 것 같지 않던 캠프가 졌을 때, 내막을 들여다보면 이런 경우가 많다. 심하게는 서너 번씩 갈아치운 캠프도 있다. 그래서 처음부터 꾸릴 때 실무자 위주로 꾸려야 한다. 이를 전제할 때, 웬만하면 교체는 안 하는 게 낫다. 강 건널 때 말 갈아타는 법 아니다.

최악의 캠프가 아님에도 불구하고 '위장된 모반자'나 '자칭 전략가'가 끊임없이 걱정과 불안을 조장할 경우에 어떻게 할 것인가? 힘 싸움을 각오하고 정리해야 한다. 어쩔 수 없다. 단호하게 싸워야 한다. 물론 싸우기 전에는 반드시 실무진의 지지를 확고히 얻어두어야 한다. 그래야 이길 수 있을 뿐만 아니라 후유증을 최소화할 수 있다. 그래서 캠프의 총괄 책임자는 후보의 신뢰와 실무자들로부터의 지지, 이 두 가지를 항상 확보하고 있어야 한다.

사실 어떤 캠프든 걱정과 불안이 없을 수 없다. 캠프에서 일하는 한 사람 한 사람이 스스로 걱정과 불안을 통제하는 것이 가장 바람직하다. 스스로 침착해지기 위해서는 눈과 마음을 잘 추슬러야 한다. 우선 눈으로 바라 볼 때 절대 개별성에 빠져들지 말아야 한다. 누구 한 사람의 말, 어떤 몇 사람의 행태나 단편적 지적에 휘둘려서는 안 된다. 대신 집단, 계층, 그룹에 시선을 두어야 한다. 여론조사를 읽을 때 빈도 값 하나하나, 어떤 응답자 한 사람 한 사람의 문항별 답을 보는 게 중요하지 않은 것과 같다. 40대 남성 자영업자, 50대 여성 저학력자 하는 식의 군(群) 혹은 집합으로 파악하는 게 좋다. 그렇게 유권자를 데이터화 또는 추상화해 인식해야 한다. 물론 조직 파트는 당연히 한 사람 한 사람을 구체적으로 존중해야 한다.

또 다른 방법은 마음의 평정을 유지하는 것이다. 야구에서 투수의 루틴이 중요하다고 한다. 투구 폼을 일관되게 유지해야지, 조금만 밸런스가 깨져도 컨트롤이 흔들리기 때문이다. 선거 캠프 요원들은 매일 일정한 시간에 일어나 아침을 먹고 일정한 시간에 일정한 멤버가 모여 회의를 하고, 질서정연한 업무 분장 체계를 유지해야 한다. 이 모든 것이 선거 캠프의 루틴이다. 이렇게 하면 개인적으로는 심리적 안정감이 생기고, 캠프 전체로는 체계가 확립되어 웬만한 일에도 흔들리지 않는다.

선거 캠프는 민주적인가?

R. 미헬스는 '과두제의 철칙'이라는 명제로 진보정당인 독일 사민당조차 민주적이지 않더라는 비판을 한다. 평등과 진보를 부르짖는 정당일수록 민주적이어야 한다는 생각을 미헬스는 품고 있었던 듯하다. 당연히 미헬스의 관찰은 정확하다. 지금 우리 정당에 대한 언론의 비판도 그런 관점에 서 있다. 비례 대표 공천이 비민주적이다, 당 대표의 권한 행사가 비민주적이다, 계파의 패권주의가 비민주적이다 등등… 과두제적이라는 단어가 어려워서 사용하지 않을 뿐이지, 지금 언론은 미헬스的이다.

그러나 이는 정당의 속성에 대한 일면적 이해에 불과하다. 정당은 민주주의를 실현하기 위한 조직인 동시에 권력을 쟁취하기 위한 조직이다. 즉 정당은 권력을 취하기 위해 투쟁한다. 투쟁하는 조직, 예컨대 군대가 민주적으로 운영될 수 있을까? 그런 실험을 한 적이 있다. 1917년 볼세비키 혁명 이후 적군(赤軍)이 그러했다. 계급제도와 장교라는 명칭을 없앴고, 지휘관을 선거로 뽑았다. 그러나 실험은 실패했고 계급제는 복원되었다.

'민주주의 실현'에도 두 차원이 있다. 내부 민주주의의 실현이 있고, 전체 사회의 민주화 실현이 있다. 미헬스는 내부 민주주의를 이야기 했을 따름이다. 전체 사회의 민주화는 내부 민주화보다 더 큰 가치다. 요컨대 미헬스는 조직 내 민주주의의 실현이라는 작은 덕목을 내세워, 권력 쟁취 수단으로서의 정당이라는 현실에 눈 감았다. 전체 사회의 민주화라는 더 큰 명제에도 등한시했다.

선거 '캠프'는 어떠해야 할까? 캠프(camp)는 캠페인(campaign)이란 말에서 나왔다. 캠페인은 선거운동이자 군사작전이라는 뜻을 가진다. 선거운동, 즉 군사작전을 행하는 조직이 '캠프'다. 고로 선거 캠프는 당연히 민주적이지 않다.

선거 캠프가 그다지 민주적이지 않은 이유는 또 있다.

캠프는 하루에도 몇 번씩 선택과 결정을 내려야 한다. 결정을 내리지 못 하면 안 된다. 그런데 결정을 내리지 못하는 캠프가 의외로 많다. 왜 그럴까? 결정을 내린다는 것은 결정을 내린 자가 그 결과에 대해 책임진다는 것을 의미한다. 즉, 결정을 못 내리는 이유는 누구도 책임지려 하지 않기 때문일 가능성이 크다. 그런 캠프는 어떻게 될까? 장시간 노동에 시달리게 되고, 캠프 공기는 무겁고, 캠프 요원들 간의 관계는 뻑뻑해지기 십상이다.

대개 결정은 두 가지 선택지 사이에서 내리게 된다. 강경책과 온건책, 방어와 역공 같은 것들이다. 경험적으로 볼 때 둘 중 어느 것도 100점은 없다. 0점도 없다. 아주 잘 된 결정도 90점, 아주 잘못된 결정도 30점이다. 그러나 그것도 이론이고 실제로는 두 가지 중 하나가 70점이라면 다른 하나는 40점이다. 그런데 결정을 내려야 할 타이밍에 아무 결정도 못 내리면 무조건 0점이다. 때로는 마이너스일 수도 있다. 따라서 결정을 두려워하면 안 된다. 어차피 거기서 거기다.

기왕 내려야 할 결정이라면 신속히 내려야 한다. 선거에서 신중은 우유부단이 되기 쉽다. 타이밍을 놓치면 효과는 없고 노력만 허비되기 때문이다. 대개 결정이 지체되는 이유는 책임과 권한의 소재가 명확하지 않기 때문이다. 사무장이 결정할 일을 후보에게 묻고, 후보는 다시 캠프 바깥에다 묻는 (최악의 경우 자기 친지들에게 묻기도 한다) 캠프는 지는 캠프다. 실무진을 불신해 모든 걸 후보가 직접 결정해야 돌아가는 캠프는 속도전에서 지는 캠프다. 실무진이 자신 없는 나머지 위로 떠넘김으로써 면책 받으려는 캠프는 무능한 캠프다.

결정을 내리되, 신속히 내리자면 어떻게 해야 할까? 두 가지 방식이 있다. 참모진을 전원 소집해 토론을 한 뒤 결론을 내리는 것이다. 의견이 갈려 합의가 이루어지지 않으면 다수결이라도 해야 한다. 다른 방식은 소수의 의사결정 단위를 만들고 실무 책임자를 불러 보고하게 한 뒤 거기서 바로 결론을 내리는 것이다. 이 단위는 캠프 요원이 10여명 안팎이면 2~3명, 20여명이 넘으면 4~5명으로 꾸리는 것이 적정하다. 전자가 민주적 방식이고, 후자는 과두제적 방식이다.

두 방식 중에 어느 것이 더 좋을까? 민주적 방식? 필자는 그리 생각하지 않는다.

선거운동의 특성 때문이다. 첫째, 선거운동은 사실상 거의 모든 것이 기밀이다. 캠프에는 상대측과 연결되는 이들이 한두 명은 있다고 보아야 한다. 사람 사는 세상 어디든 중간지대는 있게 마련이다. 이들은 이쪽과도 친하고 저쪽과도 친하다. 선거 때가 되면 이쪽 얘기를 저쪽에다 해주고, 저쪽 얘기를 이쪽에다 흘려주는 것으로 자기 존재를 과시한다. 이런 조건에서 민주적 방식을 택하게 되면 우리의 일거수일투족은 필경 상대의 손바닥 위에 올라간다. 심지어 장기간 유출이 계속되면 캠프 내부의 역할 분담과 위계질서, 개인별 특성까지도 노출된다. 이것이 사실 더 무서운 일이다. (선거 초반 큰 전지나 화이트보드에 상대 캠프의 인물들의 신상을 파악하고 SNS를 검색해 사진까지 붙인 조직도를 그려나가는 게 좋다. 상대를 잘 알수록 약점이 잘 보인다.)

둘째, 대개의 캠프는 평소부터 같이 일해 오던 관계가 아니다. 그러다 보니 자연스러운 위계질서가 없다. 경선까지 합쳐도 2~4개월 정도라 팀워크가 생기기엔 너무 짧다. 정치판인지라 또 자기주장들은 다 강하다. 반면 관점이나 입장의 차이는 으레 있을 수밖에 없다. 기획과 조직 사이에, 현지인과 외지인 사이에, 일찍 온 멤버와 나중에 온 멤버 사이에, 회관과 지역 사무실 사이에... 이런 상태에서 다수가 모여 회의를 하면 회의는 당연히 길어지고 토론은 격렬해지기 일쑤다. 행여 그러다 파가 갈리면 최악이다. 갈린 파끼리 서로 비토하다 보면 선거가 산으로 간다.

이 두 가지 이유 때문에 캠프를 민주적으로 운영한다는 자체가 불가능하다. 즉 캠프는 과두제적으로 운영하는 것이 옳다. 문제는 과두제적으로 운영할 때이다. 과두제로 의사결정을 하는 대신 소수의 결정권자는 다양한 방식으로 리더십을 발휘해야 한다. 가장 기본적인 것은 캠프 식구들에게 부지런히 설명을 하는 자세다. 점심을 먹으면서 결정의 근거들을 설명하고, 저녁에 술 한 잔 하면서 의견을 수렴해야 한다. '소수가 결정하되 전체 의견이 항상 수렴되고 있다'는 신뢰감을 줘야 한다. 내부 메신저를 통해 결정의 내용과 이유, 의도를 글로 간략히 올리는 것도 좋다. 말보다는 글이 더 이성적이라 불필요한 감정 대립을 피하는 효과도 있다.

결정단위는 기획, 홍보, 정책 등 각 분야의 책임자들로 구성하는 게 가장 효율적이다. 실무와 괴리된 채 '말만 하는' 이들이 결정권자가 되면 폐단이 생긴다. 탁상공론으로 흐르거나 실무자들에게 책임을 전가하는 경향이 있다. 결정권자가 그러면 실무자들은 점점 일을 피하게 된다. 리더십과 실무력, 이 두 가지는 캠프의 결정권자가 겸비해야 할 덕목이다. 결정권자들은 결정을 과감하게 내리는 데 결코 주저하지 말아야 한다. 캠프의 성패는 그들 과두(寡頭)의 손에 달렸음을 잊지 말아야 한다.

지리(地利)

구도 : 토박이와 향우회

선거는 구도라는 말이 있다. 구도는 출마한 후보 간의 적대관계다. 모든 후보는 서로가 적이다. 아무리 후보가 좋아도 구도가 나쁘면 제3후보에게 어부지리를 줄 수도 있다. 그런 점에서 가장 안 좋은 적은 지지층이 겹치는 후보다. 지지층이 겹치는 후보가 나오지 않도록 하는 것이 최선이고, 나왔다면 단일화 하거나, 이도저도 안 되면 겹치는 지지층으로부터 그 후보를 이격시켜야 한다.

밖으로 구도를 잘 짜는 게 선거의 출발점이라면, 안으로는 내부 세력을 확실히 끌어안는 게 시작점이다. 수도권의 야당을 기준으로 볼 때 확실히 신경 써야 할 그룹은 토박이와 호남이다. 토박이는 주로 여당 편이고, 호남은 야당 편이다. 반대로 여당은 영남이 아군이다. 야당 입장에서 선거에서 승리하려면 첫째 토박이를 최대한 끌어들여야 하고, 둘째로는 호남에 매몰되면 위험하다.

수도권 모든 지역구에서 호남향우회는 민주당의 최대 주주다. 마찬가지로 새누리당의 최대 주주는 영남향우회다. 지난 30년 이상 당을 자신의 존재 기반이자, 권리 보호망, '사회적 자본'으로 삼아 온 것이 이들 지역 향우회들이다. 그래서 당에 영향력이 크다. 심한 경우 상왕 행세도 한다. 그러나 향우회 역시 분파로 나뉘어져 있게 마련이다. 따라서 향우회 전부를 잡을 수도, 잡으려 들 필요도 없다. 그 중 가장 합리적인 그룹만 잡으면 충분하다. 영호남의 향우회가 당내 경선에 강력하게 개입하고 나올 때가 가장 괴롭다. 그러나 이때에도 합리적 분파가 제대로 균형을 잡고 있으면 경선 결과를 좌지우지할 정도로 입김을 행사하지는 못한다. 그 상태가 되면 향우회의 일반 회원은 본선에서 이길만한 후보를 직감적으로 파악해 표를 몰아주게 되어 있다. 이처럼 향우회의 표가 한 군데로, 특히 경쟁자에게 몰리는 경우만 막으면 큰 변수가 되는 걸 예방할 수 있다.

반면 향우회에 한번 휘둘리기 시작하면 이권 청탁에 사사로운 부탁까지 쇄도한다. 지나치게 특정 향우회에 포획당해 있으면 그 외 지역끼리의 반연합을 결성시켜주는 빌미가 된다. 예컨대 민주당 후보들은 호남+개혁적 젊은 유권자층의 지지로 당선되는 게 공식이다. 그런데 호남이 너무 장악해버리면 이 개혁적 젊은 유권자층이 지역주의에 매몰된 후보로 보고 등 돌리는 이유가 된다. 정치인은 지역 향우회들로부터 반드시 자율성을 확보해야 한다. 지역주의는 영호남에서만 작동하는 것이 아니다. 한국정치를 지역주의로부터 자유롭게 하는 노력은 수도권에서부터 시작해야 한다.

토박이는 경기, 인천에서 대개 여당 편을 들어왔다. 이들은 인구의 5~15%에 불과하지만, 동네 여론을 주도하고 지역에 따라 기초의회 의원 상당수를 배출한다는 측면에서 영향력은 인구 비율 이상이다. 그러나 세월이 흐를수록 이들의 힘도 약화되는 추세다. 토박이들은 학연으로 엮여 있다. 특히 초등학교가 중요하다. 초등학교 동창회에 덕망이 높은 어른 급에서 한 명, 동창회의 허리 역할을 맡고 있는 중견 그룹 중에서 한 명, 둘 정도는 어떤 방법으로든 선거 캠프에 포함시켜야 한다.

이들은 연결망이 촘촘하기 때문에 후보가 직접 삼고초려하면 소문이 금방 퍼지면서 주변에서 출사하라는 권유가 거꾸로 들어가게 된다. 문제는 정말 덕망이 있는 이가 누구인지를 찾아내는 일이다. 토박이들끼리는 위계가 중요한 동시에 서로 익히 알고 있기 때문에 누구나 인정하는, 비토가 없는 이를 찾아 세워야 온전한 성과를 낼 수 있다.

연대와 단일화 : 진보정당 및 시민단체

여당과 달리 야당은 선거 시기가 되면 진보정당 및 시민단체와의 관계, 나아가 후보 단일화가 지속적인 현안이 되고 있다. 중앙당 차원에서의 연대 협상이 타결되더라도 지역구에서는 여전히 별도의 단일화 협상 및 경선을 요구하는 경우가 대부분이다. 협상을 통해 자신들의 정책을 관철하려 하거나, 지방선거에서의 공천권을 요구하기 때문이다.

'좌파의 비위를 맞추려 하지 말고, 우파의 욕심을 채워주려 하지 말라'는 말이 있다. 진보정당과의 채널은 반드시 있어야 한다. 그들과 자유주의 정당은 평소에 우호적 관계를 맺고 상호 협력할 사안에서는 연대해야 한다. 하지만 어느 선에선가 이들과의 경계는 분명히 있어야 한다. 특히 보수정당보다 자유주의 정당을 더 적대시하는 정파와는 차라리 거리를 두는 게 낫다. 총선에서 단일화를 받는 대신에 지방선거에서 대가를 지불하겠다는 식의 거래관계 역시 곤란하다. 이는 필경 당내에서 불신과 도전을 불러오게 된다.

물론 중선거구제인 기초의원선거에서 한 선거구 정도를 진보정당 몫으로 하여 야당이 스스로 무공천하는 것은 수도권에서는 자연스럽고도 필요한 선거 전술이다. 단체장 선거에서 1:1구도를 만들기 위해서나 여타 선거에서의 불필요한 경합을 막을 수 있기 때문이다. 특히 지역시민운동, 풀뿌리운동을 열심히 해 온 진보정당 후보가 있다면 무조건 그를 등원시키는 게 시민을 위해서도 옳다. 그러나 깔끔하게 타결을 보지 못한 채 결국 경선까지 가는 건 그 자체로 에너지의 소모다. 경선을 하더라도 비용과 노력이 안 드는 방식으로 하거나 처음부터 협상 테이블에서 매듭짓는 게 바람직하다. 항상 박빙인 수도권에서 이들이 가져가는 몇 천표가 승부를 가를 수 있는 만큼 표의 분산은 어떻게든 막아야 한다. 역대 경기도지사 선거는 바로 이런 표 분산 덕분에 보수정당이 연승했다.

진보정당이 독자 출마를 강행한다면 남는 방법은 표의 손실을 최소화하는 것이다. 지역마다 진보정당 내부의 역관계가 다르기 때문에 일률적으로 말할 수 없으나 '반자유주의정당' 정서의 강도에 따라 '이길 후보 밀자' 파와 '죽어도 독자노선' 파가 나뉘기 마련이다. 단일화 문제가 해결되지 않고 선거에 돌입했을 경우 막판 사퇴를 유도하기 위해서는 '이길 후보 밀자' 파를 통해 현실적 선택을 끈질기게 제안해야 한다. 설사 사퇴까지는 안 되더라도 이길 수 있는 후보에게 표를 던지자는 '투표장 단일화'라도 이루어야하기 때문이다.

지역 시민단체도 지방선거에선 후보를 낼 수 있는 정치 주체다. 수도권에서도 이제 시민단체의 대중적 지지가 예전만 못하지만 여전히 선거기간에 후보 초청 토론회를 개최할 수 있는 만큼 핵심 활동가들과 미리 알고 지내는 것이 온당하다. 시민단체와 협력적 관계를 유지하는 방법 중 하나는 국회 사무처에서 지급되는 정책개발비를 활용해 지역 발전 방향이나 환경, 교통 등 생활문제에 대한 연구용역을 발주하는 것이다. 그리고 그 결과물에 근거해 시민단체와 후보 간의 정책연대를 이루어갈 수도 있다.

요컨대 지지층이 겹치는 후보와는 미리 교통정리를 하고, 토박이를 가까이 하는 한편, 영호남 향우회를 불가근불가원(不可近不可遠)하는 가운데 진보정당이나 시민단체까지 원만한 관계를 유지해야 지리를 취했다고 할 수 있다.

천시(天時)

선거운동으로 할 수 없는 일

천시, 지리, 인화라고 한다. 하늘의 때는 땅의 이득만 같지 않고, 땅의 이득은 사람들의 인화만 못하다는 뜻이다. 선거운동을 하는 사람 입장에서도 좋은 후보를 만나는 것이 첫째요, 좋은 지역구를 만나는 것이 둘째요, 좋은 시기를 만나는 것이 셋째다. 왜냐하면 선거운동을 하는 입장에서는 후보에 대해 할 수 있는 게 가장 많고, 지역구에 대해 할 수 있는 건 약간 있고, 시기에 있어서는 할 수 있는 게 거의 없기 때문이다. 그래서 이 글의 순서도 할 수 있는 것이 많은 부분부터 서술하였다.

그러나 유감스럽게도 선거의 승패를 나누는 진짜 요인은 그 반대다. 시기가 첫째요, 지역구가 둘째요, 후보가 셋째다. 아무리 좋은 후보도 절대 열세인 선거구에선 이길 수가 없고, 평소 유리했던 선거구에서도 예컨대 탄핵 역풍이 불면 낙선할 수밖에 없는 것이 선거다. 그래서 선거 결과는 선거운동 기간 동안에 결정되는 것이 아니라 선거와 선거 사이 기간에 이미 결정된다는 말을 한다. 즉 개별 선거구에서의 선거운동으로 좌지우지할 수 없을 정도로 이미 구조적 결정이 선거운동에 선행한다는 뜻이다. 여의도 정치권에서 흔히 하는 농담 가운데 '선거는 운칠기삼(運七技三)'이라는 말이 있다. 여기서 7에 해당하는 운(運)이 마키아벨리가 말하는 '포르투나'이자 천운이고 천시다. 그래서 개인기보다 천운이 국회의원이 되는 데 더 중요하다고 푸념을 하는 것이다. 그렇다면 선거운동을 하는 입장에서 가장 할 것이 없다는 천시는 무엇일까?

우리는 선거대행업체가 아니다. 선거운동을 해주고 돈만 받으면 끝나는 사람들과는 다르다. 선거가 끝나면 정치가 시작된다. 선거에서 이기고 난 다음 4년 동안 이를 악물고 좋은 정치를 펼쳐야 한다. 서민 대중의 편에 선 정치와 정책, 그리고 입법 활동을 해야 한다. 의원 한 사람 한 사람의 성실한 의정활동, 그리고 그것이 모아진 정당 지지도를 잘 쌓아야 한다. 그렇지 않고 선거운동만 잘 해서 이기는 선거는 없다. 그게 우리가 선거 컨설팅업체와 다른 점이다. 선거운동으로는 어떻게 할 수 없는, 평상시 잘 하거나 잘못하는 정치가 바로 천시다. 선거에 나가 당선되고 싶으면 평소 정당 차원에서 정치를 잘 하는 게 최상의 준비다. 그래서 정치학에서는 선거 이론보다 정당 이론이 더 중요하고, 현실정치에서도 선거운동보다 정당 정치가 더 중요하다고 필자는 생각한다. 즉 부동층은 선거시기에 선거운동전략으로, 기권층은 평상시에 정당 차원의 지지층 확보전략으로 접근해야 한다.

천시를 살펴야 할 또 다른 이유는 그 누구든 '한 번의' 선거가 아니라 '여러 번'의 선거를 같은 곳에서 치러야하기 때문이다. 지역구(민)의 정치 성향은 얼핏 지리(地利) 같지만 이 역시 천시(天時)다. 지역구민의 정치적 성향을 동별, 심지어 아파트 단지 수준까지 파악해야 한다. 그리고 어떻게 다수파 연합을 조직할 것인지를 설정해야 한다. 선거 한 번만 해서는 지역구의 정치 성향을 다 파악할 수 없다. 유리한 시기의 선거와 불리한 시기의 선거를 다 치러봐야 진정한 정치 성향을 파악할 수 있다.

수도권만 놓고 보면 2000년대 중반까지만 해도 한나라당 의원 다수가 소장개혁파에 가담했다. 반면 2000년대 후반 들어서는 민주당 의원들이 부쩍 지역구 관리에 많은 시간을 투자하는 경향을 보였다. 천시가 그리 움직였기 때문이다. 보수, 진보, 중도 혹은 여당과 야당 그리고 무당파로 구분되는 유권자층의 구성비는 천천히 그러나 끊임없이 변화한다. 이 변화를 일으키는 원인은 무엇일까? 필자는 대선의 승패라고 생각한다. 진보적 유권자 비중이 늘어나서 노무현 후보가 당선된 게 아니라, 노 후보가 이겼기 때문에 스스로를 진보적이라 평가하는 유권자가 늘어난다. 이명박, 박근혜 후보가 연속 대통령이 되었기 때문에 보수층이 더 두터워진다. 한나라당 소장개혁파나 지역구 관리에 열중하는 민주당 의원의 출현은 직전의 대선에서 그들이 패배했기 때문이다.

대선에서 이겼으면 직후 총선에서는 정당이나 후보 지지율이 다 높아져 있고, 졌으면 낮아져 있을 것이다. 높을 때는 원래 자신의 지지층에게 소구하는 선거 전략만으로도 충분하다. 반대로 낮을 때는 자신의 지지층만 결집시켜서는 도저히 이길 수가 없다. 예컨대 상대적으로 진보적인 정당의 후보는 선거에서 승리한 직후에는 진보적 유권자층만 타깃으로 해도 된다. 반면에 패배한 후에는 중도층 심지어 보수층 일부까지도 의식한 선거를 치러야 한다. 그래야 다수파 연합을 조직할 수 있기 때문이다. 이것이 선거에서 천시가 갖는 또 다른 의미다. 그래서 직전에 치러진 두 세 번의 선거에서 정당 지지도와 후보 득표율이 어떻게 움직여 왔는지를 선거 전략가는 늘 염두에 두고 있어야 한다.

상류의 댐

상류에서 댐이 터지는데 계곡 밑에서 제 혼자 콘크리트 집을 짓는다고 안 떠내려가는 건 아니다. 천시는 계절과 같은 것이지만, 춘하추동 외에도 갑자기 쏟아지는 폭우도 있고, 난데없는 태풍도 닥치는 게 날씨다. 드물긴 하지만 2004년 탄핵 정국에서의 한나라당이나, 반노무현 정서가 팽배했던 2008년 제18대 총선에서 통합민주당의 경우, 바로 이 상류에서 댐이 터진 사례다.

이럴 때 지레 선거를 포기하는 분위기가 캠프 내부에 흐른다. 그러나 절대 포기하면 안 된다. 출마를 아예 안 할 수 있다면 몰라도 일단 한 이상은 최선을 다해야 한다. 기가 죽어 선거사무소 밖을 안 나가려 하거나, 유세를 포기해서는 안 된다. 이때 해야 할 일은 과감하게 중앙당의 잘못을 인정하고, 당내 비판세력이 되겠다고 하는 것이다. 절대 상대 후보를 공격하거나, 거꾸로 자당의 실책을 변명해서도 안 된다. 철저한 반성과 시정을 약속하고 또 약속해야 한다. 한 마디로 '후보가 울고 다니더라'는 말이 퍼져야 한다. 그래야 다음 선거에서 재기가 가능해진다. 동정심이 생기기 때문이다. 나아가 상대 후보의 예기치 않은 실수나 비리가 터져 나왔을 때 반전의 계기를 잡을 수도 있다.

3장_ 선거가 끝난 후

끝날 때까지는
끝난 게 아니다
– 요기 베라

당(낙)선 인사

선거운동이 끝났다고 선거가 다 끝나는 건 아니다. 음식을 준비하고, 먹고, 치우고 설거지까지 다 마쳐야 비로소 식사는 끝난다. 선거에도 설거지가 있다. 크게 두 가지다. 하나는 당(낙)선 인사이고, 다른 하나는 고소고발전이다.

우선 당선되었으면 당선 인사를, 낙선했으면 낙선 인사를 해야 한다. 대개 선거가 끝난 날은 이기면 이긴 대로, 지면 지는 대로 캠프 전체에 태풍이 휩쓸고 지나간다. 그러나 기획팀은 다음 날도 정상 출근해야 한다. 당선 소감을 우선 작성해야 하는데 사실 소감문은 당선 확정 후 밤늦게라도 즉각 발표되어야 한다. 그 다음이 플래카드다. 각 동별로 1매씩 13일 간 붙일 수 있다. '당선사례' 같은 상투적인 표현 대신, 선거운동 과정에서 들은 유권자의 목소리를 명심하겠다는 취지의 문안이 좋다. 그 다음은 후보자가 직접 하는 당선 인사다. 유세 차량을 이용해 선거구를 돌게 되는데 선거운동 때처럼 너무 요란하게는 하지 말아야 한다. 애초 차량을 계약할 때 선거 종료 후 하루 이틀 정도 더 기간을 잡아두는 게 좋다.

당선 인사보다 더 중요한 게 낙선 인사다. 더 출마할 생각이 없다면 몰라도 낙선 인사를 간곡하게 해 두어야 다음 선거에서 유권자들이 기억한다. 진심 어린 낙선인사는 찍은 유권자는 더 안타깝게 여겨 뭉치게 하고, 안 찍은 유권자는 갸륵하게 여겨 한 번 더 생각하게 한다. 간혹 창피하다거나 배신감에 낙선 인사를 하지 않으려는 후보가 있다. 그런 후보는 차제에 정치를 그만 두는 게 좋다. 얼굴이 그렇게 얇거나 밭을 원망해서는 어차피 농사 못 짓는다.

고소고발전 : 끝날 때까지는 끝난 게 아니다

선거법이 까다로워질수록, 선거전이 격렬할수록, 상대 후보가 법조인 출신일수록 선거 기간 중에 벌써 고발전이 벌어지기 쉽다. 필자 개인적으로는 정치에 법을 끌어들이는 건 어리석은 짓이라고 본다.

'선출되지 않은 권력'에게 '선출된 권력'이 종속되는 양상을 자초하기 때문이다. 민주주의는 기본적으로 권력의 원천을 국민에게 두고 있고 국민은 선거를 통해 그들의 대표자를 선출하여 권력을 위임한다. 이로써 국민은 그들의 대표자들을 통제한다. 반면 선출되지 않은 권력, 즉 사법권은 주권자인 국민이 통제할 방법이 없다. 고소 고발을 남발하는 정치인은 스스로의 권위 실추는 물론 민주주의의 원리를 스스로 걷어차고 있는 셈이다.

고발을 하지 않는 것이 좋은 실제적 이유는 다음과 같다. 대개 고발을 하게 되는 이유는 세 가지다. 첫째, 상대 캠프를 위축시키기 위해. 둘째, 감정적인 증오심 때문에. 셋째, 실제 의원직 상실 형을 받아내기 위해. 그런데 이 세 가지 경우를 각각 잘 생각해볼 필요가 있다.

선거전략 차원에서 고발하고자 할 때 자신도 각오해야 할 게 있다. 무엇보다 고발은 십중팔구 맞고발을 부른다. 일단 고발을 하면 수사기관은 매우 적극적으로 수사에 착수한다. 선거철이 다가오면 모든 수사기관들은 최우선 업무로 선거사범 엄단을 내걸기 때문이다. 경찰은 먼저 고발인 조사를 한 다음, 바로 피고발인을 소환한다. 조사를 받고 피의자 조서에 지장을 찍고 나온 후보나 선거사무원은 불안감에 빠진다. 눈치를 챈 언론이 취재를 들어오고 고발된 사실과 혐의 내용을 적시해 보도를 한다. 일단 그 자체로도 고발된 후보 측은 손해를 본다. 이런 식으로 위축 효과는 거의 즉각적으로 발생한다.

고발을 당한 캠프는 불쾌해지고 점점 분노에 차오른다. 앉아서 당할 수 없다는 분위기에 우리도 상대를 고발하자는 강경론이 점점 고조된다. 캠프 여기저기서 '저쪽도 이러이러한 불법을 하고 있던데, 왜 우리는 가만있어요?'라는 제보와 독촉과 채근이 누적된다. 결국 맞고발을 하지 않을 수 없다. 이처럼 고발은 처음에는 상대 캠프를 위축시키는 효과가 있지만, 맞대응을 불러 자신 역시 역공을 받는다고 봐야 한다.

둘째, 증오심 때문에 고소 고발에 이른 경우 역시 좋지 않다. 어떤 순간에도 냉철해야 할 캠프가 감정적으로 흥분하는 자체가 바람직하지 않기 때문이다. 감정적 고소 고발은 필경 후보 간의 난타전으로 선거전을 끌고 간다. 난타전은 선거전을 유권자를 의식한 경쟁이 아니라 적을 쳐부수기 위한 투쟁으로 몰아간다. 상대방의 허점이나 약점을 찾아내 선제적 공세를 치밀하게 구사함으로써 언론(여론주도층)의 시선을 우리 쪽으로 모으고, 그를 통해 중도적 유권자들에게 어필하는 게 선거운동의 정수다. 그러나 난타전에서는 이런 정공법 내지 정교한 기술을 구사할 수가 없다. 즉 선거운동을 잘 하는 캠프 입장에서는 선거가 고소고발전으로 갈수록 손해다.

셋째, 선거에서 진 캠프가 보통 결과에 승복하지 못하면 상대를 어떻게 해볼 수 있지 않을까 하고 선거 소송을 일으키는 경우가 왕왕 있다. 이는 엄청 모양 빠지는 짓이다. 그렇게 패배한 후보가 직접 나서 고소한 경우, 재판에서 의원직 상실 형에 이르면 그나마 다행인데 만약 그렇지 않으면 정치적 타격은 고스란히 자신에게 돌아온다는 점을 명심해야 한다.

그래서 이 세 가지 경우의 고소 고발은 하지 않는 것이 좋다. 정히 선거운동 중에 상대방의 불법적 선거운동이 지나쳐 이를 막아야 할 때는 경찰이나 검찰보다 선관위에 신고하는 편이 더 효과적이다. 선관위는 경찰보다 선거법을 더 잘 알고 있다. 그래서 어떤 내용인지 들어만 봐도, 이것이 경고감인지 경찰에 수사를 의뢰할 사안인지 아니면 수사기관에 직접 고발할 불탈법 행위인지 금방 판단한다. 특히 선거운동의 공정성과 합법성을 일선에서 책임지는 기관이기 때문에 바로 조사에 착수해 사실 여부를 확인하는 기동성이 높다. 즉각적인 제재가 필요할 때는 선관위에 바로 구두 혹은 서면으로 신고하는 게 가장 효과적이다.

끝으로 이 모든 것은 뒤집어 생각해 볼 필요가 있다. 만약 박빙의 승부였고 선거전이 치열했고 상대 후보가 법조인 출신이면, 선거 후 고소고발전이 벌어질 가능성이 높다. 이 경우에는 사전과 사후에 걸쳐 철저한 대비태세를 갖추어야 한다.

선관위 실사 대비

원래 선거가 끝나면 선관위에서 곧바로 실사를 나온다. 실사 대상은 선거사무원은 물론 자원봉사자와 심지어 거리 유세장에 나왔다가 손 팻말을 들어주거나, 같이 율동을 해 준 당원들도 포함될 수 있다. 실사의 표면적 목적은 선거비용 보전에 따른 실제 지출 내역을 확인한다는 것이다. 예컨대 10만 원으로 신고한 플래카드가 실제로 20만 원을 주고 제작한 것은 아닌지, 반대로 500만 원으로 신고한 유세 차량이 실제 200만 원에 임대한 것은 아닌지를 확인한다. 과다 계상은 사실상 공금 횡령이며, 과소 계상은 선거비용 한도액 초과를 피하려는 의도로 볼 수 있기 때문이다. 그러면서 한편으로는 선거사무원에게 불법 선거운동을 시키지 않았는지, 자원봉사자에게 금원을 지급하지 않았는지 등을 이리 저리 탐문한다. 또한 위에서 말한 고소 고발을 하기 위해 상대 후보 측의 탐문, 심하면 유도나 공모도 이때 이루어진다. 가장 흔히 동원되는 것은 당 주변의 선거 브로커들이다.

선거운동이 끝나고 선거일이 되면 선거사무원들을 소집해 실사에 대비한 교육을 시켜야 한다. 미리 말해주지 않은 상태에서 선관위에서 실사 차 방문하겠다고 전화가 오면 놀라거나 지레 겁을 먹을 수 있기 때문이다. 굳이 선관위에 출두할 필요는 없다. 5~10분 정도면 충분하니 집으로 오라고 해도 된다. 실사에선 주로 수당과 실비로 얼마를 받았으며, 점심값은 별도로 받았는지 아니면 직접 식사를 제공받았는지 등을 묻는다. 통장으로 지급된 금액과 실제 일한 시간이 일치하는지, 규정 외에 더 받은 돈은 없는지 등을 확인한다. 여기까지만 정확하게 답변하면 된다. 혹시 사진을 내밀며 함께 찍힌 이가 누군지, 누구의 소개로 선거사무원이 되었는지 등도 물을 수 있다. 이런 저런 규정 외의 질문에 대해서는 그냥 모른다고 하는 게 깔끔하다. 괜히 말 많이 해봤자 자승자박이다. 누군가 다른 사람을 말하면 그 사람을 또 찾아갈 수 있고 선관위가 찾아오는 자체가 불쾌한 나머지 결국 캠프에 불평이 쏟아져 들어오게 된다. 선거운동을 도와준 당원이나 지지자들에게 폐를 끼칠 수는 없다. 이런 교육과 함께 실사를 나온다는 연락을 받거나, 받고 난 후에 캠프에다 그 사실을 알려달라는 부탁도 같이 해 놓아야 한다.

선거에서 박빙으로 이긴 후보 캠프는 특히 긴장해야 한다. 조직 파트에서 일했던 핵심들이 혹시라도 후보나 캠프에 대한 불만은 없는지 체크하고 상대 후보 측으로부터의 회유, 공작이 들어올 것에 대비하도록 그들에게 주지시켜야 한다.

선거법이 워낙 까다롭고 복잡하기 때문에 잘 모르거나, 범의(犯意) 없이 무심코 한 일이 범죄가 되기 일쑤다. 대개 조직 파트의 금품 향응, 기획 파트의 허위사실 유포 같은 행위는 누가 봐도 범죄다. 하지만 그 외에는 왜 해서는 안 되는 일인지, 선거를 치르거나 선거법을 읽어보지 않은 사람은 알 도리가 없다. 심지어 검사도 잘 모른다. 선거운동을 해보지 않았기 때문이다. 그러다 보니 어떤 캠프도 선거법 위반으로부터 결코 자유로울 수가 없다.

반면 선거법 위반 혐의에 따른 검경의 수사는 대단히 혹독하다. 검찰은 선거범죄 수사를 공안부에 할당한다. 공안 검사는 국회의원을 권력자로 인식한다. 그래서 권력에 맞서 '싸우는' 듯한 자세로 수사와 재판에 임한다. 공안 검사는 피의자 신분의 국회의원을 일반 형사범보다 훨씬 더 엄하고 냉정하게 다루는 경향이 있다.

반면 수사를 받는 선거사무원이나 당원, 심지어 후보는 범죄에 대한 인식 없이 저지른 실수 혹은 상대방의 모함에 따른 음해라고 생각한다. 소환에 응해서 잘 설명하고 이해시키면 별 일 없겠지 하고 순진하게 본다. 그러나 절대 그리 되지 않는다. 평생 살면서 파출소 한 번 간 적 없는 여성 당원이 검찰 조사실에 앉아 '돈을 받지 않았느냐? 불법적 선거운동을 하지 않았느냐?'고 추궁 당하게 되면 창피함, 억울함, 공포심 때문에 공황 상태에 빠지기 마련이다. 나이 든 성인 남성, 심지어 후보조차도 정도의 차이는 있지만 심리적 위축감을 느낀다. 게다가 어디까지가 합법이고 어디부터가 불법인지 잘 모른다. 어떻게 답을 해야 좋을지 몰라 우물쭈물하게 된다. 앞서 조사받은 이들의 진술을 들이밀며 '왜 거짓말 하느냐'는 식으로 쿡 찌르기라도 하면 당황해 쩔쩔매기 시작한다. 그때 유도 신문이나 선거법 후반부에 나와 있는 벌칙 조항들을 읽어주면 마침내 정신이 아득해지면서 모든 질문에 그냥 '예, 예' 하고 답하게 되어 있다. 벌칙이 일반 범죄보다 훨씬 무거워, 듣다보면 엄습하는 공포심에 넋이 나갈 수밖에 없기 때문이다. 끝내 기소에 이르러 재판을 받게 되면 나중에 무죄 판결을 받더라도 재판이 끝나는 2~3년 동안 그 손해는 막심하다.

호미로 막을 수 있는 일을 가래로 막아야 할 상황으로 키워서는 안 된다. 물을 안 쏟으면 가장 좋겠지만, 기왕 엎질렀다면 물을 흔적 없이 잘 닦아 깨끗이 치우는 게 중요하다.

특히 브로커들을 조심해야 한다. 사라져 가던 브로커들이 당내 경선이 보편화되면서 다시 준동하고 있다. 이들은 처음부터 조심해야 한다. 이들이 엄격해진 선거법을 악용하기 때문이다. 브로커들은 도와주겠다며 접근하다가 자기 계산대로 안 되면 적대적으로 돌아선다. 이들은 선거법의 '이해 및 매수유도죄'와 '자수자에 대한 특례', '선거범죄신고자에 대한 포상금 지급' 조항을 무기로 사용한다. '후보가 자신을 매수하려 했다. 그래서 내가 얼마를 받았다. 그런데 자수한다. 그러니 죄를 면제해주고, 포상금까지 줘야 하는 거 아니냐?'고 선관위나 경찰을 찾아간다.

이에 대해 후보 측에서 방어하는 방법은 '당선무효유도죄'를 활용하는 것이다. 브로커가 고발하기 전에 미리 '당선무효유도죄'로 선수를 쳐야 한다. 대개 그들은 행동에 옮기기 전에 주변 사람들 혹은 후보에게 직접 불평을 늘어놓는다든지, 은근히 협박을 가한다. 자신의 존재와 요구를 드러내는 동시에 일종의 거래를 제안하는 것이다. 당연히 이 협박에 굴복하지 말아야 한다. 오히려 이러한 사실을 적시하여, 앞에서도 말했듯이 선관위 신고 형식을 취해 선제 대응을 하는 게 가장 효과적이다. 중요한 건 긴장을 늦추지 않는 캠프의 조심성이다. 그들의 동태를 주시하고 있어야 기미를 미리 알아챌 수 있다. 방심은 절대 금물이다.

선거비용 보전 청구, 후원금 영수증 발급

선거는 표 싸움인데, 표 계산이 끝나면 돈 계산이 남는다. 이 과정까지도 선거 캠프는 야무지게 처리해야 한다. 평소 후원회 회계책임자와 국회의원 회계책임자가 그대로 선거 회계나 후보 후원회 회계를 맡아 처리하는 게 일반적이다.

오히려 허술하기 쉬운 것은 비용 보전 청구 업무다. 과거에는 비용 지출의 입증 책임이 선관위에 있었다. 그래서 이를 핑계로 선거운동 과정에 수시로 캠프를 드나들고, 거리 유세를 하는 후보나 선거사무원들을 쫓아다니며 사진과 동영상을 촬영했다. 기밀성이 유지되어야할 캠프에 선관위 직원이 드나들거나, 누군가가 자신을 쫓아다니며 사진을 찍는 자체가 선거운동의 자유를 침해하는 행위다. 그래서 마찰이 잦다 보니, 이제는 아예 선관위가 입증 책임을 캠프에다 온전히 지우고 있다. 그렇다고 해서 선관위 공감단의 밀착 감시(?)가 사라진 건 아니다. 입증 방법은 사진이다. 선거비용이 지출된 모든 것을 스마트폰으로 찍어두면 된다. 앞에서도 말했지만 비용은 통상적 가격 수준에서 보전되는데, 이 수준을 선관위에서 사전에 제시해준다. 그래서 회계책임자들은 선관위 사전 교육에 빠지지 말고 참여해서 이수하는 게 좋다.

그다음 신경 써야 할 부분이 후원금 처리다. 우선 선거가 있는 해의 한도액인 3억 원을 초과하기 전에 계좌를 폐쇄해야 한다. 그런데 가급적 2억 9천9백9십9만 원까지 모금하는 게 좋은 만큼 너무 일찍 닫아도 안 된다. 계좌 입금 내역을 문자로 수신 받는 서비스에 가입해두는 게 좋다. 선거가 끝나고 나면 후원금 영수증 발급 업무도 간단치는 않다. 일일이 주소를 확인해 영수증을 우송해야 하는데, 끝까지 주소를 확인할 수 없는 후원인이 나오게 마련이다. 이들은 대개 연말에 가서 연락이 온다. 정산을 해서 세액 공제를 받기 위해서다. 따라서 이때를 대비해 미리 발급해 확실히 보관하고 있어야 한다. 후원인에게 영수증을 발급해주지 못하는 만큼 결례는 없기 때문이다.

공(功)은 후하게, 상(賞)은 엄정하게

선거 승패에 따라 천당과 지옥이 나뉜다. 우선 패배한 선거에서는 후보가 꿋꿋해야 한다. 도와줬던 이들에게 반드시 인사를 갖춰야 한다. 당선 인사보다 더 중요한 게 낙선 인사다. 사람은 역경에 처했을 때 보이는 모습이 그 사람의 됨됨이다. 문제는 이겼을 때다. 현역 의원으로 이겼을 때는 그나마 문제가 적다. 그러나 원외가 초선이 되었을 때는 고민스런 상황이 발생하곤 한다. 논공행상 때문이다.

선거 캠프에 드나들었던 모든 이들은 자신에게 나름의 공이 있다고 생각한다. 흔히 하는 말로, '내가 300표는 모아왔다'느니, '○○ 동창회 몇 기는 내가 다 작업했다'느니 하는 이들이 속출한다. 그것이 어려움의 출발점이다. 이렇게 허세를 부리는 이들은 차라리 쉽다. 어차피 허세이기 때문이다. 문제는 캠프의 핵심들이다. 조직 파트나 기획 파트에 속해 캠프에 상근했던 이들은 자기 덕분에 선거에 이겼거나 캠프가 돌아갔다고 생각한다. 이들은 당연히 보상을 기대한다.

보좌진 임용은 가장 흔한 보상의 방법이다. 1981년 출발 당시 총 3명이던 T/O가 9명까지 늘면서 이제는 지역 사무실에도 보좌진을 두는 게 일반적이다. 국회에 올라가는 건 몰라도 지역에서 일하는 건 누구나 할 수 있다고 본다. 그중에는 보좌진으로 임용해주지 않으면 거꾸로 해코지를 불사할 이들도 있다. 달랑 보좌관 1명, 비서 1명 정도만 국회에 두고 나머지는 지역으로 돌리는 의원이 수두룩해지는 데는 이런 이유도 있다. 이 외에도 취직을 알선해달라는 부탁, 지자체 산하 기관에 넣어달라는 청탁도 할 수 있다.

어느 경우든 한 번 물러서기 시작하면 끝이 없다. 이렇게 사후적으로 시달리지 않으려면 처음부터 원칙을 정해놓고 시작해야 한다. 후보와 핵심 참모는 두 가지 기준을 공유해야 한다.

첫째는 조직을 가지고 있다고 떠벌리는 이를 탐내지 말고, 장차 조직을 잘 관리할 사람을 가까이 둬야 한다. 자기가 몇 명의 회원을 둔 산악회를 가지고 있다는 둥, 어느 향우회의 임원을 지내서 그 회원들을 꽉 잡고 있다는 둥, 토박이 출신이라 토박이는 전부 친구고, 선후배라는 둥 하는 이들을 가장 조심해야 한다.

하지만 실제 이런 이들이 찾아와 저런 식으로 말하면 후보 입장에서는 혹하게 되어 있다. 아마 입에서 손이 나올 정도로 붙잡고 싶을 것이다. 그러나 냉철하게 생각해보아야 한다. 상식이란 게 있다. 사람을 많이 안다고 하는 누군가가 이리로 가자면 이리 가고, 저리로 가자면 저리로 갈까? 그들은 과연 '피리 부는 사나이'일까? 산악회 총무가, 향우회 임원이, 토박이 누군가가 피리를 불며 '자, 지금부터 어느 후보를 지지하자'고 하면 '네, 그리합지요' 하고 졸졸 따라올까? 절대 그렇지 않다. 막걸리 표, 고무신 표가 사라진 80년대 이후 즉 비밀투표의 원칙이 확립된 이래 팔십 먹은 할머니도 손자가 누구 찍으란다고 찍지 않는다. 당도 보고, 후보도 보고, 다 자기 마음에 들어야 찍는다. 설사 진짜 피리 부는 사나이를 졸졸 따라가는 조직이 있다고 치자. 그런 조직이 바로 브로커 조직이다. 그리고 그는 진짜 브로커가 맞다. 그런데 이 브로커가 표를 몰아주고 나서 그냥 맨입으로 돌아설까? 천만의 말씀이다. 물려도 단단히 물리게 되어 있다. 브로커와는 애초에 거래 자체를 하지 말아야 한다.

대부분이 그렇듯이 정상적인 단체고 조직이라면, 설사 그것이 관변단체라고 하더라도 따라 찍는 이들도 있고 안 따라 가는 이들도 있게 마련이다. 정상적으로 발이 넓은 사람이라면 스스로 나서서 내가 조직이 짱짱하니 당신을 돕겠소 하고 나서지도 않는다. 정치판이란 어느 한 편에 서는 순간 자동으로 다른 한 편과는 등지게 되어 있다. 그래서 사람 좋아하고, 모임 잘 만들고, 의리 있고, 리더십 있는 이들일수록 정치와는 약간 거리를 두는 게 일반적이다. 그런 이들은 절대 자기가 먼저 나서서 어떤 정치인을 돕겠다고 하지 않는다. 진짜 제대로 선거를 치르려면 오히려 이런 사람을 물색하고 발굴하고 삼고초려 해야 한다. 날 찾아오는 이는 경계하고, 날 멀리 하려는 이는 찾아가 모셔야 한다. 이런 이가 바로 조직을 잘 관리할 사람이기 때문이다.

대개 어떤 특정한 조직을 갖고 있는 이는 그 조직만 챙긴다. 꽉 움켜쥐고 누가 건드리는 것도 싫어하고 자기 조직원이 나 이외의 다른 이와 만나는 것도 싫어한다. 어떤 다른 이와 자주 어울린다는 소문만 들려도, 둘이 서로 웃고 있는 모습만 봐도 질투심이 솟구친다고 한다. 조직은 연애와 비슷하다. 이런 이들은 흔히 자기 조직에만 머문다. 또는 집착한다. 나아가 의원을 자기 조직에 결박시키려 든다. 의원을 자기 조직의 포획물로 만들려고 한다. 뿐만 아니라 조직은 세포와 같아서 그렇게 집착한다고 해서 영원히 지속되는 것도 아니다. 인체를 구성하는 수많은 세포가 일부는 태어나고 일부는 병들고 일부는 죽듯이 조직 구성원의 누구는 없어지고, 누구는 자주 빠지기 시작하고, 누군가 또 새로 들어온다. 그래서 자기 조직을 갖고 있는 이는 오히려 사무국장으로 부적합하다.

진정한 조직가는 이런 저런 조직을 징검다리 밟듯 통통 밟으며 강을 건너는 사람이다. 구슬을 꿰어 목걸이를 만들 듯이, 여러 조직들을 꿰는 이가 진정한 조직가다. 꿸 때 그가 사용할 실이 바로 국회의원이다. 국회의원의 사무국장이 되고, 지역구 대리인이 되고, 그의 복심이 되어 의원의 조직을 장차 구성해 갈 사람을 처음부터 자기 사람으로 삼아야 한다. 길게 보면, 어떤 조직도 소유하고 있지 않은 이가 진정한 조직가가 될 수 있다는 뜻이다. 현명한 후보라면 조직을 갖고 있노라 큰 소리 치는 이를 더 조심해야 한다. 그래야 그들에게 코 꿰이지 않는다.

둘째, 선거 때가 되면 후보와 독대를 요청하는 이들이 꼭 나타난다. 독대는 만남의 형식 자체가 친밀성과 함께 은밀함이 작용하는 이중의 칼날이다. 분별력 있게 사용해야 한다. 약간씩 다르긴 하지만, 후보와 독대를 하려는 이들이 원하는 건 후보와의 특수 관계이다. 그들에게는 공통점이 있다. 이를테면 후보의 이름을 마치 친구나 후배 이름 부르듯 하거나, 후보와 자신은 직통으로 통화가 되어야 한다고 생각하거나, 누군지 물으면 후보와 잘 아는 사이이니 너는 알 필요 없다는 식으로 말한다.

왜 그럴까? 앞에서 말한 '자칭' 조직가들과 마찬가지로, 이들 역시 후보를 '포획'하려들기 때문이다. 자신의 코치대로만 하면 선거에서 이길 것이라 호언을 하거나, 갖고 있는 인맥이나 조직을 전격 가동하겠다거나, 후원금 혹은 은밀한 정치자금을 제공하겠다거나, 유력 정치인이나 우호적 기사를 써 줄 언론과 연결시켜 주겠다거나, 상대 당 경쟁 후보의 약점이나 동향 등 정보를 흘려주겠다거나 하는 등의 솔깃한 이야기를 꺼낸다. 독대 신청자 중에 좀 심약한 이들은 어디 어떤 곳에 표가 될 집단이 있으니 꼭 방문해달라거나, 어떤 유력자를 만나서 인사를 드리라거나, 선거에 도움이 될 누구를 소개하겠으니 한 번 만나달라는 식의 소소한 제안을 내놓기도 한다.

그럼 독대는 무조건 거절해야 할까? 그럴 수는 없다. 너무 단칼에 거절하면 후환이 따를 수 있다. 일단 한 번은 만나보아야 한다. 최대한 진지하게 들어주는 게 좋다. 들어봤는데 왠지 이야기가 너무 솔깃하다 싶으면 그때부터 조심해야 한다. 조심하는 방법은 내용에 따라 캠프의 조직 책임자 혹은 기획 책임자를 배석시키거나, 후보는 빠지고 그들이 실무 책임자이니 직접 만나 구체적으로 협의하라는 식으로 떠미는 게 무난하다.

그러면 조직/기획 책임자는 직접 만나서 이야기를 들어보고 경우에 따라 대처하면 된다. 우선 말에 허풍이 있다 싶으면 실체를 확인해야 한다. 후보가 자신에게 상황을 파악, 보고하라고 지시받았다고 하고 구체적 방안을 마련하려 하니, 확인할 수 있게 해달라고 하는 것이다. 불법적인 제안이면 법에 대해 설명해주고 법 테두리 내에서만 우리는 움직인다는 식으로 사실상 거절해야 한다. 인맥 연결이나 정보 제공이면 상대가 과연 그럴만한 위치에 있는 자인지, 또 정보의 신빙성은 어느 정도인지 우회적으로 확인하면 된다. 그래서 실제 확인을 시켜주면 진짜고, 화를 내거나 차일피일 미루면 가짜다. 결국 진품인지, 짝퉁인지를 가려내는 게 관건이다.

이 두 가지만 잘 지키면 대부분의 화근은 사전에 차단할 수 있다. 문제는 후보다. 지푸라기라도 잡고 싶은 심정이 되는 게 후보다. 당장 눈앞에서 표가 왔다 갔다 하는 유혹을 뿌리친다는 게 쉽지 않다. 하지만 고름이 살 되는 거 아니고, 브로커가 표 가져오는 거 아니고, 사기꾼은 결국 사기를 친다. 후보가 냉정을 유지하도록 핵심 참모가 늘 감시(?)의 눈길을 거두지 말아야 한다. 이상하다 싶으면 바로 나서서 후보는 빠지고 참모를 앞세우라고 해야 한다. 나중에 이런 브로커나 사기꾼들로부터 가해지는 온갖 청탁, 특히 인사 상의 이익 제공 압박은 수용하면 수용하는 대로, 거절하면 거절하는 대로 문제를 일으킨다. 오직 미리 차단하는 게 상책이다.

보좌진을 처음 구성할 때

지구당이 있던 시절에는 지구당사에 근무하는 이들은 국회 보좌진이 아니라 사무국 직원(사무국장, 조직부장, 여성부장)이었다. 그들은 상근 혹은 반(半)상근을 했고 급여를 받았다. 그러다 2004년 법 개정과 함께 지구당이 폐지되고 지구당사가 없어질 판이 되었다. 그러자 의원들이 지역에 사무실을 열고 보좌진을 내려 보내 거기서 근무하게 했다. 원래 법 개정의 취지는 '돈 먹는 하마'인 지구당을 없애 깨끗한 정치, 돈 안 드는 정치를 하자는 것이었다.

하지만 국회의원들이 자신의 의정활동을 수행하는 사무실이지, 지구당사가 아니라고 하자 선관위가 할 말이 없어져버렸다. 현직 의원은 대부분 지구당 위원장이자, 국회의원이라는 두 개의 법적 지위를 갖는데 지구당 위원장의 지위는 사라졌지만 여전히 국회의원인 건 맞고 그러니 의원 사무실을 지역에 내겠다고 하는 데야 막을 수 없었기 때문이다. 게다가 나중에는 보좌진이 아닌 유급사무원이라는 상근인력도 둘 수 있는 특혜까지 부여했다.

예컨대 3개의 전국 정당이 총 253개의 선거구에 지구당을 설치하고 있었다고 치면, '돈 먹는 하마' 759마리가 없어지는 대신 253마리의 새로운 하마가 생긴 셈이다. 즉, 법 개정의 취지는 2/3만 실현된 셈이다. 한편 원외 위원장들은 현직 의원에 비해 절대 불리한 조건에 처하게 되었다.

문제는 지구당사가 의원의 지역 사무실로 바뀌고, 보좌진의 T/O가 4명에서 9명으로 늘면서, 그리고 후원금 모금액이 점점 줄면서[13] 의원들이 국회에는 3~4명, 심지어는 1~2명만 두고 나머지를 모두 지역으로 돌리고 있다는 점이다. 앞으로 여야가 공히 국민경선 방식으로 공천하게 되면 지역 보좌진은 더 늘어날지도 모른다.

지역 보좌진을 늘리는 추세에도 나름의 배경이 있다. 해가 갈수록 투표에 참여하는 유권자들을 살펴보면 그들이 정치에 바라는 것이 변화하고 있음을 느끼게 된다. 과거에는 이를테면 민주화나, 정치 개혁, 부정부패 일소 같은 큰 가치였다. 그러나 그런 거대 담론에 관심 있던 유권자들은 점점 투표하러 오지 않는다. 투표율이 점점 떨어지는 추세가 말해주고 있다. 반면 투표하는 유권자들은 묻는다. '우리 지역을 위해 해 놓은 게 뭐가 있어?' 여야를 막론하고 모든 국회의원들이 이 질문을 귀가 아프도록 듣고 있다. 지역구민의 민원, 청탁, 요구, 숙원사업들을 해결하기 위해 발이 닳도록 뛰는 동시에 자신만의 조직을 만들어야 하니 점점 더 많은 보좌진을 지역에 투입할 수밖에 없다.

그러나 이런 현상은 매우 우려스러운 결과를 가져온다. 헌법상 삼

---

13) 후원금이 많이 걷힐수록 자금 여유가 생겨 유급사무원을 쓸 수 있겠지만, 그렇지 않으면 국회에서 급여가 지급되는 보좌진을 배치할 수밖에 없다. 후원회의 모금 한도액은 90년대 초반 1억 원, 97년에는 3억 원으로 증액되었다가 2004년부터는 다시 1억 5천만 원으로 줄어들었다.

권분립의 원리는 행정부에 대한 감시 견제 기능을 입법부에 부여하고 있다. 하지만 정작 입법부의 구성원인 국회의원들이 지역구민들로부터 부과 받는 숙제는 결국 예산과 각종 행정 법규 문제로 귀결된다. 예산은 어느 정도 국회 차원에서 해답을 구할 수 있다. 자신이 속한 상임위 소관 예산이면 상임위에서, 아니면 예결위원으로 들어가면 어느 정도 풀 수 있다. 그런데 예결위원은 50명뿐이다. 남는 해결 방법이 소위 '쪽지 예산'이다. 그러나 그 많은 '쪽지 예산'이 꼭 반영된다는 보장은 없다. 가장 확실한 방법은 예산편성권을 갖고 있는 행정부(각 부처는 물론 궁극적으로는 기획재정부)와 예산안을 짤 때 포함시키는 것이고 그 다음이 상임위 심의 단계에서 추가되는 것이고 마지막 방법이 예결위 단계에서 들어가는 것이다. 이 모든 과정에서 행정부에서 안 된다고 하면 거의 안 된다고 봐야 한다. 즉 어떤 의원의 지역구 사업에 필요한 예산을 확보하는 길목마다 행정부가 지켜 서서 의원의 재선 가도에 신호등 조작 스위치를 껐다 켰다 하는 셈이다.

이처럼 의원들이 지역구민의 민원과 숙원사업에 취약해질수록 행정부에 대해 사실상 예속, 결탁, 유착 관계에 놓일 가능성이 커진다. 이는 대의민주주의라는 제도 자체가 탄생할 때부터 이미 경고되었던 문제점이다. 즉 어느 정도는 감수해야 하는 제도적 결함이라는 뜻이다. 사실 하나하나 뜯어보면 누구 하나 쉽게 비난할 수 없는 현실이 있다. 지역구민은 점점 가치보다 이익에 더 민감해지고 있다. 지역 의원이 선거구민의 이해를 대변하는 것 자체가 대의 민주주의의 원리이다. 지역구 사업 해결은 예산 확보가 관건이다. 예산은 행정부가 편성할 뿐만 아니라 국회의 예산심의권에 대해 사실상의 동의권을 행사한다. 이는 무분별한 지역구 예산 증액을 막기 위해 필요한 역할이기도 하다. 동시에 행정부는 자기 부처 소관 법률을 통과시키기 위해 입법부 의원들의 협조(?)가 필요하다. 이런 식으로 국회의원과 행정부는 상호 견제 관계이자 유착관계를 형성하게 된다.

이런 문제점에도 불구하고 국회의원더러 지역구 민원은 지자체나 지방의회에 맡기고 중앙정치에만 주력하라고 훈계하듯 말할 수 없다. 지역 사무실에 보좌진의 배치를 늘려가는 행태에 대해서도, 국가 예산으로 채용한 보좌진을 자신의 재선을 위한 지역구 관리 업무에 사용(私用)하고 있다는 식으로 비난하기도 애매하다. 국회의원이라는 직업이 공공성을 강하게 갖는 건 사실이지만, 자신의 재선이라는 사익 추구를 죄악시하면서까지 공공성만 추구하라고 하는 건, 국회의원이 성자이기를 강요하는 위선이기 때문이다.

그리고 필자의 주장 역시 국회 보좌진이 정책이나 법안만 다루어서는 안 되며 지역구나 선거 같은 정무 보좌에도 능통해져야 한다는 것이다. 그러나 그렇다고 해서 지역에 보좌진을 절반 이상씩 많이 두는 데 대해서는 분명히 반대한다. 다른 이유가 있어서가 아니라 그렇게 할 필요가 없기 때문이다.

불필요하다고 보는 이유는 다음과 같다. 대개 지역에 많은 보좌진을 두는 것은 초선 때 초석을 잘못 놓았기 때문이다. 선거를 치르면서 같이 일했던 이들을 논공행상 차원에서 채용하거나, 그들이 가진 이런 저런 조직을 다 품고 가려는 욕심(?)에 각 조직의 대리인으로서 그들을 임용한 결과다. 이렇게 한 번 지역에 많은 T/O를 줘버리면 나중에 국회로 돌리기도 어렵다. 지역에서 마치 '밥그릇'을 뺏긴 것처럼 생각해서 지역과 회관 간에 갈등의 원인이 되기 때문이다.

무엇보다 어떤 조직이나 단체, 즉 어떤 한 '부분'의 대리자를 고용함으로써, 부분의 총합으로 의원의 조직을 구성할 수 있다는 생각은 착각이다. 예컨대 조기축구연합회 회장, 산악회의 총무, 주부대학 사무국장 출신... 이런 이들을 사무실에 죽 앉혀둠으로써 필요할 때 그 조직을 동원하고, 나아가 그들이 의원의 조직으로 전화될 것으로 생각하면 안 된다는 뜻이다. 이는 조직을 미국 정치에서 말하는 소위 선거 머신(machine)으로 보기 때문이다. 선거 머신은 조직의 소유자에게 돈이나, 이권을 제공하기만 하면 그 조직 표가 그대로 어떤 후보에게 가는 '표 만드는 기계' 같은 것이다. 그러니까 그냥 사고 파는 물건으로서 조직이다. 이렇게 의원에 대한 최소한의 애정과 충성심도 없는 조직을 의원의 조직이랍시고 착각하는 것, 그리고 이 착각 속에서 조직의 대리자들을 보좌진으로 앉혀놓고 있는 것만큼 어리석은 짓은 없다.

지역의 이러저런 조직을 끌어안기 위해 보좌진 자리를 내주는 데는 사실 깊은 구조적 이유가 있다. 지구당을 폐지해버렸기 때문이다. 지구당이 살아 있을 때 사무국장은 당연히 당원들 중에서 선거를 치러 본 경험자, 당원들에게 두루 신망이 있는 자 중에서 의원이 선임했다.

그런데 지금은 사무실 자체가 지구당이 아니라 의원의 지역 사무실이다. 관행적으로 사무국장이라고 부르지만 엄밀히 말하면 어떤 국회의원의 보좌진이다. 따라서 당원일 수도 있고 아닐 수도 있다. 그냥 의원이 뽑으면 뽑는 거다. 게다가 공천 제도가 국민참여경선 방식으로 바뀌면서 당원 조직이 더더욱 약화되었다.

당원 조직 대신에 의원의 사조직이 훨씬 중요해졌다. 당원이 조직의 전부였던 시대, 고참 당원이 사무국장이 되던 시대 같았으면, 이런 사조직을 가진 이가 의원의 지역 보좌진이 될 수 없었을 것이다.[14]

지역 보좌진으로 채용해야 할 조직가는 자기 조직을 갖고 있는 이가 아니라 의원의 조직을 건설하고 관리해나갈 사람이어야 한다. 의원의 조직을 건설, 관리한다는 것은 의원의 대리자로서 조직을 책임진다는 뜻이다. 따라서 한 명이어야 한다. 대리자가 둘 셋 되었다가는 필시 서로 싸우게 되어 있다. 동시에 지역에 있는 숱한 조직들을 두루 아는 이가 바람직하다. 이를테면 하나의 조직만 깊이 사랑하는 것보다 많은 조직을 두루 얇게 사귀고 있는 게 의원의 조직을 건설하는 데 유리하기 때문이다.

대리자로서 사무국장이 남성일 경우, 여성들을 상대하는 데 한계가 있다. 그래서 대개 여성부장을 사무국장의 통솔 하에 별도로 둔다. 그리고 사무실의 행정을 맡아 볼 간사가 있어야 한다. 거기에 조직부장 한 명 정도를 더 두거나, 아니면 선거에 임박했을 때 추가로 운용하는 정도가 통상적이고 또 합리적이다.

요컨대 총 9명(인턴 2명 포함) 중에서 지역에는 2~3명 정도의 보좌진을 두고 더 필요하면 유급사무원을 쓴다. 그리고 회관 의원실에는

---

14) 현역 의원을 배출하지 못한 당은 더더욱 빠른 속도로 당원 조직이 약화되었다. 물론 형식적으로는 당원협의회 위원장(여당) 혹은 지역위원회 위원장(야당)이 있지만 사무실도, 사무국 직원도 갖지 못한 원외 위원장들은 일반 주민은 물론이고 당원들과 행사 하나 갖기도 어렵다. 지구당이라는 법적 근거가 없어짐에 따라 자칫 사전선거운동으로 걸리기 때문이다. 이래저래 정당보다 사조직이 창궐하게 되는 이유다.

수행비서와 총무비서를 제외한 4~5명의 보좌진을 둔다. 이들 중에 1~2명은 정책을 전적으로 책임지도록 하고 나머지 2~3명은 정책과 정무를 다 하도록 한다. 수석보좌관은 지역구, 정무, 정책 구분 없이 보좌 업무 전반을 조정하도록 하는 식의 구성이 가장 이상적이다.

공을 논하는 것은 후하게 하되, 상을 내리는 것은 엄정해야 한다. 선거를 치러 이겼으니 창업공신인 것은 맞다. 그 부분은 충분히 치하해야 한다. 국회 보좌진이 되는 것은 그러나 다른 차원의 문제다. 『정관정요(貞觀政要)』에 창업과 수성(守成) 중 어느 쪽이 더 어려운지를 논하는 대목이 나온다. 정작 질문을 던진 당 태종은 결론을 내리지 않는다. 대신 이렇게 말한다. '오늘날 창업의 고통과 어려움은 과거의 일이다. 그러나 수성의 어려움은 마땅히 그대들과 함께 신중하게 생각해야만 하는 현재의 일이다.'

선거는 이미 과거의 일이다. 염두에 둘 것은 수성이고, 앞으로 4년간의 지역구 관리이고, 의정활동이다. 지역 사무실이든 국회든, 나와 함께 일을 하기 위해 보좌진이라는 자리를 주는 것이지 급수와 월급을 주기 위해 자리를 내주어서는 안 된다. 당 태종이 그러했듯이 '그대들과 함께 현재의 일'을 하는 게 수성이기 때문이다.

4부

지역구 조직화 방법

조직은
연애와 비슷하다

조직은 돈으로 만들어지는 것이 절대 아니다.
조직은 '숭고한' 목적이 있거나
이해관계를 공유할 때 만들어지고 굴러가지
절대 돈만 있다고 되는 게 아니다.

이 글은 기본적으로 지역 사무실 실무자를 위해 쓴 것이다. 지역구는 국회 보좌진 역시 알고 있어야 할 업무 영역이기도 하다.

지역구는 국회의원에게 세 가지 의미를 갖는다.

첫째, 애물이다. 사람을 늘 걱정하게 만든다. 당 안과 밖에 그리고 상대 당에 자신이 비운 사이 이 지역구를 차지하기 위해 매일매일 움직이는 경쟁자와 적이 있는 곳, 그게 지역구다.

둘째, 지역구는 민심이다. 사람은 다른 사람과 책, 두 가지 경로를 통해 새로운 정보를 입수한다. 정치학자가 책을 통해 정보를 취득한다면, 정치인은 사람을 통해 정보를 입수한다. 정치인들이 그래도 관료나 심지어 언론인보다 세상 돌아가는 민심을 정확하게 아는 이유가 바로 사람들을 끊임없이 만나는 지역구가 있기 때문이다.

셋째, 자극제다. 스스로를 끊임없이 계발할 것을 요구한다. 초선 선거 때는 인물이 상대 후보보다 더 우위에 있기를 요구한다. 인물이란 학·경력이고, 커리어고, 뭐 하던 사람이냐의 문제다. 재선 선거는 업적을 요구한다. 지역구를 위해 해 놓은 일이 무엇이냐를 묻는다. 예산을 따 와서 무슨 일을 얼마나 많이 했느냐의 문제다. 삼선 선거는 성장 가능성을 따진다. '너를 삼선 의원으로 뽑아주면 중앙정치에서 큰 인물이 될 가능성이 있겠느냐?'를 가늠하는 것이다. 이렇게 인물, 업적, 전망 순으로 끊임없이 발전하도록 자극하는 곳이 지역구다. 이 험난한 지역구에서 실무진들은 무슨 일을 어떻게 해야 하는지 사무실 운영과 조직화 사업의 기본 방법에 대해 다루고자 한다.

1장_ 사무국장의 지위와 역할

사무국장은 귀는 열되,
입은 닫아야 한다.
속마음을 드러내서는 안 된다.

의원의 눈과 귀, 사무국장

현행 정당법은 광역시·도당을 지구당으로 규정하고 있다. 국회의원 선거구별 지구당은 존재하지 않는다. 대신 지역위원회라는 당원 모임이 법적 주체다. 지역위원회는 사무실을 둘 수 없다. 지금 유지하는 사무실은 지역위원회가 아니라 '국회의원'의 사무실이다. 따라서 지역 실무진들은 지구당 사무국 요원이 아니라 국회의원의 보좌진 개념이다.

국회의원 사무실에는 5명의 유급사무원을 둘 수 있다. 5명의 유급사무원은 대개 사무국장, 조직부장, 여성부장, 간사 등으로 임용한다. 참고로 과거 여당의 지구당 사무국장은 급여가 중앙당에서 지급되었고 관공서장이 보임 시 찾아와 인사하는 지역 실력자였다. 국회의원이 아닌 원외위원장의 사무실은 선거법상의 '유사기관 설치'에 해당한다. 절대 선거와 관련된 내용이 사무실에 있거나 선거운동에 이르는 활동을 해서는 안 된다.

사무국장은 지역구에서 의원의 대리인이다. 의원의 사모가 사적인 대리인이라면 사무국장은 공적 대리인이다. 지역위원회의 사무국장이 아니라 국회의원의 사무국장이란 점, 지역구에서 의원의 대리인이란 점, 이 두 가지 이유로 지역구내 지방(기초/광역)의원은 서열상 사무국장의 아래다.

실제로도 사무국장은 지방의원의 공천에 영향력을 미쳐야 한다. 공천에는 두 가지 기준이 있다. 하나는 국회의원에 대한 충성심. 다른 하나는 지역 구민을 위해 일한 업적. 의원에 대한 충성심은 의원의 득표력에 플러스인가, 마이너스인가의 여부다. 만약 지방의원이 별도의 조직을 갖고 있으면서 의원의 경선이나 본선에 동원하지 않거나 심지어 반대편에 서는 경우는 위험하다. 일종의 사병(私兵)인데, 사무국장은 이를 사전에 국군(國軍)의 편제로 느슨하게라도 통합해야 한다.

그 방법은 이렇다. 지역위원회 소속 당원의 단합대회를 개최하고, 각 지방의원 별로 버스 1대씩 동원하도록 임무를 부여한다. 지방의원은 40명의 명단을 사무국장에게 미리 제출해야 하고, 이 명단에 대해 지역 사무실에서 여행자보험 가입 및 참석 여부 확인을 위해 전화를 한다. 이런 식으로 지역 사무실과 관계를 맺게 하고 의원과 만나고 어울리게 함으로써, 개별 지방의원의 조직을 의원을 위해서도 뛸 수 있는 조직으로 통합해나가야 한다. 동별 의정보고대회를 개최하는 것도 이런 목적에 활용될 수 있다.

사무국장은 의원의 눈과 귀다. 지역구는 네트워크다. 사무국장은 이 네트워크를 파악하고, 어디가 허브(hub)이고, 노드(node)인지, 누가 커넥터(connector)인지 꿰고 있어야 한다. 허브는 모든 정보가 그에게로 모였다가 다시 흘러나가는 사람이다. 이를테면 지역구의 최고 허브는 정보과 형사나 지역신문 기자다. 이들로부터 돌아가는 소문을 편하게 들을 수 있도록 평소 관계를 가져두는 게 좋다. 노드는 점이다. 예컨대 어떤 단체의 장, 동장, 아파트 부녀회 회장, 학교 운영위원회 위원장 등 어떤 영역의 중심적 역할을 하는 이들이다. 이들은 뉴스 메이커에 가깝다. 커넥터는 연결자다. 심지어 저쪽 당의 소문을 이쪽 당에 옮기고 이쪽 당의 정보를 저쪽 당으로 옮기는 커넥터도 있다. 음식점이나 술집 사장님들 중에 커넥터들이 꽤 있다.

이게 파악되면 그 다음에는 힘의 흐름이 보인다. 엄밀히 말해 사무국장의 제일 큰 임무는 조직이 아니다. 조직은 사무국장이 아니라도 의원, 아니면 사모가 혹은 여성부장이 더 많이 갖고 있을 수도 있다. 그러나 지역구의 동향, 상황, 사정, 분위기, 흐름은 사무국장이 항상 파악하고 있어야 한다. 지역구의 동정은 의원에게 보고되어야 하고, 의원의 하문에는 항상 응답이 가능해야 한다.

눈과 귀는 어떤 편향을 가져서도 안 된다. 최종적 판단을 해야 하는 의원 입장에서는 보고가 정확하고 객관적이어야 한다. 누구를 나쁘게 보이게 해서도 누구를 은근히 좋게 보이게 해서도 안 된다. 만약 사무국장의 눈과 귀에 편향이 생기면 얼마 안 가 금방 드러난다. 그러면 의원이 그 눈과 귀를 못 믿게 되고 자신이 직접 파악해야 한다는 불안감에 쫓기게 된다. 반대로 눈과 귀가 정확하게 보고 듣고 있으면 의원은 사무국장의 판단에 따라 자신이 직접 개입해야 할 일과 맡겨두어도 될 일을 구분할 수 있게 되고, 그러면 당 주변 조직은 지역사무실에 맡기고 의원은 상대 당 후보와 친한 조직까지 발을 넓혀나갈 수 있게 된다. 그것은 사무국장은 할 수 없고 오직 의원만이 할 수 있는 일이다. 우리 당의 반대편에 서 있는 조직의 일부라도 우리 쪽으로 돌려세우게 되는 순간 승부는 쉽게 나기 때문이다.

사무국장은 귀는 열되, 입은 닫아야 한다. 속마음을 드러내서는 안 된다. 특히 사무국장을 통해 의원의 심중을 읽으려는 이들이 있게 마련이다. 무심코, 또는 으쓱한 마음에 의원의 생각이 이렇고 저렇고 하는 순간, 사무국장은 진짜 가져야 할 힘을 잃게 된다. 의원의 생각을 입 밖에 내는 순간은 의원이 그렇게 전하라고 시켰을 때다. 함부로 의원을 팔지 않고, 의원의 의중을 정확히 전달하는 선에서만 움직이고, 의원에게 객관적인 보고가 사무국장을 통해 이루어지노라면 의원과 사무국장이 한 몸이요, 한 마음이란 게 점점 알려진다. 그럼 그때부터 사무국장이야말로 의원의 복심이라는 소문이 난다. 지방의원들은 물론 지역 유지들이 사무국장을 무겁게 여기게 되는 건 그때부터다.

사무국장의 역할

조직의 총괄

사무국장은 조직을 총괄해야 하나, 쉬운 일이 아니다. 조직은 연애와 비슷하기 때문이다. 연애는 질투의 감정을 동반한다. 나만 만나고, 나하고만 사귀어야 하는데 나 아닌 다른 남자를 만난다는 의심이 들기 시작하면 분노가 치민다. 모든 조직가들은 조직은 다 자기만의 것이어야 한다는 생각을 한다. 자기 조직원이라고 여기던 사람이 자기 아닌 다른 누군가를 만나 말을 섞고, 친밀하게 보이기만 해도 화가 난다. 그게 조직판의 생리다. 그래서 사모 조직 따로, 구·시 의원은 물론 심지어 같은 사무실의 조직부장, 여성부장이 관리하는 조직조차 내놓으라고 해도 안 내놓으려 한다. 이를 의원의 재선이라는 목표를 공유하는 한 통으로 묶어 가야 하니 힘든 일이 아닐 수 없다.

그러므로 조직은 한 병에 담을 수 있는 물이 아니라, 꿰어야 할 구슬로 보고 접근하는 것이 편하다. 지금 당장은 어렵겠지만, 언젠가는 '의원이 가진 조직이 너한테도 도움을 줄 수 있다. 그러니 네가 가진 조직도 우리 의원이 필요할 때는 도와라'는 식으로 이해시켜 가야 한다. 자기 조직력에 기반을 두되 상호부조를 통해 더 큰 그물을 짜는 것이 조직의 원칙이다.

조직의 어려움

흔히 지역에서 조직사업을 수행할 때 두 가지 문제에 부딪친다. 하나는 돈이고, 하나는 의원이다. 조직을 하다보면 돈이 많았으면 싶다. 그리고 의원이 좀 더 자주 내려와 주었으면 싶다. 옛말에도 쌀독에서 인심 난다는 말이 있을 정도다. 사람을 만나는 일이 조직 사업인데 만나서 얼굴만 서로 멀뚱멀뚱 바라볼 수는 없는 노릇이다. 차를 마시든, 밥을 먹든, 술을 마시든 해야 사람이 속에 있는 말도 하게 되고, 의기도 투합하고 그런다.

그래서 돈을 넉넉히 주면 어떻게 될까? 조직이 양적으로 늘거나, 질적으로 심화되는 게 아니라 매일 저녁 어디선가 모여 술을 마시는 그룹이 서너 개 생긴다. 처음에는 새로운 조직도 만들어보자, 누구도 찾아가보자, 함께 할 어떤 취미 활동이나 봉사 활동도 찾아보자, 이렇게 결의도 하고 계획도 세워본다. 그러나 그냥 말만 하는 데까지가 전부다. 조직은 돈으로 만들어지는 것이 절대 아니다. 조직은 '숭고한' 목적이 있거나 이해관계를 공유할 때 만들어지고 굴러가지 절대 돈만 있다고 되는 게 아니다.

돈 보고 모인 조직은 돈 떨어지면 한 달 안에 흩어진다. 더욱이 공유할 대의를 갖고 있지 않기 때문에 슬금슬금 청탁이나 들고 오고, 이권 개입이나 물고 오게 되어 있다. 마치 그걸 해결해주면 철석같은 조직이 생길 것처럼 설레발을 치면서. 조직 사업에서 돈은 오히려 독이다. 조직가는 가정을 꾸리기에 족한 급여에 약간의 활동비만 있으면 그것으로 충분하다.

두 번째 자주 하는 말이 '의원님이 좀 더 자주 내려와서 사람들을 직접 만나주셔야 되겠다'는 것이다. 그건 맞는 말이기도 하고, 틀린 말이기도 하다. 유권자들은 의원을 직접 만나는 걸 당연히 더 좋아한다. 그런데 의원이 다 만나야 한다면 굳이 사무실을 두거나 조직 사업을 하라고 월급을 주는 사무원을 둘 이유가 없다. 왜 의원을 직접 만나길 원하는지 진짜 이유를 잘 생각해보아야 한다.

두 가지다. 사람은 자신보다 더 힘 있는 사람이 자신을 알아주고 인정해주면 그에게 애정을 느끼게 되어 있다. 선비는 자신을 알아주는 주군을 위해 목숨을 바친다고 하지 않았는가? 충성심도 결국 자기 인정 욕구를 실현시켜 준 대상에게 느끼는 일종의 심리다. 게다가 그런 관계를 맺고 있으면 언젠가 이런저런 도움을 받을 수 있다는 막연한 기대도 갖게 된다. 충성심과 기대심은 직접적이어야지 한 다리 건너서는 확실치 않기 때문에 당사자인 의원을 바로 만나려는 것이다.

초기에는 의원이 직접 만나야 한다. 아무리 만나자는 사람이 많고, 일은 바쁘고 몸이 피곤해 귀찮아도 그것이 국회의원이란 직업의 출발점이다. 정치란 사람 사업이다. 사람을 좋아하고, 사람 만나길 즐기고, 사람과 어울리길 즐거워하지 않으면 정치 못 한다. 그건 누구도 대신 해주지 못한다. 사람 만나는 게 스트레스고, 귀찮고 지루하다 싶으면 얼른 정치 그만두는 게 자기 인생을 위해서도 현명한 선택이다.

그렇게 해서 의원이 당원과 지지자들, 지역 유지들과 안면을 트고 이름을 기억할 때쯤이면 사무국장이 의원의 대리인 역할을 할 수 있어야 한다. 대개 4년의 임기와 한 번의 선거운동을 치르는 동안 사무국장은 의원으로부터, 그리고 당원은 물론이고 지역사회로부터도 공신력을 인정받아야 한다. 이 공신력을 얻는 것이 곧 대리인의 자격이다. 사무국장한테 말하면 의원(실)으로부터 조만간 응답이 온다는 사실을 사람들이 실감할 수 있어야 한다. 그러면 공신력이 생긴 것이고 대리인이 되어 있는 셈이다. 대리인이 있으면 군이 바쁜 의원 오라 가라 하지 않고도 대부분의 일을 처리할 수 있게 된다. 그래서 초기

1~2년은 의원과 사무국장이 거의 붙어 다녀야 한다.

그렇게 해서 돈이 없이도, 의원을 앞세우지 않고도 지역을 책임질 수 있도록 밑에서부터 차곡차곡 쌓아야 한다. 그것이 조직의 어려움이다.

1,200명의 조직원

조직은 다다익선인가? 그렇지 않다. 조직은 만들거나 관리하는 데 많은 시간과 비용이 드는 고가품이다. 반면 조직만 잘 되어 있다고 해서 선거에서 승리하는 것도 아니다. 조직에도 한계가 있다. 대개 한 선거구의 유권자는 20만 명이다. 그 중 10만 명이 투표에 참여한다 해도 51%인 5만 1천명을 상시 조직할 수는 없기 때문이다.

조직의 최소 필요 규모는 어느 정도일까? 하나의 국회의원 선거구는 대개 30만 인구에 20만 유권자, 동은 10개 정도다. 한 동당 2만 표다. 그 중 기권을 40%로 보면 1만 2천표, 다시 과반은 6천표. 조직원 1명이 50명 정도와 네트워킹을 한다고 치면, 대개 120명 정도의 조직원이 필요한 셈이다. 선거구 전체로는 1,200명 정도가 된다.

조직은 크게 공조직과 사조직 두 가지로 나눌 수 있다.

공조직, 이익집단 혹은 정치집단

공조직은 당 조직이고, 당원들이 조직원이다. 이들의 특성은 자기 지역구 국회의원이 누구든 상관없이 옛날부터, 그리고 앞으로도 그 당의 당적을 가진다는 점에서 비롯된다. 민주당의 경우 호남 출신이 많은데 대개 소주 한 잔 들어가면 '야당 30년사'를 풀어놓는 분들이다. 그들은 국회의원을 추종하지 않는다. 오히려 평가한다. 이들이 좋아하는 것은 정국 현안 해설, 정세 전망과 당의 진로 같은 주제로 의원이 해주는 보고다. 대접받기를 좋아한다. 구태정치의 잔재를 약간씩은 갖고 있다. 이들을 섭섭하게 만들면 안 된다. 그렇다고 이들에게 휘둘려서도 안 된다. 이들은 여차하면 내부의 적으로 돌변할 수 있고, 발등을 찍는 도끼가 될 수 있기 때문이다.

공천을 국민참여경선으로 하면서 당원의 권한이 위축되기는 했지만, 수도권의 어느 지역 사무실이든 이들은 여전히 당원협의회의 혹은 지역위원회의 주인들이고 의원들은 이들을 여전히 '모신다.' 당원 조직은 점점 약화되는 추세다. 첫째 여당과 달리 야당은 메리트가 없다. 굳이 비유를 하자면 여당은 지역사회 1진들의 당이다. 비교적 재산이 있고, 학력도 상대적으로 높다. 왕년에 한 가락씩 했던 이들이거나, 건설업이나 자영업을 운영하는 이들이 많다. 지역 토박이들도 대개 여당 편이다. 이들은 유지들로 이런 저런 이권의 카르텔로 엮여 있기 십상이다. 이들에게 여당 당원, 특히 당직을 맡는다는 것은 어떤 면허증이나 자격증을 취득해둔다는 의미다.

반면 야당 당원은 타지에서 들어와 1진 틈에서 살아남기 위해 각고의 노력을 한 끝에 나름 자리를 잡은 이들이 대부분이다. 이들은 생활력이 강하고, 기득권자인 1진들에 대한 반감이 있다. 작은 가게를 운영하는 자영업자, 특히 식당 주인들이 많은 편이다. 이런 반기득권적 태도가 야당 당원이 공유하는 정치의식의 출발선이다. 동시에 작지만 지켜야 할 것이 있기 때문에 작은 이익에도 민감하다.

그러나 여당이건 야당이건 당적이 아니라 활동을 기준으로 보면 당원의 80%는 여성이다. 여당은 50대 이상, 야당은 50대 이하 주부들이 없으면 우리나라 정당은 무너진다. 한국에서 지구당[1] 이야말로 대중적 여성운동이 가장 필요한 곳이다. 수도권의 어떤 지역이든 낮에 지역에 있는 사람은 자영업자들 아니면 주부다. 그래서 이들이 아니면 조직할 수 있는 사람이 없다. 또 거꾸로 이들은 지구당을 '필요'로 하는 사람들이다. 지구당도 지역사회의 중요한 네트워크인지라 사람을 사귈 수 있는 공간이 되기 때문이다.

주부들의 경우는 '××엄마'가 아니라 '○○○씨 혹은 △회장님'과 같이, 결혼 후 아무도 불러주지 않던 자기 이름이 다시 호명되는 유일한 장소가 지구당이다. 회장님이라는 직책은 대개 당원이 될 정도의 활동력이 있는 여성이면 아파트 부녀회장이나 통반장 정도는 맡고 있어서 통칭 회장님이라 부르기 때문이다. 이들은 국회의원이나 의원 부인을 알고 지내는 데 그치지 않고, 그들이 내게 부탁을 하거나 임무를 맡기는 것이 그렇게 가슴 뿌듯했다고들 한다.

육아, 교육, 인권, 환경, 문화 등을 주제로 강연회를 개최하거나, 프로그램을 열면 깜짝 놀랄 정도로 참여해온다. 그런데 이런 것들이 다 불법이다. 의원이 나와서 인사말을 잘못 하면 '선거운동기간 위반죄'. 원외 위원장이나 출마 예상자가 이런 행사를 하면서 참가자들로부터 신청을 받거나 연락을 주고받기 위해 사무실과 상근자를 두면 '유사기관 설치죄'. 무료로 강연을 듣거나 프로그램을 이수하게 하면

---

1) 정확하게 말하자면 새누리당은 당원협의회, 새정치연합은 지역위원회라고 하는 당원들의 협의체가 존재한다. 국회의원 선거구 단위로 있던 지구당은 2004년 정당법 개정과 함께 해체되었고, 광역시·도당이 현재의 법정 지구당이다.

'기부행위죄'. 행사를 알리기 위해 플래카드를 붙이면 '탈법방법에 의한 문서 도화의 게시죄'에 해당할 수 있다.

선거법은 이런 점에서 정당이 대중 속으로 파고 들어가 조직하고, 선전하고, 교육하는 것을 꽁꽁 틀어막고 있는 반정당적 제도다. 선거법은 근본적으로 인간을 두 종류로 본다. 선거권자와 피선거권자. 그래서 피선거권자로부터 선거권자에게 아무리 작은 이득이라도 건너가는 순간 모두 불법으로 규정한다. 그래서 정당, 국회의원, 정치인, 정치 지망생, 예비 정치인 등 뭐라고 부르든 정치에 발을 들여놓거나 선거에 나가려는 순간 잠재적 범죄자가 되는 셈이다.

사실 한국의 반정치주의는 선거법, 정치자금법, 정당법 이 세 개의 정치관계법에서부터 시작한다고 해도 과언이 아니다. 이 또한 국회에서 이루어진 자승자박이다. 1987년 민주화 직후에는 독재 시절 국가와 한 몸인 집권당의 관권과 조직력, 자금력을 막고자 했고, 1997년 정권 교체 이후에는 양당 간 개혁 경쟁이 빚어냈으며, 2004년부터는 원외 도전자에 대한 현직 의원의 견제라는 의도가 관철되는, 오랜 정치 개혁(?)의 최종적 결실이기 때문이다.

이야기가 좀 엇나갔지만, 요컨대 지역구 수준에서 여당은 이익집단, 야당은 정치집단이다. 정치집단인 야당은 김대중 대통령이 정권 교체를 하고, 노무현 후보가 대통령이 된 2000년대 후반 이후 다시 여당이 될 열망도, 민주 정당이라는 자부심도 점점 떨어지면서 당원 수는 줄고 신규 입당도 거의 드물다. 이익집단이 아니라 정치집단으로서 야당의 대가 끊기다시피 할 정도로 신규 입당자가 줄어든 것은 젊은 당원들이 더 이상 들어오지 않기 때문이다. 이는 진보정당과

'노사모'의 등장과 관련이 있다.

우선 진보정당은 민주당 계열 정당을 '보수'야당으로 인식한다. 1987년 6월 항쟁으로 쟁취한 직선제 개헌 직후 치러진 대통령선거에서 재야는 '비판적 지지론', '후보 단일화론', '독자 후보론'으로 갈라졌고, 이후 '독후론'은 진보정당의 길을 걷게 된다. 학생, 재야운동을 하던 이들 가운데 현실정치 참여가 필요하다고 본 이들이, 민주당과 진보정당이라는 두 개의 선택지를 갖게 된 것이다. 대체적으로 선출직 출마를 정치 참여라 생각했던 엘리트 그룹들은 개별적으로 민주당을, 운동의 연장으로서 정치 참여를 추구했던 이들은 집단적으로 진보정당을 택하는 경향이 있었다.

그에 더해 2000년대 초 민주당의 노무현 후보를 지지했던 일단의 지지자 그룹('노사모')은 정작 민주당을 비판적으로 인식하게 된다. 두 가지 이유 때문이다. 지역적으로 민주당의 전통적 기반인 호남이 아니라 영남에 기반을 두고 있었고, 이념적으로도 민주당 주류에 비해 상대적 개혁성을 지녔기 때문이다. 그래서 그들은 주로 민주당 '밖'에 위치하고 있었다. 설상가상 그들은 민주당 주류가 노무현을 박해했다고 본다.

노무현은 일찍부터 인터넷과 온라인 기반의 조직을 해왔고, '노사모'를 비롯한 지지자 그룹 역시 새로운 사회적 현상이 되기 시작한 인터넷을 적극 활용했다. 민주당 당원들이 지구당을 중심으로 하는 면대면의 전통적 관계라면, 노무현 지지자들은 인터넷이라는 사이버 공간 상의 네트워크로 맺어짐으로써 서로 활동 공간 자체가 달라져 버린 것이다.

조직적 측면에서만 보면, 1980년대의 태풍이었던 민주당은 1990년대의 진보정당과 2000년대의 '노사모'라는 바다를 차례로 건너오면서 뜨겁고 습한 공기를 추가로 공급받지 못함에 따라 에너지를 잃고 열대성 저기압으로 일차 변했고, 2004년을 전후로 국회의원 선거구 단위 지구당마저 폐지되면서 결정적으로 쇠락하는 지경에 이르게 되었다.

물론 민주당에는 여전히 신규 입당자들이 있다. 그들은 대개 당내 경선에 대비해 모집된 신규 당원들이다. 그러나 그들은 당이 좋아서 들어오는 것이 아니라, 누군가를 후보로 만들기 위해 들어오기 때문에 평상시 당 활동이나 자기 후보가 아니면 본선에서 선거운동조차 하지 않는 사조직이나 다를 바 없다.

공조직의 기본 형태는 동협의회다. 고문단과 부위원장단이 본부중대라면 동협의회야말로 전투중대다. 구·시의원은 협력업체 같은 관계라면, 동협의회장은 의원의 직계다. 동협의회장은 대개 40~50대 남성으로 해당 동에서 자영업을 하는 이가 좋다. 동협의회장단의 실질적 리더는 사무국장이다. 물론 경우에 따라 대표를 따로 뽑을 수도 있다. 당원들이 여성들이 많기 때문에 성격이 부드럽고 대인관계가 좋은 사람이 적합하다. 장차 구의원이 될 수 있을 정도의 '그릇'이면 더 좋다. 그러나 지구당 체제가 아니라 국회의원의 지역 사무실 형식으로 바뀌면서부터 이러한 동협의회장을 비롯해, 여성위원회, 청년위원회, 각종 직능위원회 등 당의 골간조직들을 제대로 구성하지 않는 경향이 있다.

사조직과 브로커

사무국장이 직접 관리하는 조직은 아니지만, 적어도 어떻게 구성되고 운영되고 있는지 그 현황은 파악하고 있어야 할 또 다른 조직이 사조직이다. 기본적으로 사조직은 입당을 부담스러워 하던 이들을 산악회나 봉사단, 이런 저런 소모임 형식으로 묶었다가 선거 시기가 되면 구전 홍보에 활용하는 조직이다. 국민 참여 경선이 도입되면서 비당원에게도 경선 투표권을 주거나, 여론조사에 일정 비율로 반영하게 되자 예비후보들은 경쟁적으로 사조직 구축에 나서고 있다.

공조직에 비해서 사조직은 돈과 시간, 노력이 많이 든다. 공조직은 '당' 때문에 존재한다면, 사조직은 의원 혹은 사모라는 '사람' 때문에 모인 조직이다. 그래서 의원(사모)이 직접 시간과 비용을 들여 조직하고 관리해야 한다. 때로는 사무국장의 권위조차 안 먹히는 게 사조직이다. 반면 손 타기 쉬운 공조직과 달리 필요할 때 요긴하게 꺼내 쓸 수 있는 혼자만의 비자금(?) 같은 게 바로 사조직이다.

사조직이 필요하다고 해서 사조직의 위험성을 잊어선 안 된다. 선거법상의 상시 기부 행위 제한을 항상 조심해야 한다. 기부라는 용어부터 설명하자면, 선거법과 정치자금법에서 말하는 '기부' 행위가 다르다. 원래 기부(Donation)는 좋은 일에 쓰라고 돈이나 정성을 누군가에게 쾌척하는 일이다. 그런데 정치자금법에선 후원회가 후원회원으로부터 모금한 후원금을 국회의원에게 넘겨주는 것을 기부라고 한다. 반면에 선거법에선 후보 혹은 출마 예상자가 유권자들에게 금품 혹은 향응을 제공하는 불법 행위를 또 기부라 부르고 있다. 이처럼 정치관계법에서 기부라는 말의 개념은 혼동되어 있다.

사조직에서 돈 문제로 선거법을 위반하지 않게 하는 방법은 세 가지다. 첫째, 처음부터 팬클럽으로 조직하는 방법이다. 팬클럽은 자기가 좋아서 모인 모임이다. 따라서 회비를 자발적으로 걷어서 활동한다. 둘째, 의원을 중심으로 하거나 의원을 위해서 조직하는 게 아니라, 의원도 구성원의 일원으로 참여하는 방식이다. 즉 따로 회장을 두고, 총무도 두게 해 재정을 의원에게 의존하지 않도록 하는 것이다. 셋째, 지인, 친구, 동네 이웃 관계로 묶음으로써 아예 어떤 조직적 틀도 갖지 않도록 하는 방식이다. 사조직과 관련해 발생하는 또 다른 위험은 브로커의 존재다.

정당 내외엔 조직가, 혹은 활동가라는 이들이 있다. 우리나라의 정당은 당비를 내는 '권리당원', 당비를 내지 않고 입당원서만 쓴 '일반 당원'이라는 당원 개념이 있다. 그러나 미국 정당은 당원이란 개념 자체가 없다. 대신 활동가, 혹은 조직가라 번역할 수 있는 activist들이 있다. 이들은 당내 경선에선 선거인단으로 참여하고 선거운동에서는 자원 봉사를 한다. 무엇보다 이들이 당을 대표할 정치 지도자를 발굴하고 키워내는 풀뿌리들이다.

마찬가지로 운동적 전통을 갖는 민주당의 경우, 전국에 걸쳐 최소 1천 명에서 많게는 한때 2천여 명에 이르는 활동가가 있었다. 활동가들은 정치적으로 개혁적이고, 애당심이 강한만큼이나 당의 기득권적 행태에 대해 비판적이었다. 여당 역시 흔히 '황소'라 불리는, 출신 내력은 다르지만 같은 기능을 하는 핵심 당원들이 있다. 이들을 움직이는 힘은 두 가지다. 하나는 대의이고 다른 하나는 돈이다. 대의를 추구하던 시대에 이들은 자랑스러운 활동가들이다. 이들이 대의를 잃는 불행한 상황에 처하면 간혹 브로커가 되기도 한다.

더 노골적으로 브로커 노릇을 하던 부류도 있다. 흔히 '특무상사'라 불리는 이들 중에 간혹 그런 이들이 있다. 군대에서는 위관급 이상 지휘관은 때가 되면 다른 부대로 떠나지만, 해당 부대를 내내 지키는 부사관, 특히 상사들은 말 그대로 터줏대감이다. 특무상사들 대부분은 중앙당 각종 위원회의 부위원장급을 지냈던 이들로 이해하면 쉽다. 그들은 한국 야당사를 손금 보듯 꿰고 있고, 유력 정치인들을 친구나 후배처럼 부르고 그들에 대한 진단이나 평가 역시 정통하다. 그러나 이들도 이제는 거의 남아 있지 않다.

브로커로서 가능성이 높은 사람은 어떤 지역에 오래 살면서 지구당의 고위 당직자 아니면 향우회의 임원을 지내 나름의 인맥을 갖고 있는 이들이다. 이들은 역대 선거에 이런 저런 형태로 개입해왔기 때문에 지역 정치권 내부 사정을 잘 안다. 그렇기 때문에 이들이 후보를 찾아와서 '내가 당신을 좋게 보았다. 당신 같은 사람이 정치를 해야 한다. 내가 사람들을 많이 아니 그들과 함께 당신을 돕겠다.'고 하면 어떤 후보도 감동하지 않을 수 없다. 시작은 아름답고, 모든 사기가 그렇듯이 과정은 감쪽같고, 아차 싶을 때는 이미 늦은 법이다. 아니다 싶어서 관계를 끊으려하면 돌변한다. 계약은 파기하면 그만이지만 선거는 그렇지가 않다. 누굴 당선시키기는 어려워도 낙선시키기는 쉬운 것이 선거다. 거꾸로 상대 후보를 돕는다거나 동네방네 악담을 하고 다니면 여간 신경 쓰이는 게 아니다.

이렇게 당하지 않으려면 처음부터 조심했어야 하지 않을까? 그런데 그게 거의 불가능하다. 이런 브로커들을 처음부터 가려내지 못

하는 이유가 있다. 위에서 차례대로 말했지만 이들은 여러 얼굴을 갖고 있기 때문이다. 활동가, 원로 당원, 지역 유지, 더욱이 지역에서 치러진 역대 선거를 지켜 본 경험자...

이렇게 된 구조적 원인 역시 당의 조직적 기반과 일상적 활동이 거의 부재한 데서 찾을 수 있다. 결국 브로커가 브로커 행세를 할 수 있는 것은 조직을 갖고 있다고 주장하기 때문이다. 조직은 확인해보면 금방 드러나는 어떤 실체다. 말로만 존재하는 조직은 물론이고 종이에 적어 온 명단이나 전화번호가 실재인지 여부는 동원해보면 안다. 딱 두 번만 동원해 보면 양적으로는 물론이고 질적 부분까지 확인할 수 있다. 「군주론」에서 용병을 믿어서는 안 된다고 했던 마키아벨리라면 아마 본인의 손으로 직접 조직하지 않은 사조직은 절대 믿지 말라고 했을 것이다.

정당은 원래 언제든 확인 가능한 조직이다. 탈당계를 내지 않는 한, 설사 당비를 걸렀더라도 당원은 자신이 당원임을 인식하고 있다. 따라서 모르는 사람이라도 '여기는 ○○당입니다.' 라면서 전화 했을 때 '아, 네 무슨 일인가요?'라고 대답하지, '예? 왜 저한테 전화 하셨어요?' 하지 않는다. 그런데 이런 상호 확인 가능한 조직으로서의 정당이 지구당 폐지와 함께 그 기초가 무너짐으로써 당원의 동원은커녕 확인조차 어렵게 되어 버렸다.

만약 선거구별로 지구당이 여전히 존재한다면 그래서 법적 행위의 주체로서 독자적 활동이 수시로 가능하다면, 당협위원장이나 지역위원장은 공조직과 함께 사조직을 행사에 참석하게 하거나 하다못해 의정보고회에 초청만 해봐도 대번 그 사조직이 진짜 실체가 있는지, 장차 역할은 제대로 하겠는지 알 수 있다. 당내 경선을 도입함으로써 공조직 이상으로 사조직의 중요성을 키워놓은 반면, 사조직의 실체조차 확인할 수 없게 한 결과 선거 브로커들이 활개 치는 것이다. 선거법 재판에서 벌금 100만 원 이상 형으로 의원직 상실 위기에 처한 사건의 절반 이상이 당내 경선 과정에서 벌어진 일을 놓고 발생하는 원인도 결국 내부에 들어온 브로커 때문이다.

이들은 선거법 위반을 저지를 뿐만 아니라, 선거법을 이용해 고발도 한다. 이들에게 고발은 경기의 후반전에 해당한다. 선거법 위반 행위를 선관위에 신고하게 되면 최대 5억 원까지 포상금이 주어지기 때문이다. 더 나아가 스스로 지은 죄에 대해 자수도 한다. 자수할 경우 면책은 물론이고 포상금도 받을 수 있다. 사안이 중대해 재보선 가능성이 있다 싶으면 경쟁하던 상대 후보가 이들의 뒷배를 봐주기도 한다. 검찰 역시 브로커를 의심하기보다는 국회의원 당선자에 대해 더 엄중한 잣대를 들이댄다.

확인과 동원이 불가능한 상황에서 브로커를 가려낼 방법은 사실상 없다. 심지어 어딘가 냄새가 나도 축객하거나 피해 다닐 수가 없다. 결론은 불가근불가원이다. 상대를 하되 내부 깊숙이 들어오지 못하게 거리를 둬야 한다. 돕겠다면 도우라고 하되 대가로 요구하는 그 무엇에 대해서도 시간을 끌어야 한다. 어떤 명시적 약속조차 해서는 안 된다. 브로커가 적의 편에 서거나, 우리를 공개적으로 공격하고 다니도록 만들어서도 안 된다. 가장 좋은 방법은 역시 시간을 질질 끄는 것이다. 후보는 참모에게, 참모는 후보에게, 참모와 참모 간에 이리저리 책임을 전가하면서.

조직 사업의 꽃, 후원회

후원회는 정치자금을 모으는 게 지상 목표다. 그런데 솔직히 지역구에서 단체장은 몰라도 의원은 후원금 모으기가 어렵다. 표 달라고 하기도 바쁜데 돈까지 달라고 하는 게 언감생심이기 때문이다. 지역구에서 후원회는 사조직이 목적이다. 후원금을 조성한다는 목적을 너무 앞세우면 안 된다.

후원금은 연말 정산에서 10만 원까지 전액 환급해준다는 게 가장 큰 메리트다. 즉 세금을 내는 이라면 누구나 후원금을 내고 공제 혜택을 받을 수 있다. 예컨대 어떤 후원인이 후원금으로 30만원을 내면, 10만원은 전액 환급받고(세액 공제), 나머지 20만원은 세금 부과 대상이 되는 소득액에서 공제해준다(소득 공제). 그러다가 2015년부터는 10만 원 초과분에 대해서도 세액 공제로 바뀌었다.

공무원이나 공립학교 교사는 후원금을 낼 수 없다. 어떤 법인이나 단체의 명의로 후원금을 낼 수도 없다. 오직 개인 이름으로만 내야 한다. 후원인에게는 반드시 영수증을 발급해 주어야 한다. 영수증을 발급하기 위해서는 후원인의 이름과 주소, 연락처, 생년월일을 알아두어야 한다.

후원회원으로 가입하게 되면 소액이라도 후원금을 내게 되고, 이에 따라 의원과 회원은 여타 관계보다 더 강한 유대감을 갖게 된다. 문제는 한 달에 만 원씩이라도 자동이체를 하는 개미 후원이 얼마나 의원에게 힘이 되는지, 결코 소액이라 하여 부끄러워 할 일이 아님을 이해시키는 일이다. 매달 1만원을 후원하는 회원 300명을 조직하면 후원회 운영비가 해결된다. 그 정도면 지역 후원회장 및 임원진을 뽑을 수 있게 되고, 수시로 후원회원과의 모임을 가질 수 있다. 그러면 이 모임에 기존 회원들이 신규 회원을 데리고 나오는 식으로 해서 조직 확대하기가 쉬워진다.

조직으로서 후원회가 또 좋은 이유는 상대적으로 젊은 회사원이나 직장인들을 조직할 수 있기 때문이다. 이들은 좀체 당원으로 입당하려 하지 않는다. 지구당 활동을 할 시간도 없거니와 연결 고리도 없다. 거기다 정치 불신은 심하고 특히 야당 당원이 되면 행여 불이익을 받게 되지 않을까 하는 걱정도 은연중 한다. 세월호 유가족들의 대책위 활동에 앞장섰던 이가 정당 당원임이 밝혀지자 곧바로 공격을 받거나, 진보정당의 당원이라는 이유만으로 수사 대상이 될 때, 당비나 후원금을 냈다고 직장에서 잘리거나 범법자가 되는 기사를 볼 때마다 정당과 연루되는 것의 두려움은 내면화되기 마련이다. 정당은 이렇든 저렇든 비판하거나 멀리 하거나 위험한 것이지 결코 가까이 할 것이 아니라는 인식은 뿌리 깊다.

후원회를 통해 경제 활동을 하는 남성들을 조직하게 되면 선거 시기 구전 홍보나 바닥 여론 수렴에 중요한 역할을 하게 된다. 경험적으로 보면 총선은 남성의 여론이 여성을 끌어가고, 지방선거는 여성의 여론이 남성에게로 전파되는 경향을 띠기 때문이다. 평상시 조직된 후원회원은 선거가 다가오게 되면 굳이 말을 안 해도 추가적인 후원금을 내곤 한다. 평년의 1억 5천만 원의 2배인 3억 원 모금도 그래서 가능해진다. 후원금을 늘리는 방법엔 두 가지가 있다. 하나는 1인당 금액을 늘리는 것이고, 다른 하나는 후원인의 수를 늘리는 것이다. 그런데 후원인의 수가 갑자기 늘지는 않는다. 후원금 한도액

내에서 평상시 후원하는 이들이 선거비용 지출이 늘어나는 것을 감안해 더 많이 내는 수밖에 없다.

조직으로서의 후원회는 그냥 열심히 조직하면 되지만 정치자금을 다룬다는 점에서 법적으로 주의해야 한다. 후원회의 핵심은 회계책임자(회책)다. 대표는 명의에 불과하다. 법적으로 잘못되면 회책이 책임져야 한다. 회책은 정치자금법을 숙지하고, 법에 저촉되지 않도록 수입은 수입대로 지출은 지출대로 돈을 다뤄야 한다. 예컨대 '청목회' 사건[2]도 후원회 회책이 미리 문제를 피하는 방법을 알고 있었다면 합법적으로 처리할 수 있었던 일이다. 지출의 경우에도 후원회를 운영하는 2명의 유급사무원을 둘 수 있는 점을 활용하면 정치자금으로 넘기지 않고 후원회 자체적으로 사용할 수 있는 자금이 생긴

---

[2]"청목회 사건은 '전국청원경찰친목협의회' 간부들이 청원경찰 처우 개선 입법을 목적으로 여야 국회의원 38명에게 3억여 원의 후원금을 건넨 사건이다. 당시 국가기관과 지방자치단체 등에 근무하는 청원경찰 사이에선 경찰과 같이 승급제를 도입하고 정년 연장을 보장하는 내용으로 청원경찰법 개정안을 통과시키는 게 일종의 숙원사업이었다. 이에 따라 2008~2009년 청목회 임원들은 개정안 통과를 위해 회원들에게 모금활동을 펼쳐 총 6억5,000여만 원을 모았다. 이후 국회 행정안전위원회 소속 의원들을 만나 개정안 발의와 통과를 부탁하고 모금한 특별회비에서 후원금 명목으로 금품을 돌리기 시작했다. 청목회 간부들은 자신의 이름만으로 많은 후원금을 제공하면 불법 정치자금으로 의심받을 것을 우려해 청목회 회원들과 가족 등 개인 명의로 10만~20만원씩 쪼개 기부하는 방법까지 동원했다. 마침내 2009년 12월 청원경찰법 개정안이 국회 본회의를 통과함으로써 이들의 노력은 결실을 맺었다.

그러나 청목회의 기쁨은 오래 가지 못했다. 서울북부지검은 청목회원들이 갹출한 억대 자금이 정치권으로 흘러 들어간 정황을 포착하고 수사에 나선 것이다. 결국 2010년 11월~2011년 1월 사이 최규식 당시 민주당 의원 등 여야 국회의원 6명과 입법로비를 주도한 청목회 간부 3명이 재판에 넘겨졌다. 법원에서는 주로 '쪼개기' 후원금의 불법 여부를 두고 논쟁이 벌어졌다. 현행 정치자금법은 법인·단체의 자금뿐만 아니라 '단체 관련 자금'은 국회의원에 기부해서는 안 된다고 규정하고 있다. 검찰은 쪼개기 후원금이 청목회의 단체 금품을 회원 개인들이 나눠서 낸 것에 불과하기 때문에 법 위반이라고 판단했다. 반면 피고인들은 문제가 된 특별회비가 애초에 회원 개인들이 모은 돈을 전달한 것이므로 단체 돈이 아니라고 항변했다.

법원은 검찰의 손을 들어줬다. 청목회가 단체 명의를 사용해 주도적으로 자금을 모집, 조성했으며 단체 금품이 명백하다고 판단한 것이다. 이런 판단은 1심부터 상급심까지 일관되게 이어졌고 결국 대법원은 지난해 10월 청목회 간부 3명에 집행유예 2년의 유죄 판결을 내렸다. 국회의원 6명도 서울지법과 서울고법에서 벌금형과 선고 유예 등 유죄 판결을 받았다. 국회의원들은 1·2심에서 모두 항고를 포기해 형이 확정됐다."〈서울경제, [클릭 이 판결] 청목회 입법로비 사건 2014/08/25〉

다. 후원회 회책은 대개 국회의원 회책(회관 총무비서가 겸직)과 긴밀해야 하기 때문에 의원회관에서 맡는 게 상례다.

여기서 언급된 여러 조직을 한꺼번에 다 운영하기는 어렵다. 3선 정도는 되어야 어느 정도 가능하다. 초선 4년간은 지역 사무실 상근 체제만 정비되어도 사실 성공적이다. 그러면서 한두 가지 정도만 추진되어도 충분하다. 가장 중요한 것은 누가 뭐라고 해도 공조직이고 동협의회장이다.

2장_ 지역 사무실의 업무

교회는 교인들을 하나의 공동체로 조직한다.
정당은 왜 그렇게 하면 안 되는가?

각종 회의

대개 정기적인 회의는 지역구 사무실 사정에 따라 다르지만 고문
단 회의, 부위원장단 회의, 구·시의원 회의, 동협의회장 회의 등을
월 1회 정도 개최한다. 아무래도 먼저 조직되는 회의 단위부터 시작
하게 될 텐데 회의는 의원의 동정과 생각 전파, 끝난 후 회식 자리에
서 의원과의 자유로운 대화가 중요하다.

산악회 : 한국형 대중정당

산악회를 지역 사무실 조직 사업에 활용하는 이유는 의원과 산악
회원 간의 스킨십을 통한 결속력 다지기에 좋기 때문이다. 산악회는

산을 좀 아는 사람이 등반대장을 맡고, 지역 사무실 식구 중에 총무를 맡아 관리하는 게 좋다. 회비를 걷지 않으면 선거법에 저촉된다. 대개 한 달에 한 번 정도 평일, 처음에는 버스 1~2대로 시작하더라도 3~4대(최소 100명 이상) 정도가 갈 정도 되어야 효율적이다. 의원은 어떤 직책도 맡지 않고 정치적 발언도 삼가야 한다.

과거 지구당은 하마였다. 지구당 행사라면 으레 대접받는다는 인식이 있었다. 선거법, 정치자금법이 엄격해지면서 이제 금품 향응 제공은 상상조차 할 수 없다. 오히려 당비를 내야 당원 자격이 주어지고 회비를 걷어야 선거법 위반 없이 모임이 가능하다. 당원은 이 회비, 당비 내는 습관에 잘 익숙해지지 않는다. 그런데 산악회를 가면 버스비에 도시락 값은 당연히 스스로 내는 것으로 받아들인다. 산악회를 하는 이점이다. 산악회가 자리 잡으면 하계 수련회를 갈 수 있다. 가까운 계곡이나 해변으로 버스 10대 정도가 당일치기로 간다. 어떤 경우에도 참가자들의 회비를 걷게 되면 선거법에는 문제없다. 산악회에서 조심해야 할 것이 남녀 문제다. 산에서는 정상주, 내려와서는 하산주, 버스 타고 오면서 또 술에, 도착해서도 삼삼오오 흩어져 음주가무를 즐기다 보면 사고가 생긴다. 음주량을 적정한 선에서 통제하고, 도착 즉시 귀가하도록 사무국이 보이지 않게 군기를 잡아야 한다.

하계수련회는 산악회가 최고 발전된 형태다. 가족 단위로 피서를 갔다 올 정도면 좋은 세월인데, 대부분 그러기가 어려운 시절이다. 이럴 때 단체로 모여서 가면 규모의 경제가 작동해서 저렴한 비용에 이런 저런 놀이를 즐기는 기회를 마련할 수 있다. 대개 8월 10일

이후면 바캉스 피크는 지났고 아이들 학교는 개학하기 직전이다. 이 때 아이들을 데리고 못 간 바닷가를 엄마가 가주면 아이는 엄청 좋아한다. 1인당 2~3만원의 회비를 걷어 당일치기로 바다나 계곡으로 간다고 하면 의외로 신청자들이 많다. 더욱이 산악회를 운영하고 있었다면 단체 행동에 익숙한 산악회원들이 섞여 있어 인솔하기도 쉽다. 항상 안전 조치를 철저히 하고, 레크리에이션 프로그램도 넣고, 보물찾기도 하고, 의원이 못 부르는 노래도 들려주고 그렇게 같이 어울려 놀다보면 바닥 조직이 차곡차곡 쌓이게 된다.

산악회나 하계수련회를 하면서까지 정치를 해야 하나 회의할 수 있다. 정당의 성격을 논의할 때, 흔히 대중정당과 원내정당이 거론된다. 이중 대중정당의 실제 역사, 또는 구체적 모습을 그린 글들을 보면 정당이 정치학습을 하고, 토론을 하고, 출마할 후보를 결정하는 것만이 정당 활동이 아니다. 당원들끼리 모여 축구를 하고, 신문을 같이 읽고, 각자 음식을 싸 와 먹고 마시고 떠들고 이야기를 나누고, 야유회를 가고, 모든 일상생활을 함께 나누고 있다. 같은 당원끼리 친구고, 이웃이고, 가족인 셈이다. 그것이 노동자들이 만들었던 대중정당의 원형이다.

푸트남(Robert David Putnam)의 『사회적 자본과 민주주의』를 보더라도 민주주의가 잘 작동하기 위해서는 소위 사회적 자본(Social Capital)이라고 하는 이웃 간의 호혜적이고 수평적인 사회적 관계망이 대단히 중요하다. 이를테면 주말이면 함께 모여 볼링을 즐기는 볼링 클럽 회원 수의 감소가 사회적 자본의 감소를 의미하고, 그럴수록 미국 민주주의의 질이 나빠지고 있다고 푸트남은 주장한다.

다른 예를 들 수도 있다. 교회가 그렇다. 교회는 단순히 주일마다 모여서 예배를 보는 공간이 아니다. 같은 교인끼리 다양하게 그룹을 형성해 성가 합창을 연습하고, 체육대회를 하고, 주말 농장을 하고, 봉사 활동을 다니고, 야유회나 하계 수련회를 감으로써 교회를 하나의 공동체로 일구어간다. 그런데 정당은 왜 그렇게 하면 안 되는가? 그래놓고 정당이 국민들로부터 외면을 받는다, 국민이 정치를 혐오한다, 정치와 자칫 잘못 엮이면 법에 걸린다, 왠지 정치는 기피해야한다 등등의 막연하고 왜곡된 이미지만 만들어 돌리고 있다. 말이 너무 거창해졌지만 정치가 생활 속으로 파고 들어갈 때, 정당이라는 조직은 커지고 단단해진다.

의정보고회

1년에 2회까지 우편물 요금의 70%를 할인받을 수 있는 의정보고서를 제작하여, 대개 겨울철에 주민자치센터 회의실을 빌려 동별 의정보고회를 한다. 의정보고회는 당원은 물론 일반 시민들까지 참석할 수 있다. 이때 구·시의원과 합동으로 개최하면 동원력을 최대화할 수 있는 동시에 자동적으로 조직 점검이 된다. 의정보고회는 사실상 공·사조직을 망라한 동원력을 점검하는 기회라는 의미가 크다.

만약 선거구 내에 자연부락(농촌의 외진 마을)이 있으면 평상시 의정보고회를 하는 게 좋다. 선거철 바쁜 시기에는 미처 들르지 못할수 있기 때문이다. 대개 마을회관이 있기 때문에 장소를 구하는 데별 문제없다. 해당 기초 의원을 데리고 주민들과 이런 저런 민원, 농사, 어르신들의 건강 이야기들을 하다보면 모이는 사람 숫자는 적어도 뇌리에 확실히 각인되는 선거운동 효과가 있다.

연말 송년회, 신년 단배식

연말 송년회는 사실상 모든 선출직들이 참석하여 당원과 조직원 앞에서 감사 인사를 합동으로 하는 자리다. 송년회 형식이 좋은 이유는 뷔페 같은 식당을 잡아서 음식과 술을 먹어도 선관위가 그렇게 터치하지 않기 때문이다. 그리고 연말이란 시즌 자체가 왠지 훈훈해서 단합과 친목 다지기에 좋은 타이밍이다. 그래서 의원 이하 모든 선출직들이 마이크를 잡고 인사말을 하고, 테이블을 돌며 술도 한 잔 따라 올리게 된다. 송년회에선 우수 당원 표창을 한다. 신년 단배식은 공식 의전이다. 송년회를 하면 단배식을, 단배식을 하면 대개 송년회는 생략한다.

저녁 술자리

사무국장을 3년 하면 위장병이 생기고, 6년 하면 간 질환이 온다는 말이 있다. 사무국장이나 실무자는 반드시 정기 건강 검진을 받아야 하는 고위험군의 직업이다. 술은 절대 취할 정도로 마시면 안 된다. 취한 척 해야 한다. 상대가 기분 좋도록 호방하고 화통하게 의원실의 자신감을 보여주는 건 중요하다. 단, 술이 마음속에 있는 말을 끄집어낼 정도로 되었다 싶으면 얼른 자리를 떠야 한다. 사무국장이 잘못 흘린 정보 하나가 온 동네로 퍼지는 데는 단 이틀이면 충분하다. 하지만 다시 그 말을 뒤집거나, 물 타는 데 걸리는 시간은 한 달이다.

쌀독에서 인심 난다. 사무국장이 조직 활동을 하려면 많은 사람을 만나야 하고, 낮이면 차, 밤이면 술자리는 필수다. 거기다 봄가을이면 곳곳에서 열리는 바자회나 일일 찻집도 가야 한다. 문제는 그게 다 돈이다. 이 골치 아픈 문제를 어떻게 대처할 것인가?

활동비를 정해놓고 쓰는 수밖에 없다. 장차 출마할 생각이 있으면 한 달에 100만원, 없으면 그 절반. 이런 식으로 딱 정해놓고 그 한도 내에서만 써야 한다. 의원이 가야 할 경조사나 동네 행사에 대신 가서 불가피하게 지출해야 할 비용도 있다. 이 경우 월 얼마까지 한도 내에서 사무국장이 먼저 지출한 뒤, 사무실 혹은 의원에게 청구하는 것이 상례다. 결코 사무국장이 대신 내고 부담하는 것은 옳지 않다. 사무국장은 금전에서 공금과 사비를 명확히 구분하지 않으면 오래 일하기 힘들다.

선관위에 묻지 말라

사무국장은 선관위에 신임 인사를 해두는 것이 좋다. 업무적 대응은 사무국장이 아니라 밑에 실무자가 해야 한다. 선거 시기에는 하루에도 두어 번씩 선관위를 방문해야 하는 만큼 실무자는 선관위 직원에게 성실한 태도를 가져야 한다.

사무국이 일을 하면서 일거수일투족을 선관위에 묻는 건 대단히 어리석은 짓이다. 이유는 두 가지다. 묻는 과정에서 우리가 지금 무슨 일을 하고 있는지를 알려주는 결과가 되기 때문이다. 선관위는 알면 의심하기 시작한다. '어떤 위반행위를 저지르지 않을까? 규정을 제대로 지키면서 하고 있을까?'

구두닦이는 사람을 보면 구두부터 보이고, 양복재단사는 옷부터 보이고, 미용사는 헤어스타일부터 보인다고 한다. 게다가 선거법은 규제법이다. 선관위도 이제 더 이상 '관리'기관이 아니라 감독, 적발하는 준사법기관이 되었다. 적발을 많이 할수록 인사고과가 높아진다. 그러니 우리를 보면 당연히 의심부터 하게 되고, 무엇이라도 보는 순간 위반 사항이 없는지 눈에 불을 켜고 살피게 된다.

두 번째 이유는 물어봤자 선관위 직원도 잘 모르기 때문이다. 지역 선관위 지도계마다 '지도'하는 내용이 제각각인 사례가 부지기수다. 심지어 같은 선관위에서도 지난 총선에서는 된다고 하던 일을 다음 지방선거에선 안 된다고 하는 경우도 있다. 선관위에 질의를 하면 선관위는 이야기를 다 듣고 검토해 본 다음 답변을 주겠다고 한다. 그래놓고 상급자에게 물어 본다. 그럼 상급자는 다시 상급 선관위에 물어 본다. 그래서 질의를 한 번 하면 답변이 올 때까지 최소 이틀에서 길게는 일주일 이상 시간을 잡아먹는다.

선관위 직원이 몰라서 모르는 게 아니라, 묻는 내용이 대개 애매하기 때문이다. 같은 일도 이런 식으로 하면 저촉될 수 있는데, 저런 방식으로 하면 문제가 없는 게 바로 선거법이다. 그래서 답변은 대개 '안 된다. 하지 말라'이다. 선관위는 무엇이든 가급적 안 하는 걸 좋아한다. 우리 선거법 자체가 포지티브 방식이기 때문이다. '무엇 무엇만 하라...'는 게 포지티브, 반대로 '무엇 무엇만 하지 말라'는 게 네 거티브 방식이다. 얼핏 보면 포지티브가 명쾌해 보인다. 하라는 것만 하면 되니까. 그런데 그렇지가 않다.

상법의 조항과 조항 사이엔 돈이 있고, 선거법의 조항과 조항 사이에는 표가 있다. 법의 허점을 파고들어 무언가를 선거운동에 활용할 수 있으면 그게 상대 후보보다 한 발 앞선 득표력이 되는 게 선거다. 예컨대, 후보 명의의 문자 메시지를 대량으로 보내는 건 5번으로 한정되어 있다. 단, 20명씩 끊어서 보내는 건 허용된다. 이렇게 유권 해석되자 금방 한국의 뛰어난 IT 기술력으로 법을 피해가는 방법이 개발되었다. 사람이 일일이 손으로 20명씩 끊어서 보내는 대신 자동으로 끊어서 보내주는 장치를 만들어낸 것이다. 지금 거의 모든 선거 캠프는 그 기계를 사용한다. 업체가 대박이 났다.

따라서 하라는 것만 하다가는 바보 되기 딱 좋은 게 선거다. 그래서 '선거법에는 명쾌하게 안 나와 있어서 여쭙는데, 요걸 이렇게 이렇게 하면 선거법에 위배되지 않는 것 아닌가요?' 라고 묻는 게 대부분의 선거법 질의다. 그러니 선관위는 무조건 안 된다고 답변하는 것이다. 이럴 땐 그냥 해야 한다. 선거법에 하지 말라고 명백히 규정되어 있지 않으면 그냥 해버린다. 이것이 원칙이다. 그러다가 나중에 선관위에서 문제를 삼으면? '몰랐다'고 할 수밖에 없다. 실제로 알 수가 없기 때문이다. '선거법에 보니 안 된다는 조항이 없어서 모르고 그냥 했다. 그럼 안 되는 거였나? 이런, 이거 어떡하지요?' 라고 대답하는 수밖에 없다. 그럼 대개 경고를 받게 된다. 하지만 괜히 질의해놓고 하지 말라고 했는데도 어물어물 하다가 걸리면, 알고도 한

죄로 검경에 수사 의뢰나 고발을 당하게 된다. 선거법만큼 '아는 게 죄'인 법이 없다. '어설프게 아는 죄'.

선거법은 공부를 해야 한다. 선거를 지휘하는 책임자가 되려면 선거법을 꺼내놓고 해당 조항을 찾아서 하고자 하는 일이 저촉 가능성이 있는지 없는지 판단할 수 있어야 한다. 선거법을 줄줄이 꿰지는 못 해도 최소한 어떤 조항이 있는지 한 번 읽어 봐야 한다. 그래서 해도 되는 건지, 안 되는 건지 판단이 안서면 일단 선거법과 '선거사무관리규칙'을 먼저 들여다보고 판단해야 한다. 그래도 긴가민가하면 웬만한 건 그냥 해버리고, 정 찜찜하면 중앙선관위에 바로 물어봐도 된다. 국회에 파견 나와 있는 중앙선관위 의정지원과(02-788-4074)에 물어보는 방법도 있다.

하지만 그래도 선거법은 어렵다. 300개 가까운 법 조항을 읽어봐도, 선거운동을 안 해 본 사람은 무슨 말인지 절대 모른다. 진짜 어려운 이유는 단속의 근거가 법 조항이 아니라 대부분은 선관위의 내규나 서면질의 답변이기 때문이다. 서면 질의는 예컨대, '거리에 어떤 내용의 플래카드를 걸려고 하는데 이런 내용이면 문제가 되나요?'라고 서면으로 물으면, '거리의 어떤 곳은 되고 어떤 곳은 안 되며, 플래카드를 거는 주체의 명의로 누구는 되고 누구로 하면 안 되며, 언제부터 언제까지는 되는데 언제부터는 안 되며, 문장을 이렇게 하면 되는데 이렇게 표현하면 안 되며...' 등등을 미주알고주알 답한 일종의 사례집 같은 것이다. 이 사례집을 나눠주면 좋을 텐데, 물어보는 사례에 엇비슷한 것만 한두 개 찾아 주지 통째로 주지는 않는다.

오죽 선거법이 어려우면 '선거지도사'를 두자고 할 정도다. 세무사나 노무사처럼, 선거 캠프에 선거지도사를 두도록 하자는 얘기다. 선관위 직원으로 몇 년 이상 근무하거나 선거법 관련 시험을 쳐서 통과한 이에게 부여하는 자격증 제도로, 잊을 만하면 선관위에서 제출하는 선거법 개정 의견 중 하나다.

요즈음 선관위는 정치 중립만큼은 확실히 지킨다. 다만 인간이 하는 일인지라, 조금 더 봐주고 조금 더 갈구는 쪽은 있을 수 있다. 갈굼을 당하는 쪽은 뭘 몰라 질퍽거리고, 헤매고 사고를 치는 캠프다. 똑 부러지고, 잘 알고 있고, 또박또박 제 시간 지켜 들어오는 후보 측은 좋아하게 되어 있다. 은근 실력이 있다는 걸 보여주어야 무시도 안 당하는 법이다.

사무실의 풍경

좋은 지역 사무실의 하루 풍경은 이렇다. 아침에는 청소를 한다. 화장실까지 깨끗해야 한다. 사무실에 말라 죽어가는 화분이 있어서는 안 된다. 의원의 홍보물은 늘 잘 보이는 곳에 비치해둔다. 9시가 조금 넘으면 '고문님'이나 어르신들이 몰려와 사무실 직원이 타주는 커피를 마시며 그날의 현안에 대한 정치 평론으로 갑론을박한다.

주방이 있는 사무실은 점심때가 가까워오면 아이들 학교 보내고 우르르 몰려 온 주부 당원들이 집에서 각자 싸 들고 온 무엇인가로 뚝딱뚝딱 음식을 만들어 사무실 직원들과 같이 나눠 먹는다. 그렇지 않으면 개별적으로 점심 약속을 나가거나, 시켜 먹는 식당에서 늘 먹던 메뉴를 시켜 둘러 앉아 먹는다.

오후에는 민원인들, 유관 단체에서 초청장을 들고 오는 손님, 오랜만에 시내 나왔다 들른 당원들이 온다. 저녁이 가까워 오면 40~50대 남자 당원들이 슬금슬금 모인다. 이런 저런 잡담을 나누다 저녁이 되면 오늘은 어디에 누가 모여 있다더라, 어디에 무슨 껀수가 있다더라 하면서 우르르 몰려 나간다. 그렇게 지역 사무실은 다방이자, 복덕방이자, 동네 우물가이자, 어머니 교실에, 가끔씩 포트럭 파티장이 된다. 어쨌건 사람으로 북적거리는 모습이 제대로 돌아가는 사무실의 징표다.

사무실 안에서도 사무 공간은 아예 분리하거나, 파티션을 쳐서라도 차폐하는 게 좋다. 수다도 떨고, 좀 놀고 싶어 왔는데 직원이 책상에 앉아 열심히 일 하고 있으면 피차 불편하고 죄송하다. 요즘은 그런 일이 없지만, 지역 사무실은 절대 노름을 해서는 안 되는 곳이다. 술판은 무조건 안 된다고 하기는 어렵다. 비 온다고 재료를 갖고 와 파전을 부치는 여성 당원들 자리에 막걸리 한 두병 정도는 사무국에서 내는 게 예의고, 같이 야구 중계 보자며 '치맥'을 들고 온 남성 당원들을 축객할 수는 없는 노릇이다.

3장_ 조직은 관계의 관리다

아무리 아버지와 아들 사이에서도 권력은 공유 못한다고 하나,
적절히 나눠 가질 줄 아는 것이 또한 정치다.

구·시의원의 충성을 요구하지 말라

지역 사무실에서 구·시의원과의 관계를 형성하는 가장 좋은 계기
는 정책 공약 추진 상황을 공유하는 한편 지역 민원을 수렴하는 창
구로 활용하는 국회의원과의 정기 회동이다. 서로 협력하고 이해(利
害)를 함께 하도록 관계를 만들어준다.

국회의원과 지방의원이 상명하복 관계를 갖는 건 잘 생각해봐야
할 문제다. 필자는 그리 좋은 방법이 아니라고 생각한다. 자칫하면
단체장과 국회의원이 갈등을 일으키는 요인이 될 수 있기 때문이다.
지방의원은 직책상 단체장과 갈등 관계에 빠지기 쉽다. 이때 지방의
원들이 국회의원과 상명하복 관계에 있으면 단체장은 국회의원이 자
신을 음해하기 위해 배후 조정 했다고 오해할 수 있다. 반대로 지방

의원에게 시달린 단체장이 국회의원더러 지방의원들을 좀 주저앉혀 달라는 요청을 먼저 할 수도 있다. 어느 경우든 국회의원 입장에선 곤혹스럽다. 안 그래도 불편하기 일쑤인 국회의원과 단체장 간의 관계를 의도치 않게 악화시키느니 처음부터 순리대로 가는 편이 좋다. 순리는 지방의원들에게 자율성을 보장하는 것이다. 그 길이 결국엔 현명하다.

상대적 자율성 부여와 함께 단체장과 당 소속 의원들 간의 당정 협의를 정례화하고 지역 사무실 상근자가 참관하도록 해 시정 업무는 업무대로 파악하고, 혹시 있을 수 있는 이해관계의 충돌을 예의 주시하는 가운데 적절히 조정하는 게 여러모로 갈등 요인을 줄이는 방법이다.

국회의원에 대한 구·시의원의 충성도는 국회의원의 재선 가능성이 높을수록, 지방선거 때 국회의원이 자신들의 선거운동을 성심껏 도울수록 그리고 자신들을 공정하고 존중하는 태도로 대할수록 높아진다. 문제는 후보 경선에서 이들의 태도다. 경선 자체가 벌써 이들을 기회주의적으로 만든다. 경선이 불가피하다면 이들에게 공식적으로 중립을 지키도록 요구하고, 어길 경우 강력하게 처벌하는 것이 불가피하다.

집단민원이나 선거 공약은 지역 사무실과 의원회관의 공조 하에 풀어가야 한다. 대개 지역 사무실에서 현황 파악과 해당 주민과의 창구 역할을 상시적으로 유지해야 한다. 의원회관 보좌진은 주어진 문제가 정부의 어느 부서에 해당하며, 해결 방법이 무엇인지를 파악해서 적절한 방법을 통해 해결해야 한다. 그러나 많은 경우 현행법이나 행정 제도 하에서는 풀 수 없는 문제들이 곧 집단민원이다. 이 경우는 지역 사무실에서 성실하게 경청하고, 팔로우 업 해주는 게 우리가 할 수 있는 최선이다.

즉 국회의원 입장에서는 그 문제를 잘 알고 있고, 어떤 해결책이 있는지, 해결하기 어려우면 어려운 이유를 꿰고 있어야 한다. 그러면서 민원인과 해당 부처와의 연결 고리를 마련해주고, 계속 예의주시하고 있다는 인식을 민원인들에게 보여주는 게 중요하다. 지역 사무실은 민원과 공약의 진전 상황을 대장으로 기록 관리해야 한다.

잠재적 도전자, 단체장

혈맹 관계에 있는 단체장과는 의원이 수시로 자리를 갖는 것을 기본으로 참모진 간의 교류도 필요하다. 구청장실에 밀려드는 민원 중에는 국회의 힘을 통해 풀어야 할 것도 많다. 정무적인 정보도 구청장의 관심사일 수 있다. 소속 정당이 다른 경우에는 공석은 몰라도, 사석을 가질 때는 조심해야 한다. 당내 반발이 있을 수 있기 때문이다.

단체장과 의원의 선거구가 1:1로 겹치는 경우와 달리 1:2인 경우는 아무래도 공식적인 당정협의와 비공식적인 협의 테이블로 이원화할 수밖에 없을 것이다. 비공식적인 협의는 단체장의 비서실장과 국회의원의 사무국장 간의 라인이 기본 축이다. 비공식 테이블은 한 달에 한 번 정도 식사 자리를 갖고, 지역구내 동정 확인과 공유 등 친밀도에 따라 어떤 논의도 할 수 있는 게 바람직하다.

앞에서도 잠깐 언급했지만, 일반적으로 단체장과 국회의원의 관계가 편한 경우가 오히려 드물다. 잠재적 도전자이기 때문이다. 주로 단체장이 총선에 출마하려고 한다. 이유는 세 가지다. 첫째는 사람들의 인식이 기초 지자체의 장보다 여의도에 올라가서 국회의원이 되는 게 뭔가 더 멋있고, 출세했다고 생각한다. 둘째는 3선 연임 금지 조항이다. 단체장은 3번 연속 당선되면 그 다음엔 출마 자체를 할 수 없게 되어 있다. 반면 몇 번의 선거 동안 다져 온 조직 기반은 강하다. 따라서 주로 여의도에 있는 국회의원 정도는 제칠 수 있다고 본다. 셋째는 자신의 공천 또는 지방의원 공천권을 놓고 단체장과 의원 간의 충돌이 생기곤 한다. 아무래도 공천은 정당에서 이루어지고 정당은 단체장보다 국회의원이 더 가깝다. 따라서 국회의원은 단체장의 공천에 대해 영향력을 행사할 수 있고, 만약 단체장을 갈아치우려 마음먹는다면 단체장 입장에서는 여간 괴로운 게 아니다. 실제 그런 기미가 보이거나 그런 일이 벌어지다보면 척을 안 질수가 없다.

　지방의원의 공천과 관련해서도, 단체장은 광역 및 기초의원 후보들이 자기 선거운동도 같이 해주길 기대한다. '시의원인 절 찍어주시는 건 물론이고, 우리 아무개 시장 후보도 꼭 같이 찍어주세요'라고 하고 다니라는 말이다. 즉 하위 파트너로 보는 것이다. 그런데 선거란 것이 피도 눈물도 없는지라, 간혹 '단체장은 될 사람으로, 의원은 자신으로, 그런데 될 사람이 저쪽 당일지라도 그것도 묵인'한다는 식으로 선거운동을 하는 경우도 왕왕 있다. 게다가 의원이 되고 나서도 자신에게 도전할 가능성이 있다 싶은 다선 의원은 재공천해주지 말았으면 하는 바람이 있다. 결국 자기 사람으로 공천해주길 바라는 것이다. '그 사람'이 국회의원이 생각하는 후보와 일치되면 다행이나 그렇지 않으면 갈등은 필연적이다.

대개 이런 이유들로 단체장과 의원 간의 관계는 자칫 하면 틀어질 수 있으니 대단히 조심하고 신중하게 다루어야 한다. 결국 같은 당인데 집안싸움이 좋을 리 없다. 아무리 아버지와 아들 사이에서도 권력은 공유 못한다고 하나, 적절히 나눠 가질 줄 아는 것이 또한 정치다.

사모는 힘들다

남성 의원의 경우, 지역구 조직 활동에서 사모가 차지하는 비중이 점점 커지고 있다. 유권자들은 의원 만나는 걸 가장 좋아하고 그 다음이 사모, 사무국장은 그 다음 순이다. 의원은 바로 직접 말할 수 있으니까, 사모는 한 다리 건너 전달해 줄 수 있으니까 그렇다. 그래서 사모들이 점점 힘들어 한다. 사모는 주로 여성들을 만나야 하기 때문이다. 이 여성들은 사모에게 이런 저런 걱정거리를 안긴다. 사모는 하루에 대개 30통 정도의 전화를 받는데, 그 중 절반이 '오늘 어느 어느 행사장에서 저쪽 위원장이 왔다 갔대, 요새 안 가는 데가 없네...' 또는 '어디를 갔더니 거기 사람들이 왜 요즘 의원님이 코빼기도 안 보이느냐고 하던데 의원님 요즘 바쁘셔?' 라는 식의 전화다. 그러니 사모는 불안해질 수밖에 없다. 더욱이 의원이 중앙정치에 바쁠수록 사모는 힘들다.

본인은 힘들겠지만 그래도 사조직은 사모가 가장 잘 조직한다. 사조직은 돈과 시간이 있어야 조직할 수 있기 때문이다. 사무국장의 권위로 움직일 수 있는 조직이 아니다. 따라서 사모에겐 여성부장을 아예 수행으로 붙여 사조직 최고 책임자로 사실상 역할을 부여하는 게 현명한 방법이다. 대략 공조직은 사무국장, 사조직은 사모와 여성부장으로 나눠 맡으면 된다.

공조직과 사조직을 동시에 동원하는 경우가 있다. 하계 수련회나 전체 산행 같은 경우다. 이런 행사는 끝난 후, 원래 세웠던 동원 계획과 실제 참석 인원수를 파악해보아야 한다. 이때 공조직 동원에서 차질이 빚어졌다면 동원 책임자가 책임을 져야 하지만, 사조직 동원에서 차질이 생겼다고 사모를 타박해서는 안 된다. 사조직은 원래가 책임의식이 공조직보다 떨어진다. 반면 말은 더 많다. 대개 학교 운영위원이나 아파트 부녀회장, 이런 저런 단체의 간부들 정도가 사모의 활동반경이다. 그런 이들을 사조직으로 묶다 보니 까다롭다. 공조직은 애당심이 있지만, 사조직은 의원이나 사모와의 사적관계에서 출발했기 때문이다. 이 점을 사무국장은 이해해야 한다. 또 이런 점 때문에 당원들이 차별을 느끼기도 한다. 그러나 할 수 없다. 국민참여나 여론조사 반영이 경선 룰에 포함되는 한, 사조직을 꾸리지 않을 수 없다.

친한 의원, 불편한 의원

가장 긴밀해야 하지만 동시에 의원과의 관계만큼 어려운 것이 없는 직책이 사무국장이다. 기본적으로 의원은 국회로 출근한다. 그러니 지역 사무실에서는 잘 볼 수가 없다. 자칫 느슨해지고 특별히 해놓은 것도 없고, 안 하는 것도 없지만 막상 보고하려면 딱히 할만한 거리도 없는 것이 지역 사무실이다. 그래서 어느 순간부터 의원을 슬슬 피하고 의원한테 연락이 오면 가슴이 덜컥 내려앉고 그러다 의원의 또 다른 걱정거리가 되는 게 대개 잘 안 돌아가는 지역 사무실의 패턴이다.

의원은 가급적 주말에 편한 시간을 내어 지역 사무실에서 간단하게라도 사무국 회의를 주재하는 게 바람직하다. 지역구 행사 중에 직접 가야 할 일정을 미리 이야기하고, 지난 한 주 동안 지역에서 일어난 이런저런 동향에 대해 사무국이 보고도 한다. 회의 잡기가 곤란하면, 주말 지역구 행사를 다니는 의원의 (운전) 수행을 사무국장이 직접 하면서 이런 저런 보고나 의견을 제시하는 시간을 만드는 것도 좋은 방법이다.

사무국장의 출마는 의무

사무국장은 언젠가는 출마해야 한다. 원하건 원치 않건 한 번은 지방의원 배지를 달아야 한다. 계속 무관의 제왕으로 50이 넘어가면 우선 가족이, 그리고 나중에는 조직원이 '좀 무능한 사람'으로 본다. '아니 정치판에 그리 오래 있으면서, 자기보다 못한 남들 다 구의원하고 시의원 하는데, 왜 국장님만 항상 그 모양 그 꼴로 산대?'라고 하다가 더 나중에 가면 '국장한테 우리가 모르는 무슨 하자가 있는 거 아냐? 그러니 출마를 못 하지...'라는 말이 나오게 되어 있다. 즉 점점 이빨 빠진 호랑이 취급을 받게 되는 것이다.

심지어 자기 도움으로 구·시의원 된 이들이 국장을 슬슬 아래로 보기 시작하면 처음에는 안 그랬다가도 어느새 으르렁거리는 사이가 될 수도 있다. 따라서 스스로 선출직 의원이 체질이 아니라 생각하면 두 번은 안 하더라도 한 번은 해야 의원의 오른팔로서, 또 조직을 총괄하는 사무국장으로서 권위를 지닐 수 있다.

'난 의원님 모시는 것으로 족해, 내 손으로 재선, 3선 만드는 보람으로 살 거야'란 말도 한 때다. 우선 출마를 염두에 두어야 밤늦도록 주말도 없이 술에 골병들고, 사람에 시달려도 보람이 있다. 도랑 치고 가재 잡고, 마당 쓸고 돈 줍는 것이 인생의 행복이고 행운이다. 즉 공적인 보람과 사적인 성취가 일치되는 게 자신을 위해서나 의원을 위해서나 좋다.

따라서 사무국장의 최고봉은 지방의원과 겸직하는 것이다. 문제는 너무 일찍 욕심을 내는 것인데, 사무국장으로서 의원의 선거를 자기 손으로 치러 이기고 나서 도전하는 게 자연스럽고 바람직하다. 선거 출마를 앞두고 있는 직원일 경우, 최소 3개월 이상 국회 공무원으로 등록해주는 걸 잊지 말아야 한다. 그래야 보좌관 혹은 비서관이란 경력을 선거 홍보물에 표기할 수 있다. 안 그러면 선거법 상 허위경력 기재가 될 수 있다.

숨은 정치

보좌진에 대한 사회적 인식이 변화하고 있다.

1980년대 후반에 들어온 선배 보좌진들의 이야기에 따르면 대학 학력자 자체가 드물었다고 한다. 선거운동을 도왔던 '동네 후배'들이 보좌진이 되어 의원을 수행하고, 심부름을 하고, 의원이 부재중인 지역구를 대신 관리했다.

1987년 민주화는 제도정치권을 크게 한 번 바꾸어 놓는 계기가 된다. 선거를 통한 정권교체의 가능성이 열리자 재야 혹은 시민사회 에서 국가권력에 맞서 투쟁하던 인사들이 제도정치권으로 진입하기 시작했다. 그리고 이들을 '형'이라 부르는 후배들이 보좌진이 되어 합법적 신분을 취득했고, 그 힘을 이용해 '운동의 연장으로서 정치' 를 수행했다. 유신과 함께 폐지되었다가 1988년에 부활한 국정감사는 이들이 누볐던 전쟁터였다. 이 전통은 386과 전대협 세대에게까지 계승되었다.

그러나 그런 시대는 이제 지났다. 국회 보좌진은 직업이 되었고 국회는 직장이 되었다. 석사 학위를 소지한 서른을 갓 넘긴 젊은이들이 인턴이 되기 위해 긴 스펙을 적은 이력서를 제출한다. 상임위에 따라 혹은 진급 기회를 쫓아 이 의원실 저 의원실로 옮겨 다닌다. 네 명에서 시작해 이제 아홉 명으로 늘어난 보좌진들은 이 순간에도 온갖 자료집과 서류뭉치들에 둘러싸여 일하고 공부한다. 일과 공부가 같이 간다는 건 그 일에 전문성이 필요하다는 의미다. 전문성이 보좌진에게 가장 중요한 덕목인 시대가 되었다. 보좌진이 '의원의 심부름꾼'에서 '운동의 연장으로서 정치'를 하다 '전문성이 필요한 직업인'이 되는 사이에 어떤 일이 벌어졌을까?

정치가 사라지고 있다. 정치의 왜소화, 직업화, 기능화다. 연원에서는 정치혐오감이나 반정치주의와 비슷하나, 원인을 달리 보는 해석이다.

정치 혐오감은 정치에 대한 기대가 있는 이들이 그 기대를 채워주지 못 하는 정치에 대해 갖는 악감정이다. 반정치주의는 정치 자체가 무용하거나 훼방이 될 뿐이라고 보는 시각이다. 과거의 정치 혐오감은 주로 집권세력에 대한 중산층의 반감을 의미했지만, 요즘은 무기력한 진보개혁 정치세력에 대한 지식인 혹은 진보적 유권자의 광범한 실망과 분노에 가깝다. 반정치주의는 경제적 효율성 또는 경쟁력 지상주의와 동전의 양면인데 그 동전의 이름은 신자유주의다. 신자유주의는 정치가 경제를, 국가가 시장을, 조세가 투자를, 복지가 성장을 저해하는 악이라고 규정한다.

정치 혐오감이든 반정치주의든 정치 밖에서 볼 때의 이야기다. 안에서 바라보는 필자 입장에선, 정치가 있어야 혐오를 하고 정치가 작동해야 반정치를 외칠 수 있는 것 아닌가 싶을 정도로 정치 자체가 없다. 정치의 현장 부재, 그 오른쪽에 반정치주의가 기승을 부리고, 왼쪽에서는 정치 혐오감이 팽배하고 있다.

정치인다운 정치인이 없고, 정치력다운 정치력이 없다. 정치도 배워야 하는 것이다. 정치학을 공부하고, 거물 정치인의 수하에서 가르침을 받고, 작은 정치판에서 실습도 하면서, 언젠가는 큰 정치를 할 수 있도록 끊임없이 수련해야 한다. 그런데 더 이상 아무도 정치를 배우거나 가르치지 않는다. 아무나 할 수 있는 게 정치라고 생각하고 있지 않나 싶을 정도로 정치를 해 본 적도, 할 줄도 모르는 이들을 정치인으로 만드는 시대다.

배우지 않았기 때문에 툭 하면 싸운다. 끈기 있게 대화함으로써 상대방의 입장을 이해하고 자신의 입장과 절충할 가능성은 있는지, 설사 타협의 여지가 없다면 양보를 해서라도 국민에게 돌아갈 이익이 없겠는지 숙고하지 않는다. 정치를 오로지 이겨야 할 게임으로 보고, 이길 수 없다 싶으면 바로 싸우고 파투를 내버린다. 책임윤리의 부족 때문이다. 심지어 재선, 삼선이 되어서도 정치를 하지 않는다. 열심히 지역구를 관리하고, 치열하게 선거를 치르고, 성실히 상임위에 출석한다. 정작 정치만 하지 않는다. 정치를 위험한 것, 자칫하다간 계속 국회의원을 못할 수도 있는 치명적 게임이라고 보기 때문이다. 그래서 피해 다닌다.

자신의 정치적 신념과 가치를 걸고 불확실성을 향해 도전하려 하지 않는다. 바람 부는 대로, 계파 혹은 특정 리더십에 기대어 선수를 쌓다 보면 찾아 올 지위 상승을 기다린다. 정치적 사활을 걸고 법안을 통과시키려 애쓰지도, 국민적 의혹을 풀기 위해 진실을 파헤치려고도, 시대정신에 입각한 정치적 과제를 제시하고 집단적 힘을 모으기 위해 앞장서지도 않는다. 정치의 본질인 권력, 그리고 권력의 본질인 투쟁을 회피하기 때문이다. 그렇게 베버가 『소명으로서의 정치』에서 말한 '열정, 책임감, 균형적 판단을 갖춘 카리마스적 지도자'가 점점 사라지고 있다.

글을 통해 필자가 잠재적으로 견지한 보좌진의 임무는 의원의 정치적 동반자가 되라는 것이었다. 결과적으로 필자는 불가능한 얘기를 한 셈이다. 의원들이 정치를 하지 않는데 무슨 정치적 동행을 하란 말인가? 의원들이 점점 왜소해짐에 따라 보좌진의 역할 역시 점점 기능화되고 있는데 무슨 필요가 있다고 정무를, 선거를, 지역구를 챙기라는 것인가?

마키아벨리는 바로 자신을 투옥, 고문하고 내쫓았던 권세 가문을 위해 책을 쓰고 헌정했다. 그는 공직에 있을 때는 적이 많았고, 그래서 보복 당했다. 쫓겨나서는 여섯 아이의 가장으로서 생계에 허덕였고 내내 불우했다. 그럼에도 불구하고 그는 복직하여 피렌체를 강력한 국가로 건설할 꿈을 꾸었다. 아니 허덕였기 때문에 그는 『군주론』을 써야만 했다. 절망적 상황에서 자신의, 그리고 피렌체의 희망을 찾아 실낱같은 가능성에 모든 것을 걸었다.

정치를 되살려 낼 일말의 가능성이라도 찾아야 한다. 희망은 늘

작다. 크다면 이미 희망이 아니다. 작지만 어딘가에 희망이 있다면 온 힘으로 매달려야 한다. 보좌진들이 의원으로 하여금 정치를 하게 하는 방법은 없을까? 보좌진들이 더 큰 능력과 열정으로 보좌함으로써 본격적인 정치를 하도록 의원들을 고무할 수 있지 않을까?

필자는 이 글의 제목을 '숨은 정치'로 붙인다. 숨겨지고 가려진 정치. 그것이 보좌진의 존재라고 생각한다. 뒤에 숨겨져 있지만 많은 것을 할 수 있고, 또 하고 있는 보좌진들은 이미 정치의 일부분이다. 그리고 뒤에서, 앞에 있는 정치가 좀 더 나아지도록 바라는 마음 그 하나로 시작한 글이다. 그 마음이 동료, 후배 보좌진들에게도 전해지길 기대한다.

보좌의 정치학

초판 1쇄 발행 2015년 8월 20일
3판 7쇄 발행 2023년 8월 1일

기획 박주필
지은이 이진수

발행인 조광현
디자인 화성그룹

펴낸곳 호두나무
출판등록 제313-2009-147호

주소 서울시 영등포구 여의도동 한양빌딩 1203호
대표 전화 02-761-0823
팩스 02-761-0824
이메일 marsco@hanmail.net

ⓒ 이진수 2015

값 18,000원

ISBN 979-11-85589-01-5